U0543989

9号看台

中共陕西省委直属机关工委
陕西省作家协会　编

陕西新华出版
陕西人民出版社

图书在版编目（CIP）数据

9号看台／中共陕西省委直属机关工委，陕西省作家协会编．-- 西安：陕西人民出版社，2023.8

ISBN 978-7-224-15073-5

Ⅰ．①9… Ⅱ．①中… ②陕… Ⅲ．①先进工作者－先进事迹－西安 Ⅳ．①K820.841.1

中国国家版本馆CIP数据核字（2023）第160253号

责任编辑：王 倩
　　　　　赵文君

9号看台

JIUHAO KANTAI

编　　者　中共陕西省委直属机关工委　陕西省作家协会
出版发行　陕西人民出版社
　　　　　（西安市北大街147号　邮编：710003）
印　　刷　陕西金和印务有限公司
开　　本　787毫米×1092毫米　1/16
印　　张　19.25
字　　数　285千字
版　　次　2023年8月第1版
印　　次　2023年8月第1次印刷
书　　号　ISBN 978-7-224-15073-5
定　　价　79.80元

《9号看台》编委会

序

惟其艰巨，所以伟大；惟其艰巨，更显荣光。历史的底色总是苍茫而深邃，浓墨重彩一向来源于“吹尽狂沙始到金”。

中华人民共和国第十四届运动会是什么？单纯从概念上讲，这是一个极为易答的问题：全运会是国内水平最高、规模最大的综合性运动会，第十四届全运会是在陕西举办。这场盛会的精彩赛况在全国各种新闻媒体上都有详尽的报道，而在陕西更是街头巷尾热议的话题。

但对于参与筹办本次盛会的人而言，这个问题的答案却是千言万语难以道尽的。

她是很多“首次”的集合体：

——“全面建成小康社会、开启全面建设社会主义现代化国家新征程后的首届全运会”；

——“首次在中西部城市举办”；

——“首次与残特奥会同期同地举办”；

——“首次设立群众赛事活动展演项目”；

……

她有着几乎无可复制的特殊举办时间节点：

——“在中国共产党建党百年之际举办的一届全运会”；

——“与东京奥运会同年举办、相距不过一月”；

——“紧接 2022 北京冬奥会、冬残奥会”；

……

她遇上了前所未有的筹办难题：

——“直面百年来全球最严重的传染病大流行——新冠肺炎疫情的一届全运会”；

——“在几乎所有的国家级、国际级大型体育赛事纷纷推后举办的大环境中，按照原计划成功举办”；

——“并非在一个城市内集中举办，而是在全省众多市、区县，甚至是外省城市大地理跨度举办”；

……

她是陕西永恒的荣耀：

——“新中国成立以来陕西承办的规格最高、规模最大、竞技水平最高的综合性运动会”；

——被国家体育总局称赞为“成绩最好、影响最大、社会关注度最高的一届全运会”；

——中国残联认为“陕西办出了一届对残疾人格外关心、格外关注，选手创造佳绩、团结协作、硕果累累的残特奥会”；

……

13天的时间里，1.2万名运动健儿角逐全运赛场，2.1万名群众运动员参加群众赛事活动。累计38万人次观众安全入场观赛，很多热门赛事一票难求。竞技场内留下了全红婵的“水花消失术”、苏炳添终圆全运冠军梦等大家热议至今的经典时刻。竞技场外，群众赛事如火如荼，热火朝天，“全民全运 同心同行”的主题得到了实实在在的彰显。大家激动地说：还得是咱中国的全运会，现场再不是空无一人，在观众的加油声中，我们真是“更高、更快、更强——更团结”！

是的，“更高、更快、更强——更团结”这不只是奥林匹克格言，也是一群为践行习近平总书记“办一届精彩圆满的体育盛会”重要指示，交出“两个运动会同样精彩”答卷的“无名英雄”的追求。这些“无名英雄”就是十四运会和残特奥会组委会的工作人员。他们是来自全省各地市县区、各系统、各单位、各个岗位的公务员，以及企事业单位的工作人员。他们中的大多数人都没有与体育相关的工作经验。有一位领导同志曾和我讲起，当时，组织找他谈话让他进入组委会工作并担任重要职务，他的第一反应：平时工作太忙了，诚实地讲，在此之前，说到体育项目，我最多也就是偶尔在路边下下象棋……是啊，从对体育项目“无甚了解”到迅速成长为全国最高水平综合性运动会的筹办者、组织者，要扛住多大的压力、解决多少难题、面对多少未知的急险，可想而知。

让我们感动的是，面对这些“可想而知”的巨大困难，他们的答案依然斩钉截铁、掷地有声：无条件地服从组织决定，坚决执行省委、省政府的工作部署，这就是我们作为党员、作为国家公务员的责任和义务。大局当前，重担面前，“心怀国之大者”“践行初心使命”，我们不上，谁上？只要党和人民需要，全国、全省的工作大局需要，组织一声令下，大家勇往直前，立刻从全省各地汇聚而来。筹办初期，组委会并没有单独的办公场所，工作地点就设在陕西省体育场9号看台的下面。大家顾不上各方面条件的简陋，迅速进入“战斗”状态，在这里开始了“百团鏖战”。

雄关漫道真如铁，而今迈步从头越。大多数同志进入组委会工作后，在极其紧张的筹办倒计时中，首先都要突破“从对竞技体育知之甚少到迅速成为行家里手”的难题。组委会的领导同志们率先垂范，每次在奔赴十四运场馆建设现场出差的车上，都会挤出时间请体育局相关负责同志给大家讲解体育领域的相关知识，一个一个项目听，大家一起学……大处着眼，小处入手，实干苦干，稳扎稳打，组委会这列庞大的“高铁”就是这样启程的。积土成山，积水成渊，在后续的工作中，组委会坚持“最高标准、最快速度、最实作风、最佳效果”的工作要求，创新、创造了一系列全运会筹办历史上“敢为人先”的工作方法：如，践行“系统谋划、精细管理、倒排工期、挂图作战”——在长达几年的筹办周期里，组委会每个部门、每个人直到十四运会结束，每天都要完成什么任务、当天到底有没有完成……都凝结在一张作战图中，12000余项任务一览无余，随时掌握工作进度；再如，党建引领，充分发挥组织优势和党员先锋作用，推动筹办工作攻坚克难……

随着两个运动会筹办工作的日益深入，从组委会到全陕西，大家逐渐意识到，这件事的复杂程度远超于常人对“运动会”本身的认知。无论是竞赛组织、场馆建设，广播电视、信息技术，还是新闻宣传、大型活动、市场开发、疫情防控；无论是财务、人事、食品安全保障、交通、电力、安保，还是气象、环保、反兴奋剂……整个筹办工作是一场长达五年、难度系数拉满的巨型“马拉松”。这里仅举其中一个片段做例子：十四运会的比赛有4128场次，残特奥会比赛有6200余场次，每一场都是全国最高水平的赛事，赛事中的每个步骤都有着复杂而严谨的标准要求。每一场比赛涉及的赛事规划、场地要求、各项接待、比赛中的统筹协调、运动员尿样留样送检……哪一项拿出来，都是极为繁杂的系统工作。

十四运会的筹办涉及全省13个赛区，90余万人奋战，要一盘棋有条不紊地推进，就需要一个坚强有力、高效运转的“中枢”。毫无疑问地，组委会必须担负起这千钧重担。在筹备进入攻坚期后，长达四百个日日夜夜，全体组委会工作人员放弃了所有周末和休息时间，随叫随到，坚持在岗。由于工作纪律要求，大家的工作内容、压力、难处也常无法与家人、朋友言说。有一位年长的同志后来和我聊过一件令人动容的“平凡小事”：当时他背负巨大的工作压力，经常连续工作十几个甚至是几十个小时。对于担心他身体健康的家人而言，他总是处于“消失”的状态。唯一的“休息”和情感出口就是在一个月中可能有半天的时间，可以拖着疲惫不堪的身躯回到家中，抱一下小孙子。面对孩子天真无邪的笑闹和许久未见的亲热，他因为累到麻木只能沉默地笑着，然后看着表针一分一秒地慢慢指向他要回去接着“投入战斗”的时间……

习近平总书记曾深情地说：人民是历史的创造者，是真正的英雄。对于一届精彩圆满的体育盛会而言，更是如此。在旷日持久的筹办工作中，我们看到了无数为盛会默默奉献的伟岸身影，走近了无数奋战在平凡岗位上的伟大灵魂：他们有的遭受亲人离世和家庭变故的重击，却含着眼泪坚持工作；有的心脏安装了四根支架，还主动请缨上一线；有的身残志坚，生病住进ICU仍心系残运会筹办工作……全民全运，同心同行，点亮梦想，为爱起航。他们都是为了汇聚盛会燎原之势，而不惜燃烧自己点亮星火的“装台人”。无论有多难，每个人都紧紧地咬着牙，没有抱怨，没有迟疑，就是“决战、决胜”，“开跑就是冲刺”！陕西人、陕西的党员干部以“赳赳老秦”那股百折不挠，敢打敢拼的“拧儿劲”，在领奖台之外，在聚光灯照射不到的地方，发出了无比耀眼的光，也构成了这本《9号看台》中一篇篇报告文学里感人至深的章节。

在这本书中，一幅幅波澜壮阔的画面，一幕幕令人难忘的场景，一群群“最可爱的人”，一个个用忠诚、智慧、汗水、热忱写就的故事，在时光的沉淀中愈发引人沉思、令人泪下、催人奋进。同时，由于篇幅的限制，我们无法一一记录、致敬所有为这项伟岸事业贡献了智慧和力量的英雄们，但他们的精神与热忱却早已汇入了这本书中……

从中，我们也或许可以一窥“十四运会和残特奥会到底是什么”这个问题的无尽答案：

她是国家体育总局“场馆建设一流、竞赛组织一流、重大活动一流、接待服务一流、新闻宣传一流、安全保卫一流、市场开发一流、综合保障一流”的赞叹，也是中国残联“卓越的组织领导、高标准的场馆设施和竞赛组织、高水准的志愿者服务、最严密的疫情防控”的好评；

是面貌一新的城市建设和更好的人民生活环境，也是来自全国人民的认可和全世界的关注；

是为陕西今后几十年高质量发展奠定坚实基础的干部队伍的甄选、历练和成长，也是因“展现了新时代陕西省经济发展、社会稳定、文化繁荣的新业绩新面貌”从而赢得更多机遇的未来……

是为序。

本书编委会

李悦执笔

目　录

第四篇　强后盾

JIN
HUIWANG

第一篇

今回望

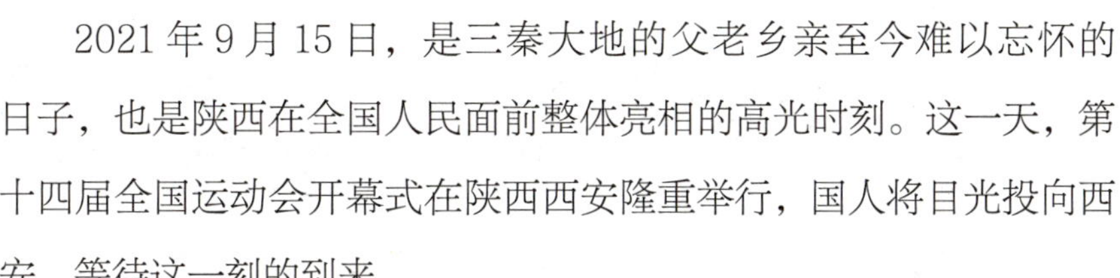

精彩圆满　世纪华章

傅晓鸣

2021年9月15日，是三秦大地的父老乡亲至今难以忘怀的日子，也是陕西在全国人民面前整体亮相的高光时刻。这一天，第十四届全国运动会开幕式在陕西西安隆重举行，国人将目光投向西安，等待这一刻的到来。

夜幕降临，西安奥体中心华灯璀璨、座无虚席。晚8点，随着来自全国各地的运动员方阵入场，中共中央总书记、国家主席、中央军委主席习近平宣布："中华人民共和国第十四届运动会——开幕！"全场顿时沸腾，掌声、欢呼声经久不息，一场全国性的大型体育盛会在国歌声中拉开帷幕。

这一晚，来自全国各省市的运动员及演员、观众3.7万余人在现场目睹和参与了开幕式的盛况，全国亿万观众在电视机前也见证了这一辉煌时刻。开幕式演出，精彩纷呈、无与伦比，使全国观众大饱眼福，好评如潮！

这是由陕西省承办的中华人民共和国第十四届运动会。

每四年一次的全运会，是国内各类运动会中规格与水平最高、规模和影响最大的综合性运动会。往届全运会，几个直辖市轮流

承办，江苏、山东、辽宁也各举办过一次，此次将第十四届全国运动会交给陕西承办，是党中央、国务院对陕西的莫大信任。十四运会是全运会首次走进中国中西部地区，也是全运会和残特奥会首次同年同地同城举办，它的亮点颇多，集中体现为四个“突出”：一是突出简约办会；二是突出全民参与；三是突出绿色引领；四是突出智慧赋能。

2021 年是中国共产党成立 100 周年，是我国全面建成小康社会、开启全面建设社会主义现代化国家新征程的关键之年，是“十四五”规划的开局之年，也是“两个一百年”奋斗目标的历史交汇点，此时此刻举办十四运会，既是为党的百年华诞送上的一份贺礼，更是中国以一场“精彩圆满的体育盛会”向世界展示大国担当、大国情怀的一次生动诠释。体育强则国家强，国运兴则体育兴。十四运会在陕西的成功举办，振奋了国人精神，提升了民族自豪感，可谓意义深远！

众所周知，国家每隔四年花巨大精力举办一次全运会，其目的一方面是为提高国家体育竞技水平，带动群众参与体育活动，提升全民身体素质；另一方面也是为国家的奥运战略锻炼新人、选拔人才。可以想象，全国各地前来参加比赛的运动员，为能在十四运会上取得好成绩、给所在省市的父老乡亲增光添彩、实现自己的竞技梦想，经过多年的艰辛备战、刻苦训练，洒下了无数汗水。而观看十四运会开、闭幕式和各类竞技比赛的广大观众无论如何也想不到，如此宏大的体育赛事背后，有多少人连续几年夜以继日、加班加点，付出巨大的艰辛和努力；有多少人放弃与亲友的团聚，放弃正常生活，舍小家为大家，其间，发生了无数可歌可泣的动人故事。

为办好这一场全运会，陕西省委、省政府从各个厅局及各级地方抽调了一大批优秀干部。

如今全运会圣火已熄灭，但那段激荡人心的岁月，在十四运会组委会所有工作人员心底留下了终生难忘的记忆。

唯其艰难，方显珍贵

阳春三月，春风乍暖，为深入了解十四运会当初的筹办情况，笔者来到陕西省人民政府驻地，采访了省机关事务服务中心副主任张剑。

张剑是十四运会筹委会组建不久时的办公室驻会副主任，他全程亲历、全程见证，对筹办十四运会有着真切的体会。

这是一位和善可亲的中年人，语言平和、思路清晰、笑容满面，几乎每说几句话都能带出笑声来。我的采访唤起了他的激情与回忆，尽管十四运会已落幕近两个年头，但组委会那段紧张有序、争分夺秒、全力以赴的工作场面，让他记忆犹新。一个人在一生中能有幸参与一件有意义的重大事件，那将成为他一生的骄傲。

张剑说，第十四届全国运动会得到党中央、国务院的充分肯定，得到国家体育总局的高度赞扬，国家体育总局用八个“一流”评价此次盛会，即“场馆建设一流、竞赛组织一流、重大活动一流、接待服务一流、新闻宣传一流、安全保卫一流、市场开发一流、综合保障一流”。这是多么高的赞美和评价！这些赞美之词传到组委会500多名成员的耳朵里，大家顿时感到心里热乎乎、暖洋洋，甚至热泪盈眶。

十四运会的成功举办让陕西人民乃至全国人民十分满意，提振了陕西人的自信心和精气神，也改变了陕西干部群众在国人心目中的整体形象。

他介绍说，陕西是2015年10月20日向国家体育总局提出办会申请的，两个月后的12月29日，得到国务院的批准。从那时起，正式拉开了筹办十四运会的序幕。最先几年只做些准备工作，比如组建筹委会，做些蓝图规划、布局等，后来随着会期日益临近，工作的紧迫性越来越强。从2019年4月起，省委、省政府陆续抽调了一些干部驻会。

陕西为举办十四运会，可以说是举全省之力。尤其是陕西省委、省政府领导高度重视，给予了许多关键性的支持和指导，所有参与筹办工作的同志不辞劳苦，全力以赴，上下同心，奋斗在筹办工作的各条战线。

说起十四运会对陕西的意义和带来的积极效应，张剑认为，陕西借此契机，在全省各市新建了一批体育场馆，使每一个市都有赛事，把十四运会办到了家门口，让体育融入老百姓的生活，促进了当地体育事业和文化事业的蓬勃发展，惠及了广大三秦父老。从整体意义上讲，它增强了全民健身意识。新建的体育场馆使老百姓的锻炼环境得到提升，城市的配套建设更健全了。一些区县过去受体育场馆和体育设施的限制，群众性体育活动很难开展，十四运会配合党中央脱贫攻坚的战略，相当于进行了一次体育扶贫，老百姓的满意度提高了，幸福感也增强了。在十四运会开幕期间，各场馆设施齐全规范，相关视频播放到世界各地，使电视机前的观众对陕西有了更深层次的了解，陕西的美誉度提高了、影响力提升了。

回首过去的时光，张剑感慨万千，他说这届全运会办得圆满成功，不光是开、闭

幕式和整个赛事活动没出一点纰漏，十四运会首次在西部省份举办，本身就有许多特殊性所形成的亮点。譬如，其他省市办全运会，场地比较集中，而陕西 53 个场馆，遍布三秦大地。从地理上讲，陕西地域狭长，奔波往来费时费力。比如在榆林的场馆，距西安 600 多公里，在延安、汉中的有 300 公里左右，韩城的也要 250 公里。这无疑增加了比赛和筹办工作的难度，工作量也随之加大。另一个特殊性是还要同时筹备整体推进着举办残特奥会，比如天津办完第十三届全运会，隔了两年才办的残特运会，又经过两年筹备才办的特奥会，陕西在一年的时间里同时举办，一个在 9 月，一个在 10 月，这在全运会历史上没有先例。那时筹委会办公室所有部室都挂两个牌子：十四运会筹委会办公室、残特奥会筹委会办公室。两会一起筹办，虽然节省人力、物力、财力，但无疑加大了工作难度，也增加了工作强度，压力之大，难以想象！

此时十四运会倒计时还不到 400 天，许多工作还未完全理出头绪，存在机构设置、物资采购等诸多问题，场馆建设更是千头万绪，需要尽快落实。于是组委会迅速补充力量，完善部门设置，抽调干部，加强办公室工作。

张剑介绍，驻会办公室的具体工作一是发挥参谋助手作用，为组委会领导服务；二是加强统筹协调；三是督查督办。办公室事务繁杂琐碎，工作千头万绪。为了理清思路，办公室根据开幕式时间进行倒计时管理，把所有任务逐一核实罗列，梳理出1000多项阶段任务，进一步细化工作时间节点，形成工作任务图表挂图作战。有了作战图，效率大大提高了，组委会的工作就此发生了质的飞跃。

谈到疫情，张剑说，疫情既增加了办会的难度，也增加了办会成本。对每个团队都是考验，对每个人也是考验。虽然当时形势不容乐观，但组委会的工作依然有序扎实推进。譬如说，开、闭幕式的群众演员采取分片、分区集中封闭排练，待开幕式临近再统一进行合练。排练期间，组委会领导亲临现场指挥，保证了筹备工作的顺利进行。当时办公条件非常艰苦，三四个人挤在一间办公室，吃住在一起。为加班方便，张剑索性备了折叠床，睡在办公室。尽管条件艰苦，但大家都能克服困难，不叫苦叫累。

谈到家庭，张剑却无奈地说，筹备期间，自己家里的事一点儿也顾不上了，偶尔回趟家都是在深夜，天未亮又爬起来走了。他的父母在商洛镇安，年事已高，组委会工作期间他很少回老家看望二老。张剑说，因为筹办工作很特殊，要时刻操心。有一次他去商洛参加一个火炬传递仪式，家人在电视直播里看到他的镜头才知道他在商洛。当时已是晚上11点，张剑和父母通了个电话问候了一下，第二天一大早就又赶回西安了。

三过家门而不入，让人唏嘘感动。然而在十四运会筹备期间，许多人都是这样，有家不能回，亲人不能照顾，家事不能料理。不是不能，而是心中装着紧迫的任务！

十四运会还有一个突出亮点，就是简约办会。好多人并不清楚其中的内情，但有一点大家都明白，办好十四运会，首先要有足够的经费支持，才能保证它的正常运行。张剑介绍，办十四运会和残特奥会，很大一部分经费全靠组委会自己筹措。

组委会有市场开发部，连续举办了好几场大型招商会，但简约办会是一条重要原则，不浪费、不奢侈。组委会建立了严格的财务审批制度，严格把控，将钱花在刀刃上。

张剑笑着说，值得一提的是，国家体育总局和中国残联有要求，赛事过后要及时总结，把办会全过程全流程及各种资料形成档案进行移交。往届全运会没有形成一套完整的档案资料，但是这一届从一开始就注重档案收集，并连续下发过多次通知，要求各部室注意及时收集档案，留给后人可查可鉴。最后形成了纸质版和电子版两个版本的档案，并且举行了隆重的交接仪式，分别向省档案馆、国家体育总局、中国残联移交了完整的档案。

最后，张剑说道，十四运会还有一个很大的收获，就是锻炼了干部队伍。这次运动会是筹备人员人生经历中的一件大事，也是每个参与者历练锻造的绝佳机会。经过团结紧张的奋力拼搏，这个集体充满了凝聚力与活力，大家一心一意，只为干好一件事。十四运会培养了一大批优秀干部，干部的执行力和综合能力得到普遍提升，面对复杂工作、遇见困难问题，他们不慌、不怵、不退缩，敢于直面问题、攻坚克难，如今他们在各自的工作岗位上独当一面，已然淬炼成钢！

把每件小事做好就是大事

告别了张剑，我的采访目标移向了当年的组委会秘书处处长王海。在省政府办公厅职转办办公室，我见到了王海。

王海中等个头，人长得年轻帅气，眼睛里却透出沉稳自信的目光。你无法想象，这样年轻的他，在十四运会千头万绪的工作中，在文山会海的繁忙事务里，带领秘书处的同志们，把各项事务协调得妥妥当当，把每场会议安排得井井有条。

秘书处的工作庞杂琐碎，主要体现在件件小事上。要把每一件小事都做得精细缜密，实属不易。采访中，王海说，秘书处的基本功能是服务，譬如办会、办事、搞协调，还有文书写作、档案管理、日程管理、信息管理……林林总总。

王海是 2020 年 6 月 1 日抽调到十四运会筹委会的，这个日子他记得很清楚，因为他觉得这一天对他很有意义。也就是从这一天起，王海成为十四运会筹委会办公室下的秘书处处长，负责统筹办公室各项工作。秘书处人员最多时有 18 人，都是从省直机关与市县抽调过来的一帮年轻人，他们敬业自律，吃苦耐劳，做了大量不为人知的工作，推动着筹委会工作如期开展。

秘书处工作的特点是安静细致，需要谨慎小心，一丝不苟。在筹办十四运会期间，大家一直吃住在现场，牺牲与家人、朋友相聚的时间，一心一意只为工作，度过了一段紧张而艰苦的岁月。

王海介绍，秘书处负责组织会议、发通知、草拟讲话稿、布置会场等工作。任务下来得往往比较紧急，秘书处经常要加班，一干就是大半夜。从 2020 年的 6 月起，筹委会开始实行单休制。往往是“周六保证不休息，周天休息不保证”。尤其在临近开幕式的最后一年，只有上班的时间，没有下班的时间。无论深夜几点，把手上的工作全部做完才算下班。仅是会议备忘、会议纪要，整理下来就有 36 万字，以工作日志为基础编辑出来的大事记有 12 万字，此外，秘书处外出的工作量也比较大。王海说，全民办会是此次全运会的一个亮点。十四运会场馆分散在全省十几个市，秘书处的工作人员必须跟着领导每个场馆逐一跑，有的不止跑一趟，要跟进、检查、指导。陕西的地理位置南北狭长，跑一趟榆林就需要两天时间，跑一趟韩城也要一天半。十四运会赛事前期跑完了，赛事开始后还要跑。

王海介绍，组委会框架下有 23 个部门，这些部门所有的工作文件，都要经过办公室处理。说白了，办公室的职能就是上传下达、左右协调，同各部门对接。

谈起工作感受，王海说，干工作一定要有思路，要坚持原则、实事求是。思路清晰了，就知道什么事情该怎么干，怎么干才能干好。他经常和同事们讲，发现问题很重要，分析问题也很重要，但是最重要的是解决问题。一直说坚持问题导向、目标导向，现在还要加上一句，坚持过程导向，过程导向中还包括工程导向和结果导向。

王海对工作有很深的感悟力，带起兵来也一点不含糊。他说，秘书处每天都有点评，一个月还开一次工作点评会。组委会制度建设是周调度、月点评、季考核。由于工作繁杂，头绪多，每天的工作都是交叉着干。因为人员是抽调来的，所以要通过培训，讲制度，立规则，发扬好的作风，对出现的问题及时提出批评，把无序的人群统一带上正轨，形成有序的工作状态。经过十四运会的锤炼，通过素质培训和强化训练，他深深感到，他所带的团队作风硬朗了，能力更强了，格局更大了，政治站位更高了。

筹委会文件多，进进出出，怕打乱仗。当时有个规定，文件归档一个入口、一个出口，专门指定一位同志全职管理。外边来的文件，一律通过机要组登记审核后，再由机要组送秘书处，由王海送给分管领导，再送到主要领导处。退回来的文件还是原路返回到机要组，该发就发出去，该存档就存档。一切文件行踪可循，查有源头，杜绝疏漏，杜绝部门之间的推诿扯皮，使文件得到高效执行，让领导指令得以畅通。

在经费使用方面，王海也做得尽职尽责。他说，大笔招标项目，只要是花钱的事，审计监察部、财务部会马上紧盯。他协助领导把关合同、核准文稿的时候，哪怕花一分钱，都必须让财务部和审计监察部驻会负责同志来签字，这是一条很严格的制度，必须严格执行。每一大笔招投标项目，审计部门都会跟踪审计，监督是否合规。大型项目就不用说了，甚至连买小旗子、小帽子这样的物件，也要先询价，询完价以后写报告，进行审核。即便价钱合理，也会先考虑到政府网站采购，政府网站没有，才去市场采购。而且速度要快，不能拖延时间。之所以说十四运会办得非常圆满，其中一个重要原因，就是制定了严格的财务管理制度。譬如严格的把关制度、监督制度和跟踪制度，使得财务账务非常清楚，没有烂账坏账，没有拖欠款，没有官司。可以说，这是一次廉洁、节俭、干净的运动会。

王海和组委会其他人员一样，办会期间，他和家人也见不上面，那时，他的孩子正是升学的关键时期，却只能将家中的一切交给妻子照管。他还坦诚，他不是学体育的，不是体育运动爱好者，也不做联系体育的工作，对体育啥都不懂。但是到了组委会，他边学边干，边干边学，边认识边提高，终于知道体育是怎么回事，由外行渐渐成为内行。

在办会方面，王海表示，秘书处的办会经验非常成熟。当时他们搞了个大事记，每天的工作都用大事记的方式全部记录下来。比赛开始后，秘书处更忙了，每天都做情况汇总，将包括赛事在内的各种信息，用简报报送省委、省政府，国家体育总局，中残联和各市政府。每天晚间，一些信息稿件陆续发来，经过整理编写，再将简报发出去，基本就到凌晨 1 点钟了。

采访中，王海讲述了这样一个故事。组委会秘书处有一个小伙子，叫孙灏，家住宝鸡，小伙子工作热情高，踏实主动，是会议处的副处长，主要是负责会务工作。有

一次跟领导出去调研，孙灏得到他父亲突然离世的噩耗，悲痛欲绝。因为半年前他母亲刚刚去世，他是父母膝下的独生子。双亲相继离世，对他的打击巨大，这是常人难以忍受的痛苦，但是他只分别请过两次假，办完丧事马上又回到了工作岗位。王海说，这些感人事迹，每当给领导汇报的时候，听者无不动容。

我要了孙灏的号码，拨通他的电话。电话那头，一个年轻的声音传来，他就是孙灏，当知道我打电话的来意后，他说，那都是过去的事了，不提也罢，提起来令人伤心。

孙灏是 2019 年 4 月抽调到十四运会筹委会工作的，整整三年时间，这期间母亲患卵巢癌去世，时隔半年，父亲又因糖尿病并发症突然离世，两位老人的相继离世使他陷入深深的悲痛，也让他感到非常内疚。由于工作太忙，没能在父母床前伺候，少了对双亲的陪伴，没尽到儿子的孝心。这些悲伤的事情，至今提起，依然让他心绪难平。他说，在听说他的事后，组委会领导经常安慰他、鼓励他，使他感到了关怀和温暖。孙灏现在省机关事务服务中心小寨老干所办公室工作，他说，参与十四运会筹办，对他这样的基层干部来说，是一个非常难得的锻炼和提高机会，虽然家里出了这么大的事情，但他依然坚持住了。

孙灏对王海的评价很高，他说王海非常有担当。总是以身作则，对下属在工作中出现的失误或不足也很包容，这反而使他们更加仔细认真地工作。他觉得，大家就像是同在一条船上一起奋力划桨，王海从不是一个甩手指挥者。

从 2020 年的 6 月 1 日开始，到 2021 年年底结束，这一年半时间，组委会的同志们回家的次数就更少了，晚上加班到凌晨一两点已成为常态。越临近开幕式，就越紧张。

十四运会是疫情暴发以来常态化疫情防控背景下举行的第一次全国性综合运动会，防疫难度和压力确实不小。开赛后，所有参赛人员实行封闭式管理。在比赛场馆内，根据赛事特点和运动类型，划分出封闭管理区和非封闭管理区。封闭管理区只允许运动员、技术官员等必要人员入内；非封闭管理区为观众、服务人员活动区域。组委会根据各类人员流线严格管理。王海说，在疫情期间办会，不利因素太多了，难度太大了，要保证不出一点事，就要下很大的功夫。组委会每天晚上，等赛事结束后都要开零点会议，往往开到深夜，部署安排第二天的赛事和工作……

精彩圆满的背后，组委会的每个人都洒下了辛勤的汗水，每个人都付出了艰辛的努力，每个人都得到淬炼和升华，每个人心中都装满了岁月里的一段动人故事！

身在兵位，胸为帅谋

贺兆华是一位行为果断、做事严谨、执行力极强的人。采访中得知，他是军人出身，17 岁入伍，在部队工作 21 年。起初部队属于解放军，驻地在西北边陲，在他任副连长的时候，部队转隶武警。之后，他参与过多次维稳任务，军旅生涯可谓精彩丰富。他的妻子也是位军人，在西安某军队大学工作，当时因妻子在西安，孩子及家中老人皆需照顾等诸多原因，2012 年选择了转业。

20 余年的军旅生涯，练就了他不畏艰难、敢于担当、清廉正直的秉性，培养了他果决而严谨的执行力。采访中，他说的一句话让我印象深刻，那就是“身在兵位，胸为帅谋”。意思是要明确站位，统一意志，胸怀全局，处处站在决策者的角度思考问题。在当今的社会建设中，这句话有很强的现实意义。

贺兆华说，办好十四运会是国之大者。秉承国之大事，要有崇高的理想信念，绝不能盲目乱干，也不能事事都靠领导，各级干部都是关键力量。如果干部缺乏使命感，激情衰竭，责任感和担当精神就会减弱，那将一事无成。如果干部都有大局观，都有担当精神，都有责任心，统一行动起来，没有干不成的事情。

贺兆华是 2020 年 5 月 31 日到筹委会报到的。在此之前，十四运会筹委会已运行三年，这三年虽然做了一些基础工作，但整体筹备工作进展相对滞后，随着十四运会开幕日益临近，抽调一部分精兵强将补充进去强化筹委会工作，在当时势在必行。

贺兆华去了以后很快发现，事情并不是那么简单。当时筹委会的同志们都意识到，筹办工作的确很繁杂，点多、面广、线长，任务交织、时间紧迫，但又不知该从何处下手。比如说场馆问题，当时许多场馆硬件设施还没有配套完成，后期装修、检测、试运行均未有定数。场馆安保也是一个大问题，安保到底怎么搞，是全程戒严，还是区域封控，用哪一种形式去封控，都需要论证推进。再者，行政接待方面，届时将有全国各地的运动员、嘉宾、技术官员到来，来了吃什么，怎么吃，食材从哪儿来。又如气象，开幕式场馆是露天的，如果当天下起瓢泼大雨怎么办，这种风险怎么规避？还有电力保障问题，开、闭幕式大量使用声光电技术，电力如何确保万无一失？再如新闻宣传，如何把开、闭幕式现场的盛况、精彩的赛事向全球播放出去，怎样保证高清画面顺利播放……一系列复杂问题摆在那儿，要靠组委会各部门逐一解决，确实是一次重大考验。

贺兆华做事擅长思考，也擅长梳理和总结，他用三个“水”字来形容那时的感受：一头雾水、显山露水、青山绿水。刚去的时候是“一头雾水”，根本就不知道该怎么干，只知道筹办工作任务很重，社会关注度非常高，是国家的一个重大体育活动，要做的事情非常多，但怎么做、哪些是关键、工作流程在哪里，并不知道，所以说是一头雾水。经过几个月的艰苦努力，梳理工作流程，夯实工作责任，理清各部门的工作职责和协作关系，并将本该组建但尚未组建的部门相继成立起来。通过一段时间工作运行，一切理顺了，局面打开了，工作有了轮廓，流程逐渐清晰了，就像重重大山，眼前的迷雾散开，开始显山露水了。

贺兆华说，自己是督查处处长，负责督查督办工作，只要列入任务清单的，就是督查处督查的目标，再根据组委会领导工作要求，按照时间节点，一件件拉网式督办落实。到了后期，目标与任务十分明确，各个堡垒如何攻破，方法步骤全有，基本上已稳操胜券了。这时再看筹办工作，井然有序，从最早的不明白，到后来有了轮廓，再到后来一目了然。任务盯实了，工作清晰了，关键节点找到了，一项项有针对性地推进落实，所以整个筹办工作的进展，是从一头雾水，到显山露水，再到青山绿水的渐变。

贺兆华说，作为国家公职人员，虽然身处普通岗位，但大家共同担负着国家使命，都应该想着怎样把工作做好，怎样从全盘考虑，主动出击，攻坚克难。

贺兆华从部队到地方，一直在机关工作，从而养成了一个良好的工作习惯：在组委会工作期间，他的床头总是放着一张纸，无论什么时候，想起什么事，马上记在纸上，担心把事耽误了，哪怕是半夜想起来的事，也要爬起来记在纸上，作为提醒。

督查处一共七人，其中六人是从基层抽调来的。督查处的主要任务是督办落实国家层面如国家体育总局、全国残联等部门对十四运会的一些具体要求，再就是省委、省政府的一些工作部署，以及组委会会议确定的事项，抓落实、抓执行。那时组委会实行挂图作战，一事一督办，处里所有同志工作均有分工，每个人负责几个部，紧盯时间表、任务图，全程跟踪、卡住节点、有序跟进。譬如，组委会决定，2020 年 12 月 31 日，十四运会场馆必须要建设完成，他们便根据工作要求，对进展较慢的场馆实地督查调研，将任务完成情况及时向组委会领导汇报，并给省委、省政府领导起草情况报告，同时以下督办单的形式要求相关市按时间节点完成任务。办公室有个大事记，督查工作资料都在里面，很具体，他们就是依据这些文件进行督办，始终坚持开展工作有依据、有过程、有结果。

贺兆华说，督查处的同志都是抽调人员，除自己外，其他同志家都不在西安，关心他们、照顾好他们的生活也是做领导的责任，只有吃住无忧、心情舒畅，才能团结协作，顺利完成工作目标。工作期间同志们一丝不苟，尽心竭力，任劳任怨，取得了非常好的效果，当时组委会给予督查处很高的评价，贺兆华个人连续两年被组委会评为先进工作者。十四运会后，督查处做了个详细统计，在筹备十四运会工作期间，督查处每天平均督办近 20 件事，可以想象，这个工作量是相当巨大的。

干任何事情，没有身临其境，就没有实实在在的体会。贺兆华说他现在才知道，筹办大型体育赛事是一件非常不容易的事情，不是简单地组织一群运动员到赛道上跑一跑、打打篮球、跳跳水就可以了，很多工作真不是他预想得那么简单。例如反兴奋剂方面，十四运会实施最为严格、数量最多、类型最多的兴奋剂检查。如果出现一例兴奋剂违规，整个运动会就是失败的，成绩再好，准备得再完美，只要出现兴奋剂问题，一切归零！又譬如羽毛球馆，场馆对灯光要求很高，球打过去不能有影子；又比如跳水板，能不能达到国际跳板的要求？每一项体育赛事都对场馆、器械、设备有非常具体的标准和要求。

驻会那两年，贺兆华的孩子刚好面临中考，他却尽不到父亲的责任。妻子不理解，说：人家的父亲把孩子领着到处补课或陪着锻炼体能，为中考做准备。以前你在部队忙，可以理解，现在回来了，却比部队还忙！咱就不能过过自己的日子，把孩子好好培养一下？

贺兆华说，在十四运会组委会待了几年，基本没有请过假，不是他不想请，是大家都那么忙，任务那么繁重，根本张不开那个口。儿子的问题仅仅是小家庭发生的矛盾，真正让他痛苦难过的是……房间里的空气顿时凝固，他沉默了许久，才抬起头缓缓说，他谁都能对得住，就是对不住他的父亲！

事情是这样的，自贺兆华调到组委会工作，五个月后，他的父亲就在国庆节那天与世长辞了。贺兆华说他到组委会不久就接到家里电话，说父亲脑梗了，半身不遂，卧床不起。当时正值任务最繁重的阶段，根本没法请假到床前照顾。随着父亲的病情加重，越来越需要人照顾时，他却根本无法抽身。哥哥姐姐们很不理解，说他就不能请上十天半月的假，回来把老人照顾一下，在床前尽个孝？

贺兆华声音颤抖，他哽咽了，眼圈泛红，久久说不出话来。

男儿有泪不轻弹，只因未到伤心处。自古忠孝不能两全，要忠要孝，孰轻孰重，难以取舍。如今这两难的选择落在贺兆华身上，但当时实地督查工作正处在非常关键的时刻。天天要盯着任务，每天要汇报进展情况，所谓一分部署九分落实，如果盯不住，有任何闪失，将造成难以挽回的后果。现在回想起来，作为儿子，没有在床前尽孝，给自己留下了永远的遗憾，痛苦只能留在心底。

贺兆华的父亲是参加过解放战争的离休干部，新中国成立后在陕西省军区工作，

后调宝鸡军分区，最后到眉县人民武装部至转业。贺兆华评价他父亲说，他一生待人做事度量大、有格局、为人谦和，离休后回到农村生活，从未向组织提任何要求，晚年过着俭朴的生活。他活得坦荡、自在，内心很纯净，尽管他没有给子女留下什么财产，但他的品德是高尚的，这正是他留给子女的精神财富……

贺兆华入伍后，父亲非常高兴，子承父志，那是父亲内心深处的愿望。贺兆华说，父亲的言传身教对他一生都有很大影响。记得当年在部队，父亲给他写信，总忘不了写那么一行字：你要做一个有利于人民的人。

父亲去世前最后一刻正值国庆节。国庆节七天假，组委会只放三天。当晚他和妻子带着孩子赶回老家，直奔医院，陪在父亲床前。父亲见他们一家人来了，用微弱的声音喊了他们的名字，凌晨就过世了。贺兆华说，冥冥中觉得，父亲在生命的最后一刻，似乎就等着见他们一面，所以坚持着等着他们的到来，做最后诀别。

经历了十四运会筹备工作的历练，贺兆华感慨万分，他说，一个人一辈子能参与这样的盛会筹办，也是一件荣耀的事。从人生意义上来说，机会难得，自己开阔了视野，增长了才干，各方面都得到很大的提升，思想境界也得到了升华。

十四运会结束后，应该照个“全家福”作为纪念。组委会通知全体人员穿白衬衣和深色裤子，在一起照个相。有些同志是外地来的，不一定都带着白衬衣，但是照相那天，500多名工作人员，清一色的白衬衣，个个精神饱满，留下了一张珍贵的照片。贺兆华指着照片上的一位女士说，这个同志是后来拼上去的，那天她出差没在，但是为了能出现在这张照片里，她按照要求着装后补照补了上去，唯恐把自己落下，听了让人感动。

聚是一团火，散是满天星，组委会就像一个大家庭，大家肝胆相照，荣辱与共，一起工作好几年。筹办工作结束了，现在又奔赴各自的工作岗位，留下这么一张照片，成为最好的纪念。

十四运会的圣火已熄，2021年也与我们渐行渐远，但留在人们心中的圣火永远不会熄灭，美好的记忆将永存心间，筹办十四运会期间发生的动人故事仍将继续流传。有人说，十四运会锻炼了一批干部，培养了一批人才，这些人才随着十四运会的结束，又回到原来的工作岗位，成为建设陕西、振兴陕西的重要力量，十四运会聚集的能量随着他们的足迹而随之放大！

HUI
LANTU

第二篇 绘蓝图

最好的见证者

常晓军

一

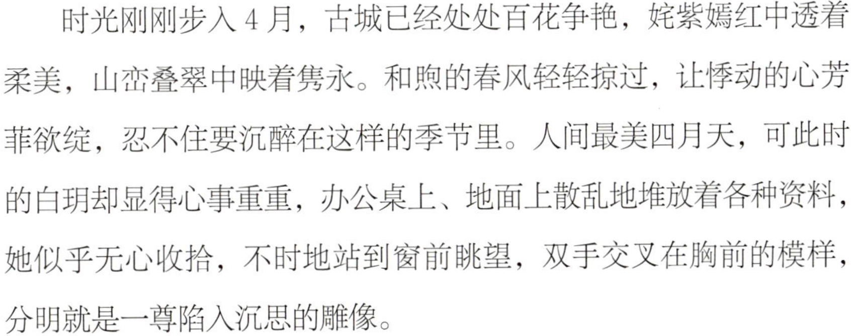

时光刚刚步入 4 月，古城已经处处百花争艳，姹紫嫣红中透着柔美，山峦叠翠中映着隽永。和煦的春风轻轻掠过，让悸动的心芳菲欲绽，忍不住要沉醉在这样的季节里。人间最美四月天，可此时的白玥却显得心事重重，办公桌上、地面上散乱地堆放着各种资料，她似乎无心收拾，不时地站到窗前眺望，双手交叉在胸前的模样，分明就是一尊陷入沉思的雕像。

2019 年的一天，白玥突然接到上级通知，抽调她去参与十四运会的筹备工作。就要离开熟悉的办公环境，让她顿生太多不舍，面对即将投入的工作领域，她有说不出口的忐忑，虽说看上去一脸平静，可谁能明白她内心在想什么呢？

情绪低落，一路上开着车也就默不作声，陪同送行的同事看到白玥这状态，不知该如何安慰，只能默默相伴。车缓缓绕过钟楼，端直出了永宁门，旋而来到了省体育场的 9 号看台旁。

车在临时办公点前稳稳地停下，白玥若有所思，立在原地朝四处看了看，人来人往的嘈杂、办公环境的简陋，一切都是如此陌生。最为要命的是，她压根就不了解体育，又该如何参与完成筹办十四运会这重任呢？

如果白玥没有记错的话，陕西历史上曾先后申办过两届全运会，最终都以失败告终。但省委、省政府没有因此气馁，依然初心不改，一边持续提升全民竞技体育水平，一边向国家体育总局递交申请书。终究是功夫不负有心人，2015 年 12 月 29 日，国务院办公厅发布了《关于同意陕西省承办 2021 年第十四届全国运动会的函》，同意陕西省为第十四届全国运动会承办单位。

2018 年 5 月，国务院又发函批复，同意陕西省承办 2021 年全国第十一届残运会暨第八届特奥会。从接连失利，到突然间好运不断，实则饱含太多人的努力付出。陕西终于扬眉吐气，成为我国中西部地区首个承办全运会的省份。同时，也成为全运会首次与全国残运会暨特奥会同地同年举办的“双料”东道主。

如此重任，省委、省政府高度重视，把办好十四运会和残特奥会，作为推进“一带一路”建设和体育强国、健康中国建设的重要平台以及落实“五个扎实”要求、奋力追赶超越的重要机遇，成立了十四届全国运动会陕西省筹备委员会，全面启动赛事组织工作。

相信多年之后，白玥都很难忘记第一天去报到的情形，她在办公室外迟疑了许久，也想了很多，最终还是硬着头皮走了进去。不料里面却是另一番天地，大家都有条不紊地忙碌着，直至那一刻，白玥才从压抑中回过神。没办法，谁让她喜欢这样的工作节奏呢？所以说，她又必须感谢这意想不到的抽调，注定了要在平凡工作中，去创造一个个的意想不到。

由于筹委会办公室刚成立，白玥的工作就是上传下达、协调沟通，起草文件、收集信息、安排会议，工作千头万绪，事情永远没完没了，仿佛身处没有硝烟的战场。从省政府办公厅到筹委会办公室，改变的是环境，不变的是情怀和态度，凭借着这些年积累的工作经验，白玥完成这些事务性的工作不难，可她明白鸡毛蒜皮无小事，任何一个环节上的疏忽，都有可能“作揖绊倒菩萨”，影响到工作的整体效能，想到这

些，白玥的压力陡然增大。

平凡事做好不平凡，简单事做好不简单。这是白玥对工作的认知。她也知道，人一旦要认真起来，没有什么事做不好。在大家伙眼中，看上去柔弱文静的白玥，似乎没有完不成的任务。敢打硬仗，能扛重活，简直是无所不能。平日里做事就认真，又总想着在本职工作上干出些名堂的白玥，没有因为先前的经历沾沾自喜，而是凭着那股“久久为功”的韧劲、冲劲和闯劲，以“硬作风”对决“硬任务”，狠抓建章立制、公文办理等看似不起眼的“小事”，从细节上确保工作不出纰漏。

那些时日，虽然感觉脑袋一度要炸开来，可白玥还是倍加珍惜眼前这一切，在平凡岗位上努力创造着不凡，很快就得到大家的认可。原来平凡可以如此精彩，只要全身心投入，就可以让自己成为一束绚烂多彩的光。

有一分光就要发一分热。全身心的投入，让白玥的工作渐入佳境，她清楚肩上的责任重大，尤其身处办公室这样的“窗口”单位，既要习惯接受领导的严要求、高标准，还须时刻保持着清醒的头脑；既要做好领导的“勤务兵”、协调处室关系的“通信兵”，还要在平凡岗位上争做“排头兵”。说来容易做起来难，在沟通协调的过程中，难免会遭受各种委屈、误解甚至嘲讽。好在她性格随和，热爱和喜欢这工作，才从挫折中学会自我“疗伤”，转身就会忘记所有不快。尤其深夜下班回家，惬意地听着十四运会的主题曲，再看着大街小巷的吉祥物、宣传海报，心中就流淌过一股幸福的暖意，很快冲淡了工作中的所有烦恼，她越发认识到自己工作的价值和意义。

“每天都是忙不完的事情，她永远脸带笑容，看起来元气满满。”

“大家都搞不清楚，但她就是很喜欢干工作。”

当面有批评，背后也有各样赞誉，只是白玥依然怀着平常心，认真做着手头的事情，“饭要一口一口吃，事要一件一件办，尤其是对负责具体工作的人来说，严谨细致是本职，尽职尽责是关键，能让简单的问题规范化，复杂的问题系统化，相信所有的问题都会迎刃而解”。

这就是一个人对工作的态度，也是白玥始终如一的坚持。

二

2020 年 9 月，筹委会正式转为组委会，国家体育总局、中国残联等相关单位陆续进驻陕西。随着“陕西时间”步伐的加快，组委会愈发感到统筹全省资源、同步推进筹办工作的重要性和紧迫性，他们针对筹办工作点多、线长、面广的特点，又及时成立了挂图作战处。在白玥看来，成立挂图作战处的目的，主要是通过构建科学的筹备工作管理体系，让工作精细化、规范化，实际上就是为全方位启动重点工作按下的“加速键”。她非常佩服组委会领导的眼光，也曾谋划过该如何配合推进工作，只是从来没想到，挂图作战处的重担会落在自己身上。

工作中不期而至的意外，让白玥只能用心面对。当她得知自己被任命为挂图作战处处长时，脸上的笑容不见了，而是长久地陷入沉思，到底该怎么办呢？

如果一成不变，创造力就会下降；但主动适应，抓住机会，就一定会有意想不到的惊喜。只有努力改变自己，才能尽快适应新的工作岗位。上任伊始，白玥就谦卑地对处里同志讲，面对这沉甸甸的使命和信任，自己别无选择，只能和大家一起携手共进。

挂图作战处是组委会的神经中枢，但编制却只有六七个人，还是陆陆续续从不同市、不同单位抽调来的，要高标准、高质量完成任务，可以说困难重重。巨大的压力让白玥开始怀疑自己的能力，每每看到墙上的各种倒计时图表，她的内心总是惶惶不安。

看到这种情况，组委会领导及时进行思想开导，几次与她谈话，要她放开手脚干。只有敢干事才能干成事，而要想干成事，就必须出成绩，白玥明白领导的良苦用心，是啊，工作怎么会没有压力，压力又何尝不是动力呢？接下来的日子，她转变工作思路，始终把工作放在心上、扛在肩上、抓在手里，时时处处以身作则，带领全处想方设法，克服了单位成立时间短、工作任务重的困难，全面梳理了“两清单一计划”，逐个部室理清重点工作任务，而且严格做到任务上墙、按月督办。

有了模范的带动，年轻人的畏难情绪没了，老同志的观念也在变化，很短的时间内，大家就掌握了办文办会办事的方法。工作能力日渐提升，各种任务出色完成，白玥看在眼里，喜在心上，随着相处时间增多，她越发喜欢这群来自“五湖四海”的下属，同事们也对这个“贴心人”打心眼儿里服气。

林欣说：“白处虽然看起来不怒自威，可她就是喜欢帮大家分担工作，手把手教方法。”

尚媛说：“工作再苦再累，只要跟着白处，心里也是暖洋洋的。”

说好话的有，讲风凉话的也不少，但每天的工作，并不会因此而减少，相反还在

不停地增加着。组委会和各部室“两清单一计划”上墙后，原以为可以松口气了，可随着形势的变化，原来的工作方案面临诸多阻碍，怎么办？变还是不变？若是放任不管，计划就会成为一纸空文。白玥也曾宽慰自己，毕竟领导交代的任务已经完成，至于使用效果如何，等待后续检验再说。

只是白玥心里装不下事，几天反复思虑后，她清楚了十四运会的正常运转需要一个庞大的组织架构，需要组委会各部室、各项目竞委会、各市区执委会同步运行，才能保证畅通。可如何整合资源、统筹筹办工作全流程、实时掌握各种情况呢？这无疑是挂图作战处亟须解决的问题。白玥清楚困难所在，也明白出现症结的原因，她想在原有基础上进行突破，可是一个个想法都被大家否决了，这些打击让她突然间没有了工作动力。是啊，挂图作战内容更新不及时、表现不生动，就和实际工作是两张皮，甚至会使日常工作滞后。但要如何改进，她一时半会儿没有个好主意，也没有任何经验可以借鉴。

筹办全运会和残特奥会，本就是一个复杂而系统的工程，怎么科学利用好挂图作战方法指导工作，确实让所有人感到头痛，就在这节骨眼上，组委会借鉴其他省市经验，创新思路，找出了新的方向。白玥带领处里同志，积极攻坚、反复论证，最终制订了更优化的“两清单一计划”方案。省委、省政府听取了组委会的汇报后，对“两清单一计划”方案给予了充分肯定，同时也提出了更高要求，“要将静态图变为动态图，实时更新，全省推进”。2020 年 8 月，在组委会领导的亲自指挥下，一场全运会历史上从未做过的工作正式拉开序幕——全力研发挂图作战系统。而白玥先前的想法与此不谋而合，她立即带着这种喜悦投入工作，打算要在工作中折腾些“大动静”，以信息化的方式，将组委会各部室、全省各市区、各相关单位筹办工作进度统一纳入系统。从静到动的过程，看起来只是个变化，实际上需要思路和理念的创新。经过一段时间的调试后，具有很强实效性的顶层设计——动态挂图作战系统问世了，它在全链条的规划中，架构起以时间为主轴、以鱼骨图和项目管理为主要内容的科学管理体系。

系统内设置了重点项目、推进流程、配合任务、预警提示、督查督办、组织架构等内容，根据轻重缓急排出重点任务、问题清单，实现责任到人、任务到天。同时还可以实时更新进度、协同落实工作任务，方便做好督查督办，对照总体进度清单每日逐项对应落实工作。

一分部署，九分落实，抓不好落实一切都是零。时值西安进入到夏季，要在短短两个多月时间完成任务，压力之大可想而知，虽然谁也不清楚这群人是如何熬过来的，但一个个变化的数据背后，却是对工作的认真付出。天越发热了起来，办公室的空调似乎也抵挡不住滚滚热浪，为进行调试和完善系统，电脑全天候工作着，嗡嗡作响的声音让人烦躁不安。这是白玥最困难的时候，要忙手头的事务，要随时掌握工作进度，又不能眉毛胡子一把抓，为了工作而工作。紧张的任务每天都在推进，要实现动态挂图作战系统对全省统一指挥调度和信息掌控、任务跟进等功能，白玥带领全处同志和相关部室人员一起加班测试，夜以继日录入数据，最终在任务进度倒逼中，使得新系统成了筹办工作的核心保障和依据。

可她并不满足现状，仍然继续拓展着系统功能——要满足信息的实时传递、共享、推进，还能在线下同步组织召开工作调度会，同步制定组委会重要工作安排，具备推送领导活动安排、信息快报、赛事快报等功能。很快，体育宾馆就专门设立了挂图作战指挥室，不定期召开全省筹办工作推进视频会，从会议室的大屏，到组委会、执委会、竞委会每位同志的电脑终端，都能实时显示各项工作的进度，真可谓是一点辐射，全员共享，既节省了大量时间，又加快了工作节奏。每每看到这场景，白玥都会由衷地感到欣慰。

挂图作战系统投入使用后，立即形成全省协同配合的良好局面，成为组委会进行工作计划和行动安排的利器。"单打独斗"的工作局面，被切换成了"全员联动"模式，组委会下辖的23个部室、全省13个市区执委会和80个项目竞委会（场馆），都被网络紧密连接在一起。组委会办公室驻会副主任吴鹏翔深有感触："实施挂图作战指挥调度，可以及时对各种数据进行对比分析、趋势分析，还能进行跟踪分析和预警提醒。"挂图作战系统先后梳理汇总组委会年度重点工作清单123项，并对组委会领导重要活动安排及倒计时一周年、100天、30天重点工作列出清单。挂图作战处还制定印发了每月重点筹办工作安排12期、周重点筹划工作安排36期、每日信息快报168期、赛事快报56期，分别印送国家体育总局、中国残联、省委、省政府和组委会各部室，并每月以此为依据对各部室工作进行提醒督办，确保各项任务的有效推进，有效地防范和化解了重大风险，对出现的漏点、堵点、难点问题加以解决。截至运动会结束，挂图作战系统项目计划总数12016项，其中一级计划5283项、二级计划5035项、三级计划1490项、四级计划208项；主鱼骨图428项，督查项目计划数1253项。

有着强大功能的挂图作战系统，实现着任务从年到日的持续、信息的互联互通、与日常工作紧密结合互补推动等功能，更为重要的是，还为决策层进行决策部署提供了科学依据，对整体筹办工作起到了纲领性和指导性作用，受到组委会和国家体育总局、中国残联的高度肯定，填补了全运会和残特奥会历史空白。随后，杭州亚运会、北京冬奥会、广西青年（学生）运动会等多个赛事组委会，纷纷组团专程来陕学习取经，看着他们惊讶的面孔，白玥心里涌出满满的成就感。面对殊荣和赞赏，她依然冷静而审慎，明白荣誉与使命同在，责任与担当并存，决心继续朝纵深求突破。

随着十四运会赛期临近，挂图作战处扎实推进着建立赛事指挥中心、场馆智慧运行、疫情防控三码合一系统，并与食品总仓控制系统、票务系统的信息对接。虽说难题在不断涌现，可白玥并未轻易放弃，正是有着这样的坚持，才推进着系统逐步细化，并结合组委会提出的“一部门一档”“一馆一策”要求，不断强化着“线上 + 线下”深度融合，在提质增效中开展重大活动的桌面推演。

干工作就是这样，越干越会干、越干越能干、越干越想干。随着挂图作战系统功能一天天强大，白玥的工作也越来越有起色，挂图作战系统屏幕上绿色、橙色、红色指示灯交错闪烁，就像是镌刻着太多艰辛的过往。白玥总会盯着这些指示灯，沉浸在思考中。绿灯代表着工作如期完成，橙灯代表着任务即将到期，红灯代表着工作亟须整改，各种标识一目了然，清晰而又详尽地汇总着各方面的数据。群众体育部竞赛活动处陈强处长就曾有感而发：“临近比赛那段时间，挂图作战处任务更繁重，白玥作为办公室各处室里唯一的女处长，要带人到相关部室对接、评估十四运会测试赛，还要不断总结经验改进工作。这次残特奥会的射击、射箭项目需要中途转换场馆，我们就是严格按照挂图作战系统统一调度指挥，才做到万无一失。”

2021 年 6 月 14 日，为期两天的乒乓球项目测试赛经过激烈对战，在延安大学新校区体育馆落下帷幕。在梳理比赛的过程中，发现照明系统不符合国家体育总局技术指标要求，挂图作战系统也在第一时间进行了预警提示。因为当时正处于疫情高峰期，进行改造困难重重，不改造又会影响比赛效果，延安执委会陷入了两难处境，不知该如何做出选择。

正当大家犯难之际，挂图作战处先是通过挂图作战系统，将相关情况进行了线上和线下报送，又积极协调国家体育总局、相关厅局、延安市执委会，通过实时远程视频指导，进行技术攻关，很快完成了照明系统的升级改造。“挂图作战系统就好像‘推进加速器’，可以很快地整合力量解决问题，遇到挑战时不再是各自为战。”白加栋作为乒乓球项目竞委会的工作人员，曾参与见证了全过程，至今说起来都头头是道。

只有干出来的精彩，没有等出来的辉煌。在交谈中，很难将白玥文静恬淡的形象同复杂的作战指挥系统联系起来，尤其在临近比赛那段时间，挂图作战处牵头的测试评估组行程万里，覆盖全省 13 个市区的 56 个项目，梳理问题 1278 条，现场督促完成整改 663 条。提及这些数字时，白玥说：“其实，我一见数字头皮都会发麻，可越害怕就越要敢于面对，因为各种数据代表着全省‘一盘棋’持续推进的工作。”

三

一支队伍的形象，靠的是作风带动。在白玥的带领下，全处同志始终心怀“起跑就是冲刺，开局就是决战”的决心和勇气，时时在状态，处处显担当，破难题、开新局，始终奔走在赶考的路上。

2020 年 8 月，林欣从铜川市政务中心抽调到了组委会工作。未报到前，她就听说这个白处长大气淡定、工作上有格局。见面之后，白玥的文静优雅，的确让人眼前一亮。在感受了她抓工作的风格后，林欣对这位做事沉稳的大姐更加佩服了，暗地里称她为“超人”。如果非要用一句话来形容，她无疑就属于“冷静思考，热情生活”那一类人。

只要说起白玥，林欣有太多说不完的话。刚到处里，因为孩子小，林欣每逢晚上加班就犯头痛，可当她看到同事们一个个埋头伏案时，话到嘴边却怎么也说不出。纠结许久后才找到白玥交流，白玥耐心安慰，让她处理好工作与家庭的关系，并根据工

作特点，安排林欣负责系统审核工作，有时在家也能处理。让林欣特别感动的是，有一次她被安排随团外出学习，孩子却生病了，她没办法，只能鼓足勇气去找白玥，不想白玥立即重新调整人员安排，让她照顾好孩子和家庭。

林欣只要想起这些关照，就会卖力地干工作，想以此回报组织。也就是这时候，她无意中听人说起白玥的家事，老公在下面市工作，孩子在备战中考，而学习辅导的事纯粹没指望她，每天吃饭也是家里老人忙前忙后。想到白玥吃住在办公室的情形，林欣突然有些不能自已。

使命在肩，刻不容缓。现实情况如此，又能怎么办呢？面对着一个个迫在眉睫的问题，白玥只能领着人马"抢时间"。谁让她有一股不服输的劲头呢？白玥在工作中是有心人，每天要面对各种烦琐的事务，将工作逐一落实落细，直到妥善解决为止。

只要敢啃硬骨头，就是一支敢打硬仗的队伍。作为处长，白玥自然懂得下属的感受。可感受归感受，工作一时半刻也不能耽误，虽说挂图作战系统投入使用后反响不错，但如何落实尤为关键。为此，她又带头制定了《挂图作战系统运行管理办法》，反复征求意见后印发，协同相关部门先后向 60 个单位发送了工作提醒 115 条，开展督查督办 45 次，进一步夯实工作责任、倒逼工作落实。

这就是白玥，性格中一半是文静，一半是火热。她与同事情同手足，对工作铁面无私，为打通场馆建设和工艺验收的“最后一公里”，从不怕在工作中得罪人，带着处里的几名同志反复到现场找原因，一步一个脚印抓到位，一锤一锤着实敲，对棘手问题敢抓善管，对复杂矛盾善于处理，配合组委会分管领导，先后两次召开场馆建设进度推进会，沉下脸整改了 17 个场馆遗留问题。

2020 年夏天，处里一名新抽调过来的同志，在外出办事途中遭遇车祸，听到这

个消息后，白玥立即放下手中的工作，第一时间赶到医院探望，不但帮忙办理手续，还安慰对方好好养身体。之后又几次抽出时间，带着处里同志去探望。虽说每次相处时间不长，可互相都留下了深刻的印象。

因为有了爱，这些人很快融合在一起；因为有了共同的目标，大家并肩战斗。为确保筹办工作有方案可依、有预案可备、有实施细则可抓，避免工作中出现缺项漏项及职责不清、推诿塞责等现象，白玥又带着一班人马主动作为、反复梳理，督促整理出各项方案 410 多项。工作很辛苦，可她还是对自己说，不能只是干一行爱一行，还要发挥挂图作战处的优势，先干、多干，不去计较任何得失。她没有想到在抓工作落实之际，处里又迎来一项艰巨任务，要负责牵头制定十四运会《通用政策》和残特奥会《通用政策》。大家再一次撸起袖子从头开始，反复修改拟定大纲和内容，与国家体育总局、中国残联、国家卫健委、组委会各部室等多次沟通对接，直至准确了解情况、科学制定政策措施，《通用政策》在主任办公会、秘书长办公会、国家体育总局专题研究会上一次通过，受到领导高度赞扬。作为运动会的核心指导和参照，《通用政策》包含着方方面面，就如同一本指南书，尤其又创新了疫情防控措施和多项便捷应用程序，方便查找使用，赛前印发所有参赛运动员和工作人员，大家反响很好。四川省代表团领队徐庆愿说："十四运会参赛代表团 38 个，参赛运动员 1.4 万人、技术官员 5500 人、竞赛专业志愿者 5750 人。疫情期间实行封闭管理，这本指南可是发挥了大作用，原以为会抓瞎，结果让人一目了然、一看就懂。"

为做好《通用政策》制定工作，白玥每天白天工作十几个小时，还得加班加点干到深夜。有时她也会趴在窗前，看夜静月明的美好，感受万家灯火的祥和。虽然只是短暂的休息和放松，但她从这扇窗看到了一座城市的品位，又通过十四运会和残特奥会这个"窗口"，看到了这座城市的变化和热情。

如此庞大的赛事组织机构，开会已成为稀松平常的事，从 2021 年 9 月 1 日起，组委会由"备赛"阶段转为"赛时"阶段，挂图作战处转战赛事指挥中心，全力保障值班值守工作以及每日"零点会议"。窗外灯光闪烁，室内灯火通明，每个人虽然都是疲惫不堪，可一张张倦容中，却浮现着精神上的满足。会上，12 个专项工作组成员，要依次汇报当天赛事运行、保障情况，收集并协调解决当日赛事运行过程中出现的所有问题，切实做到“事不过夜”，同时对第二天的工作提出要求。白玥与大家一起加班加点奋战，全力以赴冲刺，她更看重工作的细节和效率，还没等到天亮时分，一份带着温度的方案就如期出炉了。

挂图作战处的工作，很累也很充实，满足和辛苦共存。“零点会议”协调解决了各项目竞委会关于场馆运行、竞赛组织等方面近 200 条问题，累计调整竞赛日程 16 次，调度指挥 200 余次，及时处置 18 件赛场突发事件，保障赛事平稳顺利举行。

往前看都是精彩，往后看都是汗水。几年的辛苦付出，换来了 13 天 +8 天的精彩竞技。当十四运会和残特奥会在西安奥体中心圆满落下帷幕时，白玥才长长地松了口气，她和处里同志已经约好了，准备好好给大家放几天假休息，只是这个想法还未来得及兑现，由于疫情原因，体育宾馆也被定为了封闭隔离酒店，大家也只能带着遗憾原地解散。

一个个背影，让记忆变得绵长而又刻骨，白玥仍然继续坚守在岗位上，她要完成文件处理、档案移交、物品交接及其他后续事务。此时此刻，她就像是有着一腔孤勇的留守者，感觉离家依然那么遥远，不同的是，温暖的感觉始终萦绕在心间。她知道，时间是最好的证明，时间一直见证着成长、见证着人心，也见证着创新。

追逐梦想的人

常晓军

一

为能早些采访到王鹏，我曾先后几次打电话过去，他不是在开会，就是在准备着开会，给人的感觉永远都是匆匆忙忙。终于他闲了下来，不料听完我的想法后，竟然毫不犹豫建议取消采访，说很庆幸自己参与了十四运会的筹办，但只是做了应该做的事，也没啥值得宣传的。王鹏说话的语速很快，似乎每时每刻都在赶时间，虽然表情有些严肃，但谈及参与十四运会的那些往事时，仍然有些抑制不住自己的兴奋。

此时，十四运会已经结束了一年多的时间，而王鹏的工作依旧是如此繁忙，这确实出乎我的意料。也让我更加好奇他当时参与筹办十四运会时的工作状态，难道也是这样马不停蹄，连休息的时间也没有？

他到底是个什么样的人呢？

2020 年 8 月，王鹏突然接到上级通知，被抽调到十四运会筹委会去协助工作。他来不及多想，将手头工作很快交接完毕后，就匆匆赶往陕西体育宾馆去报到。当时，王鹏任教育厅发展规划处副处长，他对自己的工作很有想法，也想借助这个平台一展身手，而此时此刻，无论他心中有多么恋恋不舍，都决心服从组织的决定和安排。虽说学生时代也是体育发烧友，多次获得百米赛跑的冠军，但王鹏眼下毕竟到了不惑之年，又是第一次参与筹办大型活动，内心难免忐忑不安。

陕西地处西部，首次承办百年全运，任务重、要求高、时间紧，不仅要在短时间内完成 53 个场馆设施的建设，还要力争在比赛中取得优异成绩，面临着很多挑战和压力。正是在这样的情况下，王鹏明显感到十四运会的快节奏，尤其面对着陕西创造的一个个“全运速度”和“全运奇迹”时，他的耳边又重新响起少年时呼啸的风声，促使他不断地加速，一刻不停地向前冲刺。

起先，王鹏从事的工作零碎而又单调，每天就是写材料、办会议。后来他意外接到一个大任务：协助十四运会倒计时一周年启动活动的组织策划。距离举办盛会只剩下一年时间，筹备工作目前进入到什么阶段，下一步又该如何开展，面对所有的疑问，他只能硬着头皮全力以赴。如果说百米冲刺只是一个人的不遗余力，那么当下这项工作，便是要协助好领导带领四五百号人去面对这场庞大的战役，于是他暗下决心，无论如何都要成功。

举办倒计时一周年活动，看起来是个阶段性的工作，但它的重要性仅次于开、闭幕式。某种程度上，其实就是对十四运会开、闭幕式的一场实战预演。那些时日，王鹏几乎没有时间休息，每天都像陀螺一样连轴转着，要起草、送审方案，要邀请出席人员，要组织安排内外围工作人员，甚至各个环节的协调对接，都要找他解决。工作确实很烦琐，可王鹏总是力求想得全面、做得细致，以强烈的责任心，燃着工作的热情，始终保持着重任在肩不退缩的自信。

这种状况下，难免有人会说："王鹏，你没有白天黑夜地加班图什么？"王鹏听后只是憨憨一笑："每个人的工作都很辛苦，没有点吃苦精神，自然是做不好工作。既然组织抽调咱们来这里，就是信任和器重，要是不做出些成绩说不过去。"说这些话时，他的背影已经消失在人群中，却是那么的坚毅而有力。

随着接触次数增多，大家伙慢慢都知道了，王鹏是个喜欢挑战的人，对待工作事无巨细，不怕苦累，常常可以见到他兢兢业业做事的身影。他干工作能够想在最前面、干在最实处，最关键的是从不随波逐流，始终将精力聚焦在业务上。有人说："王鹏就是个工作狂，他是我见过的最爱干活的人。"如果说，是兴趣让王鹏的梦想启航，那么这样的使命，便时刻鞭策他主动打破传统的办事方法，不断用新思维解决着新问题。这样的工作态度，也在潜移默化中影响着身边的人，让大家心往一处想、劲往一处使，全身心投入工作，成为一支强有力的团队。

2020 年 9 月 15 日，注定是个难忘的历史时刻，十四运会和残特奥会倒计时一周年发布会在西安举行。西安奥体中心装扮一新，那热烈盛放的石榴花造型，仿佛邀约着全国的体育健儿共赴盛会。

“那种情况下，必须是事在人为，谁也不能往后退。当时各种事情繁杂交织，工作人员必须要在第一线。”只要思想不滑坡，办法总比困难多，经过紧张有序的准备，活动最终取得圆满成功，用组委会领导的话说：“办好一次会，搞活一座城，要让长安的每一个时辰，都成为全运会的经典时刻。”

话虽这样说，若是没有这样的精品意识，没有这样的以身作则，千头万绪的工作是很难推进的，更不可能好中求好、精益求精。好在王鹏是个有心人，他在自己的“战场”上表现得愈发游刃有余，出色地完成了各项工作。在他自己看来，若是无法忍受工作中的苦和累，就无法保持良好的工作状态，他总是默默无闻地做好每件事情，在本职岗位上散发着光和热。

9 月 15 日的浐灞，似乎比以往还要美丽，仿佛要让人穿越到大唐盛世。当倒计时装置被按下时，全场都为之沸腾起来。紧接着气势如虹的宣誓声朝四周扩散开来，从宝鸡到铜川、从榆林到延安，每个体育场馆都感受到了美好的祈愿。组委会群众体育部驻会副部长董利深有感触：“倒计时一周年启动活动内容很多，从 9 月一直持续到来年 5 月，其间要开展上百场全民健身系列活动。”

活动全过程可谓是滴水不漏，组委会领导看后非常满意，这也让王鹏心里有了底。通过组织这次活动，他似乎看到了十四运会精彩圆满的前景，也因组委会全体工作人员的团结协助而倍感欣慰。他知道，一个人的冲刺，最多只能突破一个点，而一个团队的冲锋，才能突破整条防线。

二

随着倒计时一周年活动落下帷幕，一天的喧闹终于平静。窗外的夜色渐渐浓重，车来车往的流光幻彩分外诱人，王鹏没心思去感受外面的烟火气息，他和同事们还在

谈论着工作，而这些人已很长时间没有回家了。灯火和烟雾，笼罩着狭小的会议室，透过朦胧看过去，一张张脸上满是倦意，但依然不失干工作的精气神。

倒计时一周年启动活动的成功举办，也是十四运会筹办工作进入冲刺阶段的信号。就是从那刻起，王鹏深切地感受到组委会工作的艰难和不易。他没有沾沾自喜，也没有因此而松口气，而是始终保持着攀登者的初心，珍惜着这份难得的经历，甚至比之前还要卖力工作。好多时候，那种忘我投入的工作状态，都可以让钟表一分一秒的嘀嗒声，成为回响在耳边的冲锋号，激励着王鹏和他的同事们一起努力工作。

“态度决定高度，只要愿意干，就不怕成不了事。”王鹏始终认为，用心做事是一种态度，既然说了，就必须做好。现在看来，这样的选择就意味着用心坚持。用心是一种习惯，也是信仰和精神。

三分天注定，七分靠打拼。要想有所成就，就必须付出比别人更多的努力。所以，当人们沉浸在春节的轻松喜悦中时，要强的王鹏却放弃了家庭团聚，紧张地投入到快节奏的工作中，展开了“春季攻势”。年味乡愁，无法阻止他开启加班模式；亲人的支持理解，更让他把心思投入工作中。王鹏常常把明月星辰熬成清晨的阳光，然后又在送别夕阳后继续工作。他这样干，同事们其实也一样这样干，而这些都源于对十四运会的向往和渴盼。其实从参与这些工作开始，大家都仿佛找到了实现梦想的舞台。

没有礁石，就不会撞击出美丽的浪花。在工作的步步推进下，组委会为规范和理顺工作流程，又成立了会议处。由于业务能力强、工作成绩突出，王鹏被任命为处长。这任命让他非常意外，毕竟能力强的人很多，关键是“半路出家”的自己，能否完成身份转换后带来的挑战？这注定是一个痛并快乐的过程，王鹏既有欣喜，又有担心。虽然压力重重，可他又不想放弃这个机会。

会议处作为办公室的下设部门，主要负责十四运会组委会秘书长办公会议、工作调度会议和各类专题会议的会务组织工作，但实际上面对的却是杂事、难事、急事，若是思路不清晰、工作不得力，很容易乱成一团麻，从而影响工作的整体推进。压力是无形的，迫使着王鹏要去思考，还要在最短的时间内理出个思路来。若单纯地从字面上来理解，会议处的工作，就是发放会议通知、布置会场、接待、协调各种事务，还要准备会议文件和资料，做好会议的记录、纪要的编写、简报等。看似简单，实际上很庞杂，据王鹏自己统计，会议处在十四运会筹办期间先后负责了1000多场会议，工作量之大可想而知。

曾有人这样说，如果十四运会的筹办是一台庞大的机器，那么会议处的工作就是轴承，通过办好一场接一场的会议，推动机器的运转。凭借一股子不服输的劲头，拥有强烈责任心的王鹏义不容辞地挑起了这份重任。他又何尝不懂，只有全力以赴啃下这块“硬骨头”，才能不辜负所有人的信任。

打好仗，首先要选好将，带好兵。上任伊始，习惯了做难事的王鹏，格外讲究做事的方法，他身体力行，所有事情“过经过脉”，很快就了解了处里每位同志的工作习惯。尤其是面对人员结构新、工作压力大、涉及单位面广的复杂局面，他一边发挥每个人的长处，一边在工作中有计划地锻炼加压。李奎刚来时，业务不熟，有时加班会有情绪，王鹏看在眼里记在心里，时时处处用心关注、感化他，最终以心换心，赢得了李奎工作上的支持。李奎工作中非常好学，不懂就问，进步很快。而吉哲脑子灵活，工作喜欢走捷径，被王鹏批评了几次后，变得更加务实。通过手把手地教，一点一滴地打磨，很快就把这些人都培养成了工作骨干。副处长孙灏认可王鹏的为人，更敬重他的做事风格，有事就会找他及时汇报，虽然每天都有很多工作，可他总是精力满满，像一把飞快的梭子，一刻不停地穿行在会务工作的火线上，把各类大大小小的会议组织得井井有条。

兵归将有，兵随将走。工作在一起是机缘，而工作中的收获又是人生中难得的财富，王鹏为了带出得力助手，将工作不断细化量化后，明确了责任人和完成时限。为促进和提升人员的办事能力，他还注重培养会务工作战线上的“狙击手”“特种兵”。而熊振名、吉哲、李奎正是在这样的环境影响下，逐渐在工作中施展手脚，被培养得思维敏捷、干练务实。就每次的会议记录而言，他们总能快速准确地抓住关键内容，往往都是一场会议刚刚散场，会议记录马上新鲜出炉。在这样的工作培养机制下，大家伙都精神抖擞、干劲十足。会议处的工作，就像是一场场振奋人心的接力赛，处里每个人都全力以赴、密切配合，他们以踏实的工作作风、优质的服务态度，获得了接连不断的赞誉。

会议永远都是那么多，而会议处能调配的人却寥寥无几。时间不够用，可以一天干两天的事，人少，就只能一个当作两个用。在王鹏热情有力的带动下，大家把精力放在了服务水平的提升上，无论是会场布置，还是物品摆放，都力争做到细致入微，确保各项工作谋得对、干得好。

当冬雪悄悄消融，春花陆续绽开时，窗外的鸟儿抖着羽毛，一声一声啼着春。会场内的倒计时牌一分一秒走得越发着急。每次路过这里，王鹏都会不由自主地抬头去看，心中骤然升起无形的压力，自从参与这些工作以来，他太清楚十四运会的重要意义，尤其是一想到领导们整天殚精竭虑，他只能不断提速、力克难关干好工作。为此，他还对发现的问题实行台账管理，将好经验好做法固化在制度中，形成长效机制。

凡事预则立，不预则废。由于工作能力出众，王鹏还兼任秘书处副处长。作为秘书长的得力参谋，工作繁多，王鹏经常是一边组织会议，一边还要静下心来参加会议，同时协助领导规划接下来的工作重点。但这样紧张的工作状态，从来没有让他感到倦怠，他以无限热情，全身心投入工作。

“风一吹雨一下，西安没有春天又到了夏。”组委会工作的时间总是紧迫的，以至于体育宾馆外的所有变化他都只能视而不见。花儿越发艳了，红的、粉的、紫的、黄的，吸引着蜂蝶飞来飞去，就连知了声也是不绝于耳。这样的鸣叫在王鹏听来，完全就是步步紧逼的倒计时。十四运会开幕的日子不断逼近，而步入炎炎夏日的古城，也让筹办工作变得火热起来。

力尽不知热，但惜夏日长。在这样的情况下，王鹏觉着坐在办公室里已无法掌控全局，也无法适应工作推进的强度和节奏。为更有力地抓好工作，他在领导的率领下，与他的团队深入一线现场办公，主动争取支持，促使各单位加快工作进度。一次次的现场对接，一场场的现场会议，头顶着炎炎烈日，脚踩着灼热的地面，让王鹏深深地体会到什么才是热火朝天的战场。

三

作为办公室的生力军，王鹏确实干工作有魄力，也很有想法，他对自己严格要求，对工作近乎痴迷。在同事们看来，他完全就是个工作起来不知疲倦的“拼命三郎”。不仅如此，他还视工作为乐趣，处处追求完美，希望做到最好，以此激发自我潜力。

“我们王处就是个工作狂，还特别要求完美，事情做不好就过不了关。”小熊一直跟着王鹏工作，对他的工作作风一清二楚。“他一直把工作当事业，每次都冲在最前面，从来都是一丝不苟。”

在办公室机要室工作的尚媛，对王鹏的感觉则是事无巨细，要求完美，还会创造性地给自己找活干。尤其是他来办公室秘书处工作后，“各个办公室墙上很快就有了宣传标语，规范而又整齐，一看就是下了功夫用了心思”。原以为他只会往前冲着干大家眼里的大事，没想到他做起小事情同样井井有条。

倘若说人生是一场场的赛跑，那么考验人的是耐力。所以在王鹏眼中，每一项接手的新工作，在起步之际就意味着冲刺。确实，从来到组委会工作后，他和他的团队似乎全程都在冲刺，从来都没有停止，那种巨大的强度和压力、那种焦虑的心情和感受、那种让人心跳加速的极限挑战，只有在冲刺跑道上才能够感受。王鹏有时候也想，到底是什么样的精神，给予这个团队如此强大的推力，也许是一种无上光荣的使命感、荣誉感和责任感吧！他告诉自己，人生终究要冲刺，与其考虑太多的得失荣辱，还不如享受风驰电掣的快感和喜悦。于是，他“疯狂”地从春天冲到秋天，从一年冲到又一年，其间也有好多次想放弃，好在有家人无怨无悔的支持，有同事的加油呐喊。

所有这些支持，都在不断强大着王鹏的内心，也最终成为他敢于乘风破浪的底气。奉献不言苦，追求无止境。王鹏也很清楚，能够参与这次筹备工作是难得的。在建党百年之际，在陕西这块中华民族曾经勃兴的热土上，举办一场展示中华儿女英姿的体育盛会，无疑是一种至高无上的荣誉。在这个过程中，他完全是用生命在工作，不断激发着内在的潜力。也不知道经历了多少个日夜的加班，又经历了多少次的演练，王鹏始终咬牙在全程加速冲刺，书写着一名共产党员的初心使命，攻下一个个难关，取得了一个个胜利。即便如此，他深知更多的困难还在后面。

就在冲刺的最后关头，组委会领导又找到了王鹏，希望他能再挑重担，承担起开、闭幕式最核心的工作。听到这些，王鹏看似波澜不惊，可心里不免生出不安，他并不怕干工作，只是担心不能把工作做到最好。

看王鹏没有作声，组委会领导着实也有些犹豫，毕竟这不是一项简单的工作，可他也清楚眼前这个人的工作能力，每次交给王鹏的任务，不但会高质量完成，而且从没有出现过差错。想到这些，领导突然有些自责，是不是给这个年轻人的压力太大了？于是便心疼地说道："要不回去考虑一下，如果有困难就说，我再找别人也行。"

"这任务，还是交给我好了。"王鹏没有太多的豪言壮语，又一次接受了领导的重托，很快组建起一支由 13 人组成的"敢死队"。由此看来，会议处并非只是组织会议了，在某种程度上，还要完成许多急难险重的任务。也就是从那天开始，王鹏离开了组委会，进驻到锦江宾馆一线指挥部。

说千条道万条，实战才是第一条。环境一变，工作节奏也就发生变化，为尽快适应变化，王鹏变得比以前还要繁忙。或许是临近运动会开幕，事务性工作越来越多，有时他累得连打盹的工夫都没有，可越是这样，越是不敢懈怠。各种问题扑面而来，王鹏并没有急火攻心，而是在错综复杂中厘清工作思路。

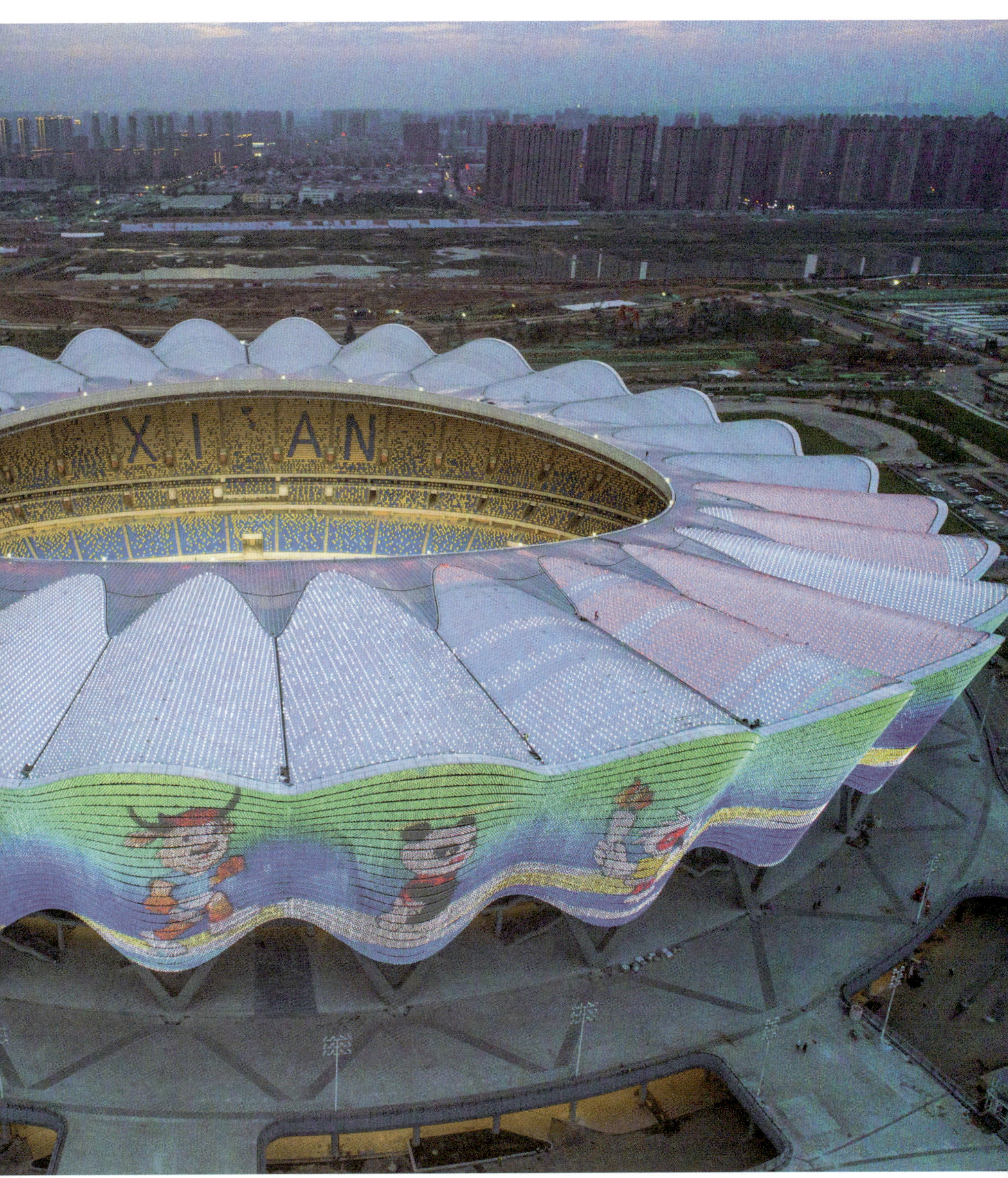
XI AN

对于一个敢于面对和接受挑战的人而言，工作中的困难其实更有意义，组委会也正是基于此，才决定由王鹏率“敢死队”冲到最前线，深入现场去理工作线条，用最短时间形成工作总体方案，让繁杂的工作逐渐变得清晰明了。

当时正值疫情高发期，“敢死队”在王鹏的带领下，毅然决然冲进封闭点，连吃住都在开、闭幕式现场。他们严格按照组委会的要求，在一线严抓细抠，不放过任何一个环节，不疏忽任何一个细节，从一场场排练、演练中发现问题，然后又抓紧时间立即整改，一次不行就两次，两次不行就三次，直到所有问题整改达到满意。眼睛熬红了，全身疲惫不堪，累了就趴在桌子上眯会儿，饿了就随便填饱肚子继续工作。那些日子里，他们就像是参加马拉松长跑的运动员，一步一步咬牙坚持着，用不懈坚持诠释着前进的意义。

2021 年 9 月 15 日，在经过了倒计时一周年、一百天、五十天后，西安奥体中心终于迎来最为高光的时刻。放眼过去，华灯初上，浐灞的夜被样式不同的灯光照亮了。一盏盏的灯光，绚丽多彩，迎接着全国各地的体育健儿。光彩是多情的，把潭水、亭台、长安塔倒映得迷离交错，让人不由得心驰神往起来，这些灯光是如此炫目，把明与暗、动和静、光与影都交融起来。在这里，可以看到弥漫于浐灞四周的光晕，高楼上、水面上、河堤旁、拱桥边，甚至连转动的摩天轮上也镶满光彩，尤其是那石榴花绽放的绚丽造型，在各色灯光的映照下更是动人心旌，这哪里是在人间，分明是置身于琼楼玉宇的幻境。

眼前这一切，让置身西安奥体中心的王鹏无比紧张，生怕出现任何纰漏，他不停地抬手看表，表针不停转动着，他明显感到背部全湿了。直至开幕式正式开始，他才渐渐平复心情，一种畅快感油然而生，在场的工作人员、演职人员、运动员、教练员、观众沸腾起来，他也陶醉在人潮织就的海洋中。为了这庄严而盛大的开幕式，王鹏和他的团队全力以赴，想到这些，忍不住要落下泪来。

“我宣布，中华人民共和国第十四届运动会开幕……”当习近平总书记响亮而又坚定的声音回响在耳畔时，王鹏感觉自己又变回曾经那个风驰电掣的少年，身体朝着终点的红丝带奔去。为了追逐心中的梦想，他确实付出了太多，现在回头去看，心中想到的却是不问是否能成功，既然选择了远方，便只顾风雨兼程。

和明天赛跑的人

鲁 朗

习近平总书记对十四运会的总体要求是“精彩圆满”。从十四运会开幕式，以及国内外各大主流媒体对十四运会的如潮好评来看，陕西省的承办工作无疑是成功的。

作为第一个承办全运会的西部省份，陕西省如何集中优势资源，高效率、创新性地完成党和国家交托的历史重任，一直备受关注。十四运会给陕西留下了什么？十四运会对于陕西未来的发展意味着什么？让我们走近筹办十四运会的那群人，聆听十四运会背后的故事，来解开这些问题吧。

发挥好战斗堡垒作用，振奋团队精神

2023 年 2 月 22 日，距离十四运会已经过去了一年零七个月。这天清晨下着雨，不过却是迷蒙烟雨。春天的气息越来越浓烈，宁静中孕育着芬芳。在见到十四运会组委会组织人事部驻会副部长王建忠之前，我带着崇敬和好奇，先绕着省体育场转了一圈。这里是十四运会

组委会所在地，也是许多人艰苦奋斗、无私奉献过的地方。当我走进场馆内部，首先看到的是在雨中奔跑的市民朋友们，紧接着，就望见了看台尽头那条写着“中华人民共和国第十四届运动会”的巨大横幅。不知道是不是心理作用，当我下意识环视四周的看台时，竟隐约听到了山呼海啸般的欢呼声。这是一个场馆对于十四运会的记忆，也是一座城市对于十四运会的记忆，清晰如昨。

王建忠待人格外谦和，要不是提前有过预约，我甚至无法把他和传说中的“十四运铁人”联系到一起。作为普通市民的一分子，我提出的第一个问题显然有些质朴。我问的是：十四运会这样的一场运动盛会，跟负责“管人”的省委组织部有什么关系？听到这个问题，王建忠笑了，不过他还是非常有耐心地向我解释了这个问题。他的第一句话是："这是党交给陕西的政治任务。"听到这句话，我忽然间就对"全国性运动赛事"有了更深层次的认识。毕竟这是我国第一次在西部省份举办全运会，能不能办好，在当初确实还是个未知数。不过，要把这样的一场"全国性运动赛事"办好，却是一项"硬性"要求。

人常说兵马未动粮草先行，其实，最先行的从来不是这些，而是想法。如果把筹办十四运会当成一场硬仗的话，那就是"打法""胜法"先行。"必须在策略层面完成基本的思考，才能事半功倍"，王建忠如是说。2019 年十四运会筹委会集中办公以后，面对省委组织部交给自己的任务，王建忠开始了对"如何办好这场运动盛会"的深入思考。正是基于深入思考、现场考察和经验学习，他很快就抓住了工作的主线：发挥好党组织的战斗堡垒作用，以党建工作保障和推动各项重点筹备工作落地落实。为了抓好党建工作，在王建忠协调下，组委会成立之后开展的第一项工作就是成立临时党委。

立人先立骨，正人先正身，临时党委的成立，无疑提起了十四运会承办工作者的精气神。无论是筹委会推动承办工作期间，还是 2020 年 9 月 15 日十四运会组委会成立之后，都让每一位驻会干部有了新的凝结核和精神依靠。

当然，组织人事工作并不是"搞党建"那么简单，它涉及干部资源的"选调""使用""培养""管理""退出"等方方面面。不过，抓住工作主线，显然让组织人事工作有了基本的原则和应有的节奏。举两个生动的例子吧：

回顾十四运会整个筹办过程，共计抽调 562 人。这些人有的来自省直机关，有的来自地市单位。尽管大家对筹办十四运会的认识不同，但是，所有人都怀着一颗想在十四运会筹办过程中贡献绵薄力量的拳拳之心。然而，十四运会的筹办采取的是"挂图作战"方针，也就是以开、闭幕式为基点，向前倒推，以日为单位来完成所有筹办任务。这样紧促、繁重的工作任务，考验的不仅是党员干部的耐力毅力，还有他们过往的工作积淀。粟裕将军在《激流归大海》一文中，曾有这样一句话："这支队伍经过严峻的锻炼和考验，质量更高了，是大浪淘沙保留下来的精华。"十四运会筹办工作选用干部显然是在大浪淘沙，能够留下的绝对是陕西干部队伍精华中的精华。也正是在这样的大环境下，不少干部身体出了状况，工作节奏跟不上了。对于这些甘于为十四运会承办牺牲、奉献的同志，该如何对待？是继续留用，还是劝其退出？十四运会的组织人事工作面临着严峻考验。“我们所有工作的前提，一定是对党负责，对党交给的任务负责。”这个时候，围绕工作主线，王建忠很快给出了解决问题的原则和方向。正是基于此，组织人事团队及时建立了退出机制。到十四运会结束，组委会共计清退 96 人。这 96 人的及时退出不仅保障了筹办效率，这些干部还作为最早的一批播种者，将十四运会的火种传播到了原单位。从实际效果看，这对陕西省干部队伍工作效率的加速提升起到了很好的助推作用。“退出不是结束，退出是一个新的开始”，王建忠如是说。

还有个例子，也许可以让我们更直观地理解什么叫“发挥好党组织的战斗堡垒作用”。2021 年 6 月 17 日，组委会召开第 42 次秘书长办公会议，组委会主要领导及各部室驻会负责同志，西安市执委会相关负责同志参加会议。同一天，省政府召开全省十四运会和残特奥会环境治理保障工作推进视频会。6 月 19 日，十四运会和残特奥会开、闭幕式指挥部第一次会议召开……面对如此密集的会议、如此强大的压力，参与十四运会筹办的每一位党员干部，本就紧绷的神经不得不紧了又紧。可以说，当时已经到了“白刃战”阶段，拼的是毅力和潜力。那么，毅力和潜力靠什么激发出来呢？当然靠的是坚定的信仰，靠的是对党的忠诚。6 月 21 日，组委会临时党委组织开展了“传承红色基因　激励奋斗之志”主题党日活动，赴宝鸡市眉县扶眉战役纪念馆参观学习，以红色基因重组自己的奋斗基因，以先烈的斗志激励自己的斗志。

除了工作主线，王建忠还向我们着重介绍了一项颇具创新性的工作机制——支部工作落实会。支部工作落实会是如何首创性地提高了十四运会的筹办效率呢？接下来，让我们走近十四运会第一个“硬扎人”。

管理创新，硬仗要有“硬”打法

这个“硬扎人”是组委会组织人事部人事处处长王潼翔。“打铁必须自身硬”，王潼翔的以身作则，在组委会非常出名。据和他共事过的驻会干部回忆，某个周末，王潼翔曾带领其准备组委会点评大会材料。按照一般的想法，只要把部室汇报稿要过来，加工提炼一下，就可以交稿了。然而，王潼翔的做法却格外严谨。他们先走访了相关部室，详细了解工作完成进度，分别找关键岗位的干部谈心，了解他们的履职情况，再到有工作对接关系的部室核实具体情况，最后才开始着手为部室点评“画像”。成

稿后，王潼翔又组织集体讨论，反复打磨，务必做到评价客观、点评精准、建议精确。在王潼翔的带领下，部里的 12 名同志，每个人都负责着临时党委、干部队伍建设、考核激励、党风廉政等工作，还承担了赛事指挥中心成立、跳水测试赛督导等重大任务。

要想知道他如何“硬扎”，我们需要把时间的指针往后拨，把地域空间往他曾经战斗过的地方拉，回到 2020 年 5 月，回到那时的陕西省体育场女子足球赛场馆。

按照“挂图作战”倒推出来的日期，陕西省体育场的女子足球赛场馆需要在2020 年 6 月 30 日前完成基础场馆建设。然而，实际情况却是，2020 年 5 月召开工作落实会时，发现根本不能按时完成任务，施工进度还在不断地往后推。相关负责部门也有自己的苦衷和实际难处，比如，资金不到位，工人不好找，对施工单位只有指导、监督权限等。“这些苦衷听起来确实是客观原因，也的确难以克服，但是咱们的十四运会筹办能因为这些所谓的客观原因停滞下来吗？肯定不能，问题的关键其实在于咱们没把相关责任人应有的责任感、使命感激发出来。”王潼翔一针见血地说。

那么，责任感、使命感如何激发出来呢？除了反复施加压力，一定还有更科学的方法。本着这个想法，组织人事团队又一次开始了思考和摸索。“这是党交给大家的任务，在任何一个任务的完成环节都有党员干部的身影，有党员就应该把党员干部的先进性发挥出来。”王潼翔说。正是沿着这个朴素的思考脉络，支部工作落实会这一创新性工作制度，也是十四运会筹办的制胜法宝之一，从设想走向了现实。

“支部工作落实会其实不难理解，就是支部会和工作落实会的两结合。”王潼翔解释道。以往的支部会是以党性提升为核心，主要会议内容是党史、理论学习，以及党员同志间的批评与自我批评。支部工作落实会则是在保持支部会原有内容、议程的前提下，增加了十四运会筹办工作落实情况的汇报追踪、经验分享，以及现场整改等内容。“管理是一项系统的工程，说起来支部工作落实会其实也是月度工作点评大会的承接和配套。”王潼翔补充道。全员参与的月度点评大会，也许是所有十四运会筹办人员最紧张的时刻。因为在这个“众目睽睽”的大会上，将有三到四个部门汇报月度工作任务完成情况。并且，汇报也不只是“说说而已”。针对这些部门的汇报情况，由组委会办公室、组织人事、审计部门三个线条相关领导组成的评审团队，会在现场点评、现场质询、现场给出整改意见。

“要把支部工作落实会作为一项制度固化下来，各部室党支部每月组织召开一次支部工作落实会。会议的主要任务是对标‘办一届精彩圆满的体育盛会’重要指示，省委、省政府和筹委会对筹办工作的部署安排，进一步理清工作思路，明确职责目标任务，实化硬化推进措施，责任细化夯实到人。驻会副部长要认真履行‘第一责任人’职责，把工作推演作为推动筹办工作落实的有效抓手，在支部专题工作落实会上做好表率，带头发言。驻会工作人员要树立全局意识和大局观念，对部室主要工作任务和完成时限，熟记在脑、了然于胸，凝心聚力、振奋精神，以战时状态投入各项筹办工作当中，创造性地把各项筹办任务落到实处。组织人事部将派员参加各部室支部工作落实会，并把各部室召开支部工作落实会的情况纳入月考核之中。”

这是《关于落实好筹委会领导对支部专题工作会议有关批示的意见》中，关于“明确职责任务，支部专题工作落实会制度化”的具体要求，也是王潼翔等人全力推进的事项。

“支部工作落实会实施了两个月时间，效果非常明显，各个任务执行单位的面貌全都焕然一新了。”王建忠欣慰地说。实际上，支部工作落实会的精髓是三个“两结合”。首先，是支部会和工作落实会的“两结合”；其次，是月度全员工作大会和支部工作落实会的“两结合”；最后，是任务追踪评价和整改措施落实的“两结合”。“组织的力量是强大的，只要我们把组织建设做到实处，十四运会承办的各项任务也就落到了实处。”王建忠总结道。

“解放思想，实事求是”，在任何时候都不会过时。我们在看到支部工作落实会创新性的同时，更应该看到这句话散发出来的熠熠光辉。所谓管中窥豹，可见一斑，陕西省在十四运会筹办中为何如此高效的“秘诀”，就此算是揭开了。

一名好干部首先是个好人

十四运会给陕西留下了什么？这个问题最直观的答案可能包含三部分内容：优秀运动员的培养；完善的运动场馆建设；全民运动健身热潮的兴起。不过，我们既然如此正式地把这个问题拿出来探讨，一定是想在“直观”的基础上，进行更深入的挖掘。由表及里，方能掌握事情全貌。在挖掘之前，有这么几件十四运会期间发生的感人事迹分享给大家。

2020 年国庆节期间，组委会组织人事部党群工作处处长石俊辉好不容易请到假，决定带着家人去一趟张家口。张家口这个地方特殊在哪里呢？张家口的张北县当时正

在紧锣密鼓地进行2022年北京冬奥会的场馆建设。因此，石俊辉此次出行，除了陪伴家人之外，还给自己定了观摩学习的任务。然而，事情的发展远远超出了石俊辉的设想。10月1日17点左右，行车途中，前方行驶的车辆突发事故，事故当事人袁超磊命悬一线。由于出事地点遥远偏僻，又正值傍晚，天寒地冻。石俊辉见状便与弟弟仗义相救，开车将袁超磊送往当地三甲医院，待其同事赶到后才悄然离开。这件事在石俊辉看来，只不过是出行途中的一段插曲。直到2021年4月29日袁超磊和母亲专程从天津赶到西安，将一面写有“救人危难，义士风范”的锦旗送到十四运会组委会，大家才知道石俊辉做了这么一件好事，这便是众人至今还在津津乐道的“西安好人”事迹。

如果说石俊辉的事迹还有些“不平凡”，那么我们再来看看三件平凡到烟尘的碎事、琐事。

最初和王潼翔联系时，他告诉我，自己在医院陪护家人，如果找到可以替换的人，一定主动联系我，接受采访。出于无奈，采访被迫延期。当我见到王潼翔时，已经是一个月之后了。在交谈中，我才了解到在十四运会筹办期间，王潼翔是把父亲接到了组委会驻地，一直带着父亲连轴转的。由此，我暗暗猜想，也许王潼翔一个多月陪床看护的正是自己的父亲。“王处长，您可真不容易。”这句话我几乎是脱口而出的。谁知道王潼翔根本就不当一回事，他告诉我，像他这样带着需要照顾的家人连轴转的人还有许多。“有一阵我们甚至还在考虑要不要在组委会建个托儿所，帮着大家看孩子。”王潼翔笑着说。

还有两件事，更加细碎、寻常。

由于工作任务繁重，晚间加班也是常事。驻会干部邓李娜的丈夫，经常会在组委会楼下毫无怨言地等着妻子下班。一遇到加班，邓李娜下班的时间大多是夜间十一二点，而她的丈夫往往从九十点开始等，一等就是三四个小时。邓李娜驻会三年多，丈夫几乎风雨无阻。人心从来都是相互的，丈夫对妻子的守护如此坚定不移，反过来，也可以看出妻子平日对丈夫无微不至的照顾。

驻会干部张莉娜的丈夫和孩子都在澄城县。澄城县距离西安 185 公里，开车两小时并不算久。如果张莉娜愿意，还是容易见到家人的。可是，驻会期间，她一次都没回过澄城县。有一回半年多没有见到孩子，实在思念得不行，她才给丈夫打了个电话，由丈夫把孩子送到了西安，母子才得以相见。

一名好干部首先是个好人。无论是对陌生人的善举、对亲人的孝顺、对爱人的柔情，还是对事业的忠诚，我们重温驻会干部的感人事迹，感受到的都是人性的光辉。

干部人才的积累，才是宝贵财富

我们对好干部的要求从来都不只是“把人做好”，还要“把事做好，做精”。陕西省体育训练中心副主任张冰，也是驻会干部。在驻会初期，他是一名具有体育专业才能的管理型干部；等到筹办完十四运会，他成了全国知名的火炬专家。这期间经历了“华丽转身”的他，一度成为媒体人争相挖掘的焦点。“说起来我和火炬还是非常有缘分的，”张冰不无感慨地说。1999 年西安举办全国第四届城市运动会、2001 年第九届全国运动会，张冰都参与过在西安的火炬传递。从张冰与“火炬”的两次重要互动，我们可以看出，他对火炬传递有着浓厚的兴趣和丰富的经验。

不过，真正让张冰全身心投入十四运会火炬传递工作中的契机，却是“挂图作战”和支部工作落实会的深入推进。“我们工作模块是最早采用挂图作战的单位，还因此受到过相关领导的表扬。”张冰自豪地说。不光是“挂图作战”，在支部工作落实会的深入推进中，张冰所在模块也走在前列。“‘三谈、三查、三提升’活动是我们针对支部工作落实会的任务目标，采取的重要提效措施，时间一长，又总结出了一些宝贵经验，又走在了前面。”张冰如此回忆。事实上，最让人眼前一亮的，还是该工作模块编印的《十四运火炬传递手册》和“4 个零”目标的全程保持。

《十四运火炬传递手册》是一本十四运会期间火炬传递全过程的指导性手册。它是经验的总结，也是由无数细节组成的火炬传递实操手册。比如，在火炬传递期间如何组织现场工作、如何在复杂环境下点火等。而“4个零”目标则指：综合运行零失误；火炬燃烧零熄灭；新闻宣传零舆情；综合保障零事故。“每一个失误都是血的教训，都是前人犯过的错误，我们追求‘4个零’就是要在十四运会期间杜绝前人的错误，树立新的火炬标杆。”张冰满怀决心地说。实际上，《十四运火炬传递手册》的撰写、使用，及“4个零”目标的全程保持，已经在全国火炬传递领域树立了新的标杆，甚至是难以超越的标杆。

筹办十四运会圆了张冰的火炬梦，给了他一次实现抱负、施展才华的机会，更证明了筹办过程本身，对于培养干部来说确实具有“大浪淘沙”的作用。

聊完“火炬专家”张冰，我们再聊聊“全能型干部”郭韵泽。郭韵泽留给我最深的印象是他的感染力，以及对十四运会发自内心的真挚感情。“战斗集体，这绝对是一个战斗集体，驻会期间我就感触很深。到了最近，省里面举行另外一场大型活动，遇到了几个十四运会的老战友，那种默契一出来，我马上又想起了那四个字！”郭韵泽激动地说。郭韵泽为什么会被人称为“全能型干部”呢？主要有三个原因。首先，就像郭韵泽自己说的那样，他在十四运会期间干了很多杂事。这些杂事包括协调2万多名群众演员进场，包括跟进十四运会志愿者报名系统的开发。但他其实是属于组织人事线条的驻会干部。其次，在进驻西安奥体中心期间，郭韵泽根据自己的现场观察，针对西安奥体中心的安保和车辆进出，提出了一套可行性方案，得到了专家的认可，予以常态化实施。最后，在本职工作领域内，特别是支部工作落实会深入推进方面，郭韵泽也做出过许多颇有亮点的贡献。

当郭韵泽感慨十四运会的驻会干部们是一个战斗集体时，也许他还没有意识到，还有无数个“激动的郭韵泽”在不同的地域、不同的工作线条上发着同样的感慨。这就是种子的力量。人常说“聚是一团火，散作满天星”，当无数个张冰、郭韵泽破茧成蝶的时候，十四运会给陕西留下了什么，这个问题也就有了答案——优质干部资源。

优质干部资源本身就意味着效率、创新、自驱、驱他。他们是提高干部队伍素质的“催化剂”，是积极的效率解题者，是忠于党的事业的新时代最拼的奋斗者！

把握十四运会机遇，踔厉跑赢明天

无论是发挥好党组织的战斗堡垒作用，创新性地提出支部工作落实会，还是边做事边育才，为陕西省选拔储备一大批优质干部资源，我们都可以看出十四运会筹办中的组织人事线条是在用两条腿飞奔。让我们回顾一下王建忠说过的话吧。“陕西是全国第八个举办全运会的省份，这也是全运会第一次在西部地区举行，机会难得，必须牢牢把握住。”王建忠说得没错，十四运会绝对是一次必须牢牢把握的机会。如果我们把十四运会当成一场运动盛会，那它只是场运动盛会，如果我们把它当成面向全国、面向世界的舞台，那么举办十四运会绝对会让陕西省大放异彩。

不知道细心的朋友有没有留意过，十四运会的会徽的中心部分其实是以宝塔山、延河水和五孔窑洞为主要元素的。它们是中国革命的灯塔，表达了全国人民在中国共产党领导下迎接中华民族伟大复兴道路任何挑战的坚强意志。我想，也正是在这样的精神鼓舞下，陕西在十四运会筹办过程中，抓住了这个重要机遇，向全国人民呈现了一场精彩圆满的体育盛会。

披荆斩棘一路走来

王晓云

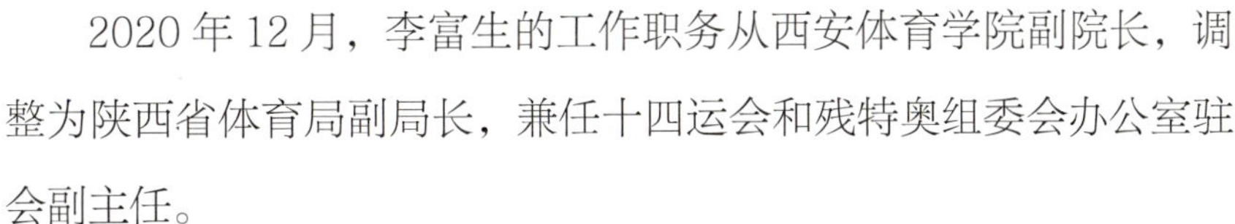

2020年12月，李富生的工作职务从西安体育学院副院长，调整为陕西省体育局副局长，兼任十四运会和残特奥组委会办公室驻会副主任。

看上去，他进驻组委会工作的时间距离十四运会和残特奥会的开幕已经不足一年，但实际工作他早已介入。人生境遇，仿佛早已将李富生与体育事业紧密相连，只是在十四运会这项重大的体育赛事活动中，他再一次走上了这个重要的工作岗位。

与体育的渊源

李富生出生在农村，在12岁以前，他生活在有着沃土平原之称的宝鸡扶风县。扶风是西周文化的发祥地，素有“周礼之乡”“青铜器之乡”的美誉。这里的大地上欣欣向荣地生长着玉米、小麦和油菜，冬种夏收，春耕冬藏，在礼仪之乡自然风物之间长大的李富生从小就品学兼优。

12 岁后，李富生和母亲一起随军到父亲所在的部队驻地——陕西榆林生活。中学毕业后，1984 年，李富生以优异的成绩考入西安体育学院，学习体育教育专业。考到体育学院，是因为他热爱体育，有体育特长，比如田径 100 米赛跑，当时他已经能达到国家二级运动员的水平。如果不是因体育爱好，以他的文化课成绩，就可以报考西安交大了。入学后，李富生大二时是同年级学生中第一批学生党员，并成为班长，后担任西安体育学院学生会副主席、实习队队长等职务，他的学科成绩通常都是年级第一名。1988 年李富生大学毕业，按照以往的政策，他有可能分配到国家体育总局工作，但 1988 年大学分配政策进行了调整，大学生首先要分配到户口所在地的基层锻炼。于是李富生被分配到扶风县人事局工作，后来他调入了宝鸡市体育局。

1999 年第四届全国城市运动会在陕西西安举行，宝鸡市也将新建一部分场馆用于比赛。1997 年，李富生 32 岁，第一次参与了宝鸡市的体育场馆建设。当时场馆建设推不动，主要原因是面临拆迁难题。那时李富生的职务是宝鸡市体育局办公室主任，面对几个亿的工程，如果搬迁不能实施、工程建不好，影响很大。有人认为李富生平时工作办事比较有魄力，就向组织上推荐了他。于是李富生被任命为宝鸡市第四届城运会指挥部办公室主任，负责宝鸡市体育中心的建设工作。李富生不负众望，带领相关工作人员吃住在工地，促成宝鸡市体育中心于 1999 年建成，保障了第四届全国城市运动会的顺利召开。

2011 年 2 月 23 日，宝鸡市成功申办陕西省第十五届运动会，运动会确定于 2014 年 8 月 15 日至 20 日举办。

那时，宝鸡市已经被评为全民健身示范城市，但要举办全省性的运动会，宝鸡还是缺场馆，以前的场馆已经不适用了，设施也不全。李富生深深知道，不管是什么运动会都要先建场馆，陕西省十五届运动会要建游泳馆、射击馆等，还有一些场馆需要维修改造。当时许多工作人员都不愿负责建场馆，因为建场馆风险很大，有廉政风险、安全风险、工程进度问题、资金难题等多重问题。2011 年年底，宝鸡市领导指定市体育局牵头负责，成立专门机构来建场馆，这个光荣任务又落在了李富生肩上。当时的状况是既没有地，也没有钱，但场馆还得建。李富生先是在宝鸡文理学院那儿寻了一块地，准备建游泳馆和跳水馆。然后，他再去寻找建射击馆和射箭馆的场地。射击馆对采光有要求，南北距离和东西距离都要够。李富生开上车，一趟趟跑，终于在陈仓区一个村子，找到了大小、方位都合适的场地，李富生十分欣喜，连忙将情况向市里做了汇报。

当时，李富生提出创新思路，场馆由市政府委托市体育局主建，市政府和宝鸡文理学院签协议，平时场馆维护由宝鸡文理学院负责。2014 年，陕西省第十五届运动会如期在宝鸡召开，这是四年一届的陕西省运动会采取申办制之后第一次由地级市承

办，宝鸡人民全力以赴，运动会圆满举行。

2015 年 12 月，国务院批复，同意了十四运会在陕西举办。那时候，李富生还在宝鸡市体育局当局长。2016 年十四运会筹委会宣告成立，宝鸡市接到筹委会发出的为落实十四运会举办而需要推进场馆建设的工作通知，李富生立即投入了工作。2020 年 12 月，当他调动到十四运会和残特奥会组委会担任办公室驻会副主任时，当初他在宝鸡负责建造的一场四馆经过几年的艰辛努力已全部建成，并通过五方验收，获得了良好的社会评价，为十四运会和残特奥会的召开，提供了应有的保障。

2017 年 6 月，李富生调入西安体育学院担任副院长。十四运会四五个项目的场馆设在西安体育学院院内。当时西安体育学院还没有建场馆的土地，又遇到了种种困难，李富生临危受命，被调往西安体育学院，负责建设场馆。拟建的场馆包含水球馆、手球馆、棒球馆、垒球馆四馆。没有钱，没有地，还没有开始拆迁，一切几乎又是从零开始。李富生在新的岗位再次介入了十四运会的工作。

投身十四运会

2020 年 12 月 10 日，李富生从西安体育学院副院长调任陕西省体育局副局长，兼任十四运会和残特奥组委会办公室驻会副主任。他从学生时代开始，始终从事与体育相关的学习与工作，还曾经参与过省运会筹办工作，是十四运会和残特奥会组委会驻会负责同志里唯一有主办大赛经验的人。李富生就任后负责协调对接组委会的 13 个部室的工作，分别为场馆建设部、信息技术部、竞赛组织部、群众体育部、残运工作部、气象保障部、行政接待部、医疗卫生部、反兴奋剂工作部、交通保障部、电力保障部、食品药品安全保障部和环境治理部，他同时还分管办公室挂图作战处工作。繁重而充满挑战的工作让李富生倍感压力，但也充满了工作的激情。他牢记习近平总书记“办一届精彩圆满的体育盛会”的重要指示，紧扣“简约、安全、精彩”的办赛要求，全力保障十四运会和残特奥会各项工作有序推进。

李富生首先着手的还是场馆建设工作。那时候，场馆建设经同事们的努力和之前业主单位的共同发力，已经落实了一部分，但还需要更加完善。有些新建的体育馆，他到现场去看的时候还在昼夜施工。他对大家提出要求，一方面要加快进度，另一方面要注意安全。要速度，质量也不能降低。面对资金紧张的问题，协调相关单位，该垫资的要垫资，把进度往前赶。还有一些场馆，有一些证件还没有办理，组委会的工作人员也要协助办理。

曾经多次负责落实场馆建设的李富生有着丰富的经验。体育场馆建设有体育工艺、几何尺寸、功能等方面的要求，这些是一般建筑物没有的严格要求。无论是建设方，还是监理方、业主等，都需要对场馆项目终身负责，因此许多建设单位并不太愿意承建体育场馆。

李富生初到十四运会组委会，就要求对所有场馆进行检查或整改。他提出场馆必须达到安全要求。经过检查，有 17 个场馆的双路电源设施没有保障到位，李富生为此组织组委会及相关单位开了多次推进会。场馆分散在陕西全省的各市，设施保障必须要解决双电源的问题，否则安全隐患很大。解决这个问题投资大、建设难度大，要在城建局办手续，要开挖，后期还要铺路面。为了完成这些任务，李富生连续一年几乎没有休息，甚至九过家门而不入，正是他的不懈努力，十四运会所有场馆双电源落实到位，确保了比赛时用电。

凌晨出发

作为科班出身的专业人员，李富生在组委会中分管竞赛的相关工作。为确保比赛现场万无一失，也为了在疫情影响下完美地承办赛事，李富生在会上提出进行测试赛的评估工作。就是在十四运会和残特奥会正式比赛之前，对每个比赛类目进行比赛实战测试。正在进行的省级赛事或者其他赛事，要按全运会模式来办。比赛测试，要对流程、裁判等比赛细目进行检验，测试时要考察场馆、设施、指挥、评判、服务等方面是否能达到要求。

组委会在李富生的建议下，成立了评估小组，李富生就任组长，从每个部室抽一名专业人员，全部按全运会标准，对所有场馆开始了评估工作。

十四运会的比赛场馆分布在全省 13 个市（区），李富生带领评估小组的成员们，在各地穿行，总行程达 2 万多公里，同事们都笑着说，这就是陕西体育的“万里长征”。开始有成员以为这项任务挺轻松，没想到参加了几次评估之后，大家都觉得太辛苦了。为了赶时间，一般去外地都是当天来回，每次比赛开始前就要赶到，大家担心无法赶到，提出每天早上 6 点集中出发，这样一来评估组每天四五点钟就要起床，从家里出发，再到集中地会

合。忙完一天的工作，回到组委会，一般都到了凌晨1点。第二天早上又是四五点起床，往往没有时间吃饭，大家几乎都是在车上吃面包。评估组的成员还能替换轮休，而李富生作为带队组长不能替换，他便努力坚持着。

担任组委会办公室行政处处长的张雪峰曾真诚地谈道：“李副局长来到组委会工作的时候，他的任务还很重，那时的工作还面临一些问题，我和同事们都感到很担心。他在组委会就任办公室副主任，协调13个部室的工作，给我们的工作也指明了方向。李富生曾到一个市去评估场馆和赛事组织，他是建设场馆和组织竞赛的专家，为杜绝风险，提出了许多修改方案和修改意见。事实证明，按照李副局长的方案进行修改，都取得了很好的效果，我们也深深感佩他的担当和专业。”

最终，李富生带领测试赛评估工作小组，完成了56个项目的测试赛评估工作，梳理出1278个问题，印发评估报告56期，通过对问题的整改，切实提高了各项目竞委会的办赛水平，为十四运会的正式赛事组织奠定了基础。

在赛事指挥中心的坚守与成绩

期盼已久的十四运会和残特奥运会正式开始了。

全体组委会成员们的工作，也进入了高度紧张的24小时工作状态。

大赛期间，李富生担任赛事指挥中心总值班室主任，赛事指挥中心可以说是整个赛场指挥的中枢。在组委会的共同商议下，赛事指挥中心组建了12个专项工作组每天值守，统筹协调各项赛事运行过程中出现的问题，确保各项赛事平稳、安全进行。在李富生和工作团队成员的努力下，大赛期间，赛事指挥中心累计调度指挥200余次，及时处置了18件赛场突发事件，主持召开“零点会议”27次，协调解决了各项目竞委会关于场馆运行、竞赛组织等方面近200个问题，得到了各级领导的一致肯定。他们针对连续阴雨天气，果断决策，敢于负责，勇于担当，推迟了残运会马拉松比赛时间、改变了公路自行车比赛线路、调整了小轮车等项目竞赛日程 16 次，确保十四运会安全进行；根据十四运会测试赛的举办情况，提出了“五全五同”的工作思路，结合测试赛评估与整改督导，各项目竞委会积累办赛经验，提高办赛水平，切实达到了保障竞赛的目的。

经过全体组织者、参赛者、领导层及运动员、观众们的共同努力，十四运会和残特奥会圆满举行。十四运会被国家体育总局称赞为“场馆建设一流、竞赛组织一流、重大活动一流、接待服务一流、新闻宣传一流、安全保卫一流、市场开发一流、综合保障一流”以及“成绩最好、影响最大、社会关注度最高的一届全运会”。中国残联也高度评价了此次残特奥会，认为陕西省以卓越的组织领导、高标准的场馆设施和竞赛组织、高水准的志愿者服务，办出了一届对残疾人格外关心、格外关注，选手创造佳绩、团结协作、硕果累累的残特奥会。

时隔几年，许多人提起十四运会，仍免不了赞叹。

协调收尾工作

十四运会和残特奥会精彩圆满的举办，离不开全体参与人员的共同努力，也离不开组委会科学的组织协调。

运动会期间，李富生分管赛事指挥中心等单位，他常常废寝忘食，在现场调度和指挥。那段轰轰烈烈的日子，成为他一生难以忘记的经历。

十四运会和残特奥会结束后，大部分干部回到原单位上班。李富生回到省体育局工作，但他还需带领张雪峰、党维维等一批干部完成组委会的留守收尾工作。组委会从高峰期的 500 多人到留守的五六十人，再到剩下四五个人收尾，组委会的同志们做了大量的工作。李富生虽然没有赶上组委会的建立，但赶上了组委会的收尾及最终可能面临的撤离和注销。他坚持本职工作也要做，留守工作也要做，要为组

委会画一个圆满的句号。

2021 年 12 月，十四运会和残特奥会刚结束不久，因为当时疫情严重，在体育宾馆办公的李富生滞留在宾馆里。是时，组委会正在做收尾工作，省体育局的常规工作日程也都排满。这时候，一项特殊的任务使得李富生的工作变得更加忙碌了。由于当时疫情严重，陕西省疫情防控应对办征用组委会曾经办公的陕西体育宾馆作为隔离酒店。

体育宾馆曾是组委会的主办公场地，因征用，要在三天内把绝大部分办公家具、设备全部清空，那困难就太大了。当时工作人员绝大多数只能待在家里不能出门。省疫情防控应对办专门派工人来帮助搬运物品，但组委会相关工作人员需到现场指挥。

李富生现场指挥，甚至亲自去寻找能放东西的安全场所。三天两晚他都是连轴转，虽住在宾馆，但基本没有时间休息。2022 年 1 月 3 日下午，所有物品顺利清空，隔离人员也入住了酒店。

从筹委会到组委会，办公六年多，90% 的工作人员已离会，面对器材物资、办公设施等大量资产的处置，以及大量档案管理移交和会计核算等千头万绪的工作，李富生主导留守工作人员制订《留守工作办公室工作方案》《遗留工作实施方案》，成立留守工作办公室，夯实了收尾工作主体责任，扎实推进各项收尾工作。

李富生还主持协调省地方志办、省残联成立编纂委员会，印发《十四运会和残特奥会志编纂方案》，开展《十四运会和残特奥会志》编纂工作；成立编辑部，精心指导组织《全运故事》等书籍的编辑工作。

如今，在陕西省体育局工作的李富生，最关注的仍然是体育和全社会人群的关系。他常常向社会上的人解释：体育包含竞技体育和群众体育。竞技体育是专业的，是最大限度发挥个人或群体的实力，以创造优异运动成绩为主要目的的制度化、体系化的竞争性活动。而群众性体育是群众在闲暇时间，广泛开展以健身运动为主要手段，以增强体质，娱乐身心、防治疾病和为培养体育后备人才而进行的活动。

对于老百姓来说，无论是竞技体育还是群众体育，以及体育场馆设施和体育文化都与他们的生活密切相关。李富生作为一个长期从事体育行业工作的人、一个和体育事业有缘的人，他更希望人民群众能够关注体育、热爱体育，这也是他从事体育工作的动力和意义。

坚守与见证

王晓云

2015 年 11 月 25 日，陕西省体育局落实成立十四运会筹委会前期筹备小组，工作人员名单上第一位就是张雪峰……2023 年夏天，十四运会和残特奥会已成功举办并结束快两年时间，张雪峰仍坚守岗位，继续从事着与之相关的收尾工作。

最早的筹备小组

2015 年 10 月 20 日，陕西省人民政府向国家体育总局报送函件申请承办第十四届全国运动会，同年 12 月 29 日，国务院回函同意陕西省承办第十四届全国运动会。

张雪峰到省体育局报到，赶在了这个时间节点上。张雪峰是军转干部，当他正在办转业手续的时候，原部队第二炮兵更名为火箭军，这充满科技感与爆发力的名字，使张雪峰为自己的军旅生涯倍感自豪。转业到陕西省体育局，步入新征程，张雪峰迎来了更加具有挑战性的工作。

张雪峰到体育局报到的第二天，也就是 2015 年 11 月 25 日，省体育局成立了十四运会筹委会筹备小组。

筹备小组刚刚成立，具体要做哪些工作？这是摆在筹备小组工作人员面前的难题。

首先要确定办公地点，筹备小组最初选定的办公地址在陕西省体育局的下属单位——省体育场朱雀管理中心，筹备小组要去协调对接。虽然朱雀管理中心的办公室可免费给筹备小组使用，但水、电、停车场的使用等事项还需要大量的协调工作，还有购置办公用品等繁杂的事情构成了筹备小组最开始的主要工作。

为更好了解承办赛事的流程，筹备小组还多次请专家开展讲座，普及知识。

2016 年 9 月 5 日，陕西省成立十四运会筹委会，省政府召开了成立大会暨第一次工作会议，部署了筹备工作有关安排。筹委会下设办公室具体办公，一批有经验、有能力的工作人员被抽调到筹委会办公室工作。

在天津学习的难忘时光

2017 年 5 月底，为学习“十三运”筹办经验，筹委会先后选派张雪峰、王润达等六名同志，到天津“十三运”组委会学习。春夏之际，张雪峰来不及体会天津这座海滨城市的夏日风情，就全身心地投入学习和工作中。

在天津，张雪峰和他的同事们深入“十三运”组委会各部门，专访部长、专家顾问和业务骨干 50 多人，调查赞助企业 16 家，并与 10 余家企业建立了联系，那时正是“十三运”的筹备期和大赛期，张雪峰和他的同事们，带着热忱，投身到天津“十三运”的协助工作中。

当时省上各级领导也十分重视对于天津办会经验的学习。

“十三运”闭幕式上，陕西代表团接过全运会会旗，全运会正式进入“陕西时间”。

张雪峰和他的同事们也备受鼓舞，他们肩上的担子变得沉甸甸的，对即将开启的新里程感到光荣。至今，这面鲜艳的红旗还存放在省体育局，张雪峰有时还会打开看看。

在天津的三四个月，张雪峰和他的同事们收集整理电子文档2万多份，影音资料20G，刊印汇编文本300多册，打印文本800余份，还有各类方案、规章制度……合计近3000页文件，还带回《全国综合性运动会技术指南》《中国赛事指南》等图书，为十四运会的筹办工作提供了丰富的资料。

回到西安后，在汇报会上，张雪峰和他的同事也客观地向领导提了很多建议。筹委会也为此举办了学习交流座谈会，筹办工作业务培训会，为十四运会筹办工作提供了坚强有力的指导。

天津之行，也成为张雪峰在筹委会工作的一段特别难忘的时光。

行政处的小后勤

2017年1月，筹委会组建了信息技术部、竞赛训练部、群众体育部、新闻宣传部、大型活动部、市场开发部、志愿服务部七个部门，加上之前的场馆建设部、组织人事部、财务部、审计监察部，部门人员的增加，为各项工作带来了活力。

2019年上半年，筹委会又抽调来了几位干部，也对工作进行了新的分工。张雪峰担任筹委会办公室行政处处长，负责办公室行政运转。当时办公室要办理多达数百人的抽调、借调手续，还要承担许多保障和准备工作，如办公用品、设备的准备，机关人员就餐，整个机关的日常运行，等等。张雪峰和他的同事们，也进入了异常忙碌的状态。

原本借地办公的省体育场朱雀管理中心，办公条件有限，而此时的筹委会已有几百人办公，现有的办公场所明显不再适用，筹委会急需寻找新的办公地点。

张雪峰和同事们筹划了半年时间，反复协调各种问题，最后选择分一部分人员在附近的陕西体育宾馆办公。为了让宾馆更符合办公要求，需要对办公场所重新进行规划、改造，大到办公环境的设计，小到办公用品的准备，这些工作事无巨细，都要处理周全。张雪峰一直记得他和同事们在炎热的夏天的大街上奔波的场景。

2020 年 7 月，筹委会的部分骨干部室终于正式转到了陕西体育宾馆办公。

但接下来遇到的困难还很多，好多工作没有相应的参照和标准，都要反复协商并找到相关政策。除了在编的几百人，还有志愿者、来访者、对接工作的一些机构人员，他们的后勤保障都是办公室负责，如果遇到举行重大活动，仅就餐就有 800 多人，工作任务非常艰巨。

2020 年 9 月 15 日，由于工作发展的需要，筹委会经过重新组织后，更名为组委会，举行了十四运会和残特奥会组委会成立大会。

除了组委会成立大会，还有十四运会会徽吉祥物发布倒计时 300 天、倒计时 200 天等大型活动的前期筹划、场地考察、整体安排以及会议的现场布置等，都需要行政处对接配合。后期还需要进行账务处理，工作虽然烦琐，但张雪峰和他的同事们一直都在努力着，尽最大可能保证圆满，不留遗憾。

赛事指挥中心协调处

早在天津学习的时候，张雪峰就感受到赛事指挥中心的重要性。眼看比赛时间临近，但赛事指挥中心的建设一直推进很慢。各种方案和要求被反复讨论，但仍难形成确定的标准。于是张雪峰主动要求去赛事指挥中心工地查看，当他看到现场进度时，非常着急，回来后立即写了一份建议书。

组委会办公室驻会副主任张剑同志分管行政处工作，他对张雪峰关于加快赛事指挥中心建设的提议，非常赞同。

2020 年 10 月，组委会增加了一个新的编制：赛事指挥中心协调处。组织任命张雪峰兼任赛事指挥中心协调处处长。

是时，距离十四运会召开还有不到一年时间。西安高新区唐延路和科技八路西南角正在建设中的大楼，就是规划中的“陕西国际体育之窗”。这幢大楼内设置了赛事指挥中心、广播电视中心、制证中心、运动会实时信息中心、注册中心等机构，建成后，会在这里集中办公。

当张雪峰为了落实施工进度再次走进正在建设的“陕西国际体育之窗”时，工人们正在加班加点地施工。时值国庆假期，建筑工人们都没有休息，这让张雪峰十分感动。一开始张雪峰没有戴口罩，因为光线很暗，戴着口罩眼睛会不舒服，可是过了几天，张雪峰发现自己已经说不出话来。因为整个工地上弥漫着粉尘，这让张雪峰嗓子干痒，老觉得喉咙里有东西。

当时，体育之窗的四层裙楼已建好，还有三个高层在建，建高层的设施在裙楼楼顶的平台上全部铺满了。因为工程进度不敢耽误，只要是组委会需用到的场地，张雪峰必须反复查看，催进度和确定设计。于是，整个裙楼都是他的巡察范围。裙楼面积很大，没有装修也没有水电，里面就像个迷宫，一般人进去就找不到方向，也不容易找到出路，空荡荡的还有些吓人。如果下雨的话有些地方还会漏水。因此只要降雨，张雪峰就要赶来查看，找出漏水的地方要求修补，仅进行楼顶补漏就持续了两三个月。而这项查看工作张雪峰和他的同事们几乎每天都要进行。

随着会期临近，赛事指挥中心的建成使用迫在眉睫，为了加快推进“陕西国际体育之窗”的建成，张剑和张雪峰等协调处的干部正式入驻大楼办公。

施工方把还在搭建机房的信息中心清理了出来，让组委会入驻办公。那时大楼还在施工，灰尘弥漫，空调系统运行不了，条件非常艰苦，组委会入驻后，协调处协助将各个项目进行了统筹规划，全力保障赛事指挥中心的顺利建成。

2021 年 4 月，设立在陕西国际体育之窗的赛事指挥中心基础施工基本完成，7 月 12 日，开始试运行，第一次进入实用性测试。

9 月 1 日，赛事指挥中心的基础设施包括软件设施等也基本建设完毕。张雪峰和他的同事们开始进行赛事指挥中心的值班运行工作。当时，赛事中心的远程指挥、现场调度、综合报送等系统都达到了非常先进的水准。

十四运会赛事指挥中心，仅中心大厅的大屏幕就达 100 平方米，并配有两个较大的侧屏。赛事指挥中心发布的信息很全面，包含天气、环境、疫情防控、交通，等等，西安市主城区所有干道的整体通行、各个赛场的场馆情况也都可以看到。十四运

会赛事开始的时候每天有 20 个比赛项目，每个项目的保障团队的正常运转都离不开这些信息。

赛事指挥中心每天早上都会提早运行，比如某天比赛有 12 个项目，在最早的项目开赛前一小时，赛事指挥大厅的所有值班人员、大厅的技术运行保障团队、能源保障团队，都要到位启动系统，联合赛场进行联调联试。在正式开赛时要保证所有系统已经运行稳定。赛场每天进行两次调度，上午和下午各一次。如果一些项目比赛时间发生重叠，会根据赛程安排，对上午和下午所有比赛的项目进行调度。

赛事指挥中心会对当天赛场内外的各种细节进行核对，然后逐项检查。开赛前，赛事指挥大厅办公室人员要进行整体统筹、值班安排。在开赛期间，工作人员不能随意脱离岗位。

赛事指挥中心还要接收大量赛场上的信息，并及时处理，常常要和现场裁判团队、竞委会等沟通、协调，以及确保遇到突发情况，赛事得以顺利进行。

当时，所有关于赛场时讯的视频也都是从赛事指挥中心发送出来的。中央电视台体育频道在这儿搭建了三个演播厅。上海、山东、香港等地共有 15 家媒体搭建了演播室或在此直播。

看到十四运会及残特奥会赛事指挥中心的建设情况，后来亚运会杭州主办方和“十五运”广州主办方也都想来学习，一直在和张雪峰对接。好的经验要与大家分享，张雪峰把陕西经验无私地分享给了需要了解它们的团队。

搬迁与移交

2021 年 9 月 15 日至 27 日，第十四届全国运动会在陕西顺利召开；10 月 22 日至 29 日，第十一届残运会暨第八届特奥会也在陕西顺利召开。运动健儿们取得了非常好的成绩，而十四运会和残特奥会组委会的工作人员也全程见证了这些过程。一分耕耘，一分收获。这一切都深深镌刻进工作人员和参与者的记忆，在他们的人生中留下了浓墨重彩的印记。

运动会结束后，领导与张雪峰谈话，希望他能够留在组委会，继续做好收尾工作。于是，张雪峰承担起了组委会收尾的具体负责工作。

艰难的时候再次来到。2021 年 12 月，西安的疫情形势严峻，组委会的收尾工作也暂停。但这时候，张雪峰又接到了一项特殊的任务。当时，陕西省疫情防控应对办决定征用陕西体育宾馆作为隔离酒店。体育宾馆曾是组委会的主办公场地，当时还留有大量的办公设备未来得及搬走，但时间紧迫，因征用需要，组委会要配合省防疫办派的工人在三天内将 90 多间房清理出来。

三天时间，张雪峰手机上的微信和电话信息有几百条，受疫情影响，居家办公的他要通过电话协调各方面的工作人员，还要和在组委会值班的李富生副局长保持沟通。经过三天两晚的连轴转，办公室里所有文件资料、个人物品或装柜封存，或打包存放妥当。2022 年 1 月 3 日下午，90 多个房间顺利清空，隔离人员正式入住酒店。

搬迁之后，还要清理档案，移交办公用品，将整个办公场所从体育宾馆搬迁到省体育局下属的朱雀体育中心。因为各种原因，当时只有张雪峰和党维维负责这项工作。临近年关，找不到搬家公司，他们只有靠自己来搬。张雪峰和他的同事们，连续加班一周抓紧搬运，有四个晚上都几乎熬了通宵。张雪峰和党维维，两人换班，一个整理搬运到晚上 12 点，一个坚持到凌晨。幸好，这是两位年富力壮的年轻人，特别是张雪峰，军人出身，经受过各种训练与考验。大约经过了两周时间，春节前将该搬运的都搬运了，该移交的都移交了，完成率达到 90%，剩下的小部分物品，春节之后也已陆续搬完。

档案移交也是组委会收尾工作的重点。档案移交有一个较大规模的交接仪式，时任副省长方光华出席了档案移交仪式。那时候剩下的工作人员已不多，张雪峰和他的同事们组织、策划、协调安排，坚持把交接仪式办了下来，这次交接仪式，国家体育总局、省教育厅、陕西历史博物馆、省档案馆、省体育馆共派了几十名代表参加，档案交接活动圆满结束。

从 2015 年到 2023 年，张雪峰坚守在为十四运会和残奥会工作的道路上，历经八年，他是进入筹委会筹备小组的第一名干部，也可能是最后一名离开组委会的干部。省体育局的领导曾对他说：雪峰，你就是为十四运会而来。

如今的张雪峰拥有一个新的身份——十四运会和残特奥会遗留工作协调办公室主任，办公室里仍有四五个人负责大量的收尾工作，如后续人员的管理，各部室收尾工作的协调推进，各种会议材料、档案整理，编撰总结十四运会及残特奥会的书籍等。

回首张雪峰所做的工作：负责办公室行政处和赛事指挥中心工作；参与十四运会

项目布局研制、总体方案拟订和主场馆选址；带队驻天津“十三运”学习；负责十四运会筹备计划和重点工作任务编制；完成运动会事业单位法人注册、十四运会标识形象注册和全运公司注册……曾连续值班 72 天，调度指挥 400 余次，收集竞赛运行情况 470 余份，编发赛事运行简报 70 余篇、信息快报 58 期，组织参加“零点会议”27 次；做好各种调研接待工作；衔接北京冬奥会、杭州亚运会、成都大运会等观摩团交流学习 70 余次，2000 余人；配备电脑 496 台、打印机 169 台，衔接调配车辆 1000 余台次；成立组委会工作餐监管委员会，召开工作餐保障专题会议 10 余次；组织疫苗接种 1000 余人，核酸检测 15000 余人次，发放防疫物资 22 万余件……那么多具体的数据，汇成张雪峰工作的日常，平凡但具体且重要，就像张雪峰的性格，温文尔

雅，不骄不躁，细心妥帖，如春风和煦，体现了干部作风与责任担当。

张雪峰坚守并见证了十四运会和残特奥会在陕西举办的全过程。

这是一个工作人员的坚守，也是他们看似平凡的工作中最闪耀的光辉。

XU
LILIANG

第三篇

蓄力量

做最好的自己

常晓军

一

“能不能快一些，我们等着这个文件办事呢！”

“上次盖章的那100份合同中，发现有几处错误要修改，还得麻烦您重新盖章。”

抱怨在重复，忙碌各不相同，只要想起那段“疯狂”岁月，尚媛总是忍不住感慨万千，那是真正的自己吗？好多时候，连她都不敢相信，一个习惯了和沙子水泥打交道的人，怎么会和机要工作联系在一起？“每天都有着干不完的工作，日均办文件70多件，要接50多通电话，只觉着整个人要崩溃了。”

2016年的3月，古城依旧春寒料峭，只有不惧寒风的草木早早探出头，将沉睡一冬的梦想绽放在苍翠中，星星点点看上去很美，不断生出希望，也让人充满对春的渴盼。就在尚媛出神的当口，遽然而至的电话铃声打断了她的沉思。

电话直截了当，询问她是否愿意参与十四运会的筹备工作，原本对体育一窍不通，却希望能改变工作环境的她，还是整了整着装，

匆匆朝省体育局机关赶去。一路上她着实想了很多，实际上又百思不得其解，但人生的种种意外，就这样造就了种种意外的人生，只是尚媛不知她将会面对的是什么？

原以为只是临时“抓壮丁”，不料想这次选择竟成为生命中最难忘的一段经历。尚媛刚来筹备组时只有五六个人，看上去就是个草台班子，可办公环境很开放，尚媛刚去就感受到了同事们的包容，以及家一样的温暖。只是还没来得及适应新环境，原本熟悉的工程预算、招标、监理等工作，就被换成了没完没了的资料查阅，修水龙头、装架子床、换灯泡等杂事，还要加班加点地写材料。面对眼前的各种变化，尚媛并没有退缩，虽然不知道适应新岗位需要多长时间，但她骨子里那股不服输的拗劲却被激发得淋漓尽致。那段日子里，她始终心怀着求知欲望，不懂就学，不会就问，从网上搜资料学习，加班加点反复琢磨，打电话咨询专家，实现着由外行向内行的转变。她知道，工作中遇到困难在所难免，但是在巨大的挑战面前，又怎能轻言放弃呢？

十四运会作为陕西举全省之力推进的一件大事，无论是筹办难度，还是复杂程度都是难以想象，工作向来力求完美的尚媛，向自己发起了挑战，她要重新规划自己的职业生涯，成为这个岗位上的“多面手”。人生是一次无法重来的选择，她也不止一次地问自己，是要安于现状，还是追求想要的生活？是勇于挑战人生，还是按部就班不思进取？

一番思虑后，尚媛在最美的年华里，最终选择了让自己活得更加精彩。人生虽然有风雨，却也充满着惊喜，无论如何，只有把事情做到最好，才算不辜负组织的信任。这样的梦想无疑美好，然而当被工作压得喘不过气时，最初的坚定就变得踌躇满怀，激情不见了，旋而成了无尽的迷茫，也不清楚前面的路该如何走下去，似乎越是心怀希望，就越发感到无助。记得有一天心情不好，尚媛借着工作名义无意中跨入一步之遥的省体育场内，恰巧有群人在踢球，大家你追我赶着，任球在脚下来回穿梭，随之而起的呐喊中，裹挟着青春向上的力量，如同贝多芬的《英雄交响曲》。

绿茵场的激扬活力，突然让尚媛全身充满了力量，似乎连沉重的压力也得到了缓解。从那以后，工作即便再忙，她也要抽出时间去体育场走走看看，有时偌大的体育场上只有她一个人，只有长长的影子陪伴着，但她明白了选择的意义，也让负重前行的努力多了些许从容和自信。

始于细微，成于至善。筹备办刚成立时，协调沟通工作困难重重，各种意想不到的问题不时出现。为尽快规范流程，有序推动工作，亟须筹备办出台《第十四届全国运动会总体工作方案》。在草拟这份纲领性文件的过程中，所有同志群策群力，一个字一个字推敲，一段话一段话修改。如果只是完成日常性的工作，尚媛应该是游刃有余，可要参与顶层设计，她压根就是个门外汉，明显意识到自己与同事间有着太大差距。那段时日里，尚媛深知职责使命所在，主动承担起了接打电话、填报数据报表的任务，为弥补工作中的短板弱项，她始终保持着“不啃下骨头不罢休”的干劲，持之以恒地坚持学习，不但从同事身上学习好经验、好方法，而且还报考了交大管理学院的在职研究生。

要上班、要上学、要考试，各种压力蜂拥而至，尚媛只能强迫着自己高强度工作、高强度学习，虽然每一天都是意志与疲倦的对决，但没有其他好的解决办法，只能把时间分配得更合理。周内，她和同事们常常加班加点；周末，她放弃了家里的所有事务，全天都泡在交大的课堂上，如饥似渴地吸收着新知识。如果说工作是对未知的挑战，那么热爱就成了全身心的付出，而上课则是不断提升自我。

有一种力量叫作坚持。大家很快发现，这个小姑娘始终在自我加压，让自己时刻处于高速运转的状态，凡她经手的工作，无不在力求完美，完成的标准也很高。她也知道，一个人的力量有限，一个人发出的光也很微弱，可只要点滴的光汇聚在一起，奇迹就一定会发生。

经过反复推敲，数易其稿之后，《第十四届全国运动会总体工作方案》终于问世，虽然只是经过短短四个多月的历练，可是尚媛已经熟练掌握了办公室工作的各种必备技能。面对着这份以“两办”名义印发的纲领性文件，尚媛有些激动，自己通宵达旦的付出总算有了回报。都说人生路上充满着坎坷，尤其是经过这段时间的“折磨”，尚媛发现自己的茫然和忐忑已不再，并且总被称赞业务能力过硬。面对表扬，她并没有因此沾沾自喜，依然自我扬鞭。

总体方案一出台，筹备办的工作更多了。2016年9月，召开了筹委会第一次会议，明确十四运会陕西省筹备委员会正式确定成立。随着办公室、场馆建设部、组织人事部、财务部、审计监察部等单位的陆续进驻，尚媛也正式开始了她的机要办文工作。

二

面对不同的岗位，尚媛总是能够抓住机遇，不断地在人生的舞台上展现自我。随

着筹委会的成立，工作量也随之增加，以前做项目管理时，尚嫒的办公场所是工地，现在她的战场就是办公室，办公室的工作不仅头绪多，而且要求标准高，要熟悉公文格式，要对所有来文进行把关，还要清楚领导间的分工安排，并及时将文件分类呈报签阅。

文件是政府机构办事的重要载体和依据，尚嫒每天都和各种文件亲密接触，有时候来了急文，她就得立刻去找领导签批，领导有事外出，她还要打电话及时汇报请示。为了不在工作中拖后腿，尚媛始终在摸索、总结着工作经验，不断想办法提升工作效率，无论是大事小事，她都一如既往用心做好。

世上无难事，只怕有心人。工作中出现的新问题、新变化，尚媛都能想办法去克服，但是怀孕之后她却变得忐忑不安，生怕会影响了手头的工作。虽然有时孕期反应很强烈，但她从未因此而耽误过工作。更多时候，她常常忘记了自己还是个孕妇。虽说肚子一天天在变大，连走路都显得有些笨重，可她心中永远都恪守着“心中存大、眼中有小、手中见细”的工作训条。无论是文件的呈送、开会的通知，还是会议的筹备、资料的整理，她都处理得井井有条。尚媛从事的这些工作繁杂而辛苦，等到一天的工作结束，好不容易躺倒在床上时，她才会觉着全身的骨架都要散开来。然而轻轻揉着浮肿的腿和脚踝时，她又会为这“百味人生”感到满足，因为她走的每一步都充满着回忆，是那么真实而又快乐。

随着筹备工作的稳步推进，筹委会又相继成立了七个部室，逐步启动了市场开发、志愿服务、大型活动、竞赛组织等基础性工作，工作量与日俱增。几乎连节假日也没有了，有的只是和家人的匆匆别离。更多时候，家反而像宾馆一样，只能回去睡上一觉，转身又要全身心投入到工作中。夜深人静时，尚媛也会反思自己对家的付出是不是太少了。只要想到这些，她就打心底觉得亏欠家人太多太多。

那段日子注定是难熬的，孩子出生后，尚媛终于有时间享受母子之乐了，可她压根是个闲不住的人，抱着孩子也会习惯性地关注办公室的工作。当她逼迫自己完成了硕士毕业论文，并且挺着虚弱的身体顺利完成答辩时，心中有着一种难以言说的激动，若是没有手执烟火以谋生的信心，又怎么会有心怀诗意以谋爱的坚守呢？最让人佩服的是，她的论文还被评为了优秀毕业论文。

2017 年 9 月 8 日晚，天津奥体中心灯火辉煌，陕西代表团正式接过举办第十四届全国运动会的会旗，全场随之沸腾起来。那一刻不仅带给人成功的喜悦，更实现了让全运会回归中华体育故乡、回归红色体育热土的夙愿和企盼。喜人的消息不断传来，全运会也正式进入了“陕西时间”。

产假过后，尚媛很快重新投入工作。在省体育场 9 号看台这个大本营中，她每天都有做不完的事情，开不完的会议，只能见到她来回忙碌的身影，在筹备工作的“快车道”上自我加速。前有人冲刺，后有人追赶，尚媛有颗上进的心，她想通过提升自己的能力，在工作中体验成功的快乐。

各项工作如火如荼地开展着，办公室的环境也在发生着变化。2019 年 4 月，省委组织部从省直机关各部门抽调了 46 名干部到筹委会驻会办公，给筹委会注入了新的工作力量，办公室也从几个人扩编到十几个人。在驻会副主任张剑的领导下，一群“游兵散勇”被锻炼成为“正规军团”，尚媛需要学习和提高的地方实在太多，其实她也可以得过且过，让自己过得轻松惬意。可是她不想虚度青春，不想错过在筹委会锻炼的机会。

一个人面对挑战的态度，往往决定着他在工作上的高度。工作环境一直在变，尚媛的工作理念也在改变，始终不变的是她认真负责的工作态度。为胜任工作，她主动申请去省政府办公厅机要处学习，很快掌握了机关公文流转的规范流程，明白了办文、阅文的处理以及印章的管理方法。还结合自己对十四运会工作思路的理解，拓宽了思维，尤其是在处理日常性工作事务方面，更是不断强化服务意识，切实发挥桥梁纽带作用，努力做好上传下达、会务组织等工作。回到单位后，她及时将学习收获转化为实际行动，制作了收文、发文登记簿，便于文件的登记、盖章、分送，又积极参与完善了多项管理制度规定和岗位职责，促成用制度办事、用规矩管人的良好格局，明确了工作的流程，减少了矛盾和冲突。

“这速度太慢了，我们的文还没签完啊，领导不在你们就不会想办法吗？”

“快快快，秘书长和吴主任回来了，抓紧时间去签文。”

尚媛开玩笑说，每天前来办事的人，一天至少要把她的名字喊上800遍，每天的工作像打仗一样，让人着急又抓狂，连做梦都梦到被人追着赶着。“没办法，机要室的同志都得是战斗机，工作就是如此，在机要室这个铁打的营盘里，她已经被锻炼成了‘钉子户’。”

吵吵嚷嚷一天就这样过去了，尚媛每时每刻都想静下来，可等真静了下来，又突然感到无所事事。好在大家伙常常用开玩笑的方式缓解压力，才让繁忙的工作多了些许的快乐。

他总是只留下电话号码
告诉我签好就打给他
内审单发文单还有其他计划
多得让我们无法自拔
我们都学不会假装潇洒
但却坚持着心如细发

过去的每一天都压力山大

想起来却如同一段神话……

三

人生最苦的时候，往往也距离成功最近。在生活中，她不是一个喜欢找借口的人，默默干工作时，又将压力视为了乐趣和享受，实在要是扛不住，她也会对自己说:“人活得太舒服就会出问题，要是啥时候没有压力了，相信机会就会像风一样散去。”实际上，办公室辛苦的人比比皆是，有人孩子病了坚持不请假，有人父母做手术无法侍奉床前，有人因公受伤坚持在岗……平凡而又真实的画面催人奋进，也深深地感动着她，工作干多了，也就习惯了有苦有甜的人生，只是尚媛从来不说自己辛苦，而是毫不犹豫地将辛苦吞咽下去。

2019 年 8 月，筹委会组织了 13 个部室的 50 多人，去山西参观学习第二届全国青年运动会的筹办经验，所有沟通接洽的事宜落到尚媛身上。到太原的第二天，晚上 8 点临时决定要观摩比赛，所以必须连夜制作证件，她只能放弃在酒店休息，收集齐领导和同事的照片后，发给组委会制作证件。手工活并不复杂，可加班加点还是干到了凌晨 2 点。等把个人信息全部传到组委会后，还要逐个进行核对，时间又不知不觉过去了两个多小时。终于困得睁不开眼了，只能和衣在酒店房间里睡一会儿。接下来的三天两夜，她更是没日没夜忙前忙后，这才是最真实的尚媛，只有上了车才忙里偷闲抓紧时间补觉，那情形就仿佛在与时间进行着比赛。某种意义上，她就是一个停不下来的人，始终保持着旺盛的状态，也在工作中用心感受着别样的丰富多彩。

又是新的一天，闹钟准时响起，尚媛很不情愿地抬起头，对严重缺觉的她而言，睡眠让人如此留恋，连做梦想着的都是能美美睡上一觉。脑海中的各种工作开始往外蹦着，她不得不在瞬间变得清醒。尚媛知道，唤醒她的不是闹钟而是梦想，梦想一直燃烧着她的激情，让她在平凡的人生中从容应对。是啊，人怎么能没有梦想呢？

岁月如歌，激情似火。加班加点成为尚媛的常态，时间一长，大家都喜欢称尚媛为工作狂，是啊，哪有这般把工作视为生命的人呢？她却很享受这样的状态："只要能完成好工作，拼尽全力也是值得的。"

工作中如此，生活中亦如此，尚媛这样说也是这样做的。2019年年底，筹委会组织了一场部室间的乒乓球热身赛，尚媛凭借着水泥球台上练的"童子功"，在前期一直遥遥领先。进入决赛后，办公室代表队的实力不容小觑。在总决赛首场失利的情况下，第二局出场的尚媛压力无形中增大。第一个回合虽然败下阵来，但那不放弃不认输的劲头让她化压力为动力，一上场就是狠抽狠杀，想在气势上把对方压倒。最终虽然已经竭尽全力，但还是败给了对手。那一刻，她并没有感到遗憾，自己已经拼尽全力在超越自己了。倘若说比赛是工作的缩影，她无疑是一步一个脚印在追赶着自己，"文经我手无差错，事交我办请放心"，从而让自己"无所不能"。

2020年10月，才上小班的女儿笑笑不时地头疼脑热，接连打了几天吊瓶后，变得特别黏妈妈。不管尚媛多晚回到家，女儿只有抱着她才会安心睡去。如此一来，休息不好的尚媛愈发身心疲惫，又加上各种工作事务交织，她患上了带状疱疹，背部簇集了一堆绿豆大小的水疱，稍微一动就会与衣服摩擦，全身火辣辣地刺痛不说，连心情也开始变得糟糕。在这样的情况下，她只回家休息了一天，为了不耽误工作，就一边治疗，一边上班。

辛苦，无疑是一种难得的经历。通过辛苦换来的幸福，是如此值得回忆。2021年8月，尚媛做梦也没想到，她会以最美巾帼奉献者的代表身份，被推选为十四运会和残特奥会火炬手。说实话，她从来没有奢望过这些荣誉，当她手执火炬出现在北大街时，全身上下都在紧绷着，周围的人全在盯着她看，用手机不停地拍照着、讨论着，而她好像从来都没有见过这么多的人。作为火炬手，看到清晰的起跑线，就如同站在人生新的起跑线上，她这几年的辛酸、泪水、痛苦，顿时都化为了自豪和喜悦。

80米的距离很短，尚媛坚定而有力地小跑着，全身都充满着活力，拍照声、欢呼声相互交错着，仿佛辛勤耕耘后终于等到了丰收的那一刻，太多的满足感和喜悦扑面而来。此时此刻，她多么希望家人也能站在旁边，为她加油呐喊。可是为了不影响她的工作，女儿笑笑一放暑假，就很不情愿地被带回商洛老家，尚媛则依旧每天不断档、不松劲，持续发力地工作着。

“姥爷，快看，电视上那个是我妈妈！妈妈不上班在干吗呢？”

“妈妈在传递火炬呢。”

“妈妈为什么在电视里呢？她传完火炬就能回来吗？我真的想妈妈了。”

“妈妈在干一件大事，她忙完了就回来陪宝宝玩。”

“好，我乖乖等妈妈回来陪我。”说完这些话，笑笑又睁大眼睛看着电视画面，想从中找出那个熟悉的身影。参与火炬的传递，在其他人看来是那么光荣，原以为笑笑会在其他小朋友面前炫耀，可在孩子的世界里，关心最多的只是在电视上看到了好久不见的妈妈。

2021 年 9 月，古城的秋天绽放着它独特的美，十四运会即将于 9 月 15 日在西安奥体中心举行开幕式。因为开幕式相关工作人员要封闭管理，组委会办公室一部分人跟着开、闭幕式指挥部去了锦江国际酒店，剩下一部分人还要继续坚守在体育宾馆，保障正常运转。尚媛作为在体育宾馆的值班值守人员，在比赛期间没有踏进过一个场馆，没有看过一场比赛，想起这些，她心里泛起了一丝遗憾和伤感。

就在这时，远远地又传来了呼喊她名字的声音。尚媛很不情愿地回过神来。

“尚媛，把这封感谢信收一下。”

“好的，贺主任，我办收文。”

“这可是感谢你的，领导都签过了。”

“啊？我以为让我办收文的，谢谢领导。”

十四运会和残特奥会结束一个月后，尚媛意外地收到了一封感谢信。信是由香港代表团主席霍震霆写给组委会的，点名表扬了四名工作细致认真、服务热情周到的同志，这其中就有尚媛。当她一字一句读着这封信时很意外，也很感动，任凭泪水冲去

这六年来的辛苦付出。

“香港特区代表团团长及副团长在逗留西安期间，分别出席开幕式、到访运动员村及到赛区观赛并为运动员打气等，各项安排得以顺利进行，贵处居中协调实在功不可没。感激之余，特此修函致谢，并请替本代表团向贵会贺松林同志、尚媛同志、杜强同志及郑国鑫同志致意。”

时间的指针再拨回到 2021 年 8 月中旬，一天，有个陌生的微信号请求加尚媛好友，地区显示为中国香港，开始她以为是骗子就没有搭理，后来才知道是香港代表团秘书处的同志。在和香港代表团沟通的过程中，尚媛不仅耐心解答他们提出的问题，还帮助他们协调解决遇到的各种困难，虽说能力有限，可始终用着十二分的诚意和热心，因为自己代表的不仅仅是组委会，更是陕西对港澳同胞积极参与十四运会的欢迎和感谢，原以为做好自己的本职工作就可以，没想到无意中打动了对方。

现在，尚媛已从省体育局后勤建设管理岗位交流到政务大数据服务中心。回首这一路，所追寻的成就并不重要，那些改变了自己的东西才是真正重要的。在这段重要的生命旅程中，虽说有着不少遗憾，可也有着说不出口的幸福、喜悦和激动。现在想想，这也算是难得的收获吧，它注定要成为饱含真情的美好回忆，成为尚媛人生中浓墨重彩的标记。

面对着这意想不到的惊喜，尚媛明白了自己最美的样子，原来就是用心做好自己。

利剑玫瑰　巾帼担当

史美垚

两千多年前，张骞自长安出发，伴着悠悠驼铃，穿越莽莽黄沙，历尽千险"凿空"西域，后携榴花花种入长安，自此，榴花于古城千年盛放，延及后世，是为西安市市花石榴花，又名长安花。两千余年后的秋夜，灞河之滨，微雨淅沥飘洒，凉风摇曳灞柳，随着绚烂霓虹款款升起，灯幕流转熠熠生辉，西安奥体中心上空热情璀璨的长安花华丽绽放，一场凝聚着3956万秦人共同期盼的盛会，正式拉开帷幕。

此时，距离2015年12月29日，中华人民共和国国务院正式批复同意陕西省承办2021年第十四届全国运动会，已经过去了整整2087天。

五月榴花秋日绽，六载筹措今始成。暮夏初秋残存的暑气被雨雾一扫而空，映在灞河微雨圈点涟漪中的漫天绚烂将千万秦人与现场观众的心火点燃。37个代表团，1万多名运动员，1.5万余名志愿者，共同奔赴这场神圣的体育盛会。这是首次由中国中西部省份举办的全运会，也是1949年新中国成立后陕西省举办的规模最大的全国性体育赛事，在建党百年、全面建成小康社会、"十四五"开局起步的重要历史节点，本届全运会意义深远。

“体育承载着国家强盛、民族振兴的梦想。体育强则中国强，国运兴则体育兴。”习近平总书记的话语把“体育强国梦”与“中国梦”紧密相连。2020 年 9 月 22 日，习近平总书记在教育文化卫生体育领域专家代表座谈会上强调，要坚决推进反兴奋剂斗争，强化拿道德的金牌、风格的金牌、干净的金牌意识，坚决做到兴奋剂问题“零出现”“零容忍”。这是习近平总书记第一次明确提出“反兴奋剂斗争”的要求，充分彰显了反兴奋剂工作的极端重要性。因此，反兴奋剂工作成为十四运会筹备工作的关键环节之一。在这场紧锣密鼓的筹备工作中，有这么一支巾帼力量用她们的实际行动展现了在反兴奋剂工作中的“硬核”担当。

铿锵巾帼，谁说女子不如男

2020 年 6 月 18 日，原就职于西安市体育运动学校的王平接到省委组织部抽调函，调她参与到十四运会和残特奥运会的筹办工作中，负责赛会反兴奋剂筹备工作。拿到抽调函的那一刻，王平心中有激动也有忐忑，但更多的是一种得到组织认可，被赋予光荣使命的责任感与自豪感。正是这封抽调函，带她迈上了那段 560 个日夜步履不停的奋战征程。

回顾那段经历，王平如此说：“作为一名体育人，能成为这场全国体育盛会的参与者，为十四运会在我们陕西顺利举行、圆满完成贡献自己的力量，是一份荣幸，更是一份责任。”简单朴实的话语背后，却是被她含笑掩去的诸多不为外人所知的艰辛。

王平所在的综合处仅有三名女同志，除她之外，还有当时在省体育局科教处工作的宋英琴和陕西交控集团的刘璐。没有成熟经验可供借鉴，让她们倍感压力，但这也激发了她们的斗志，三名干劲十足的“女兵”组成一支“女子特战小组”，她们紧密团结、勇挑重担，攻坚克难、倾力奉献，柔弱的肩膀承担起了十四运会反兴奋剂工作

部综合处的全部工作，最终圆满完成了十四运会反兴奋剂筹备工作。

筹备初期工作千头万绪，作为首批进入团队的一员，王平需要尽快进行角色转换，完成任务梳理和计划制订等工作。此外，抽调期间原则上要求不再参与原单位的工作，但由于此前经手的工作仍在交接，在兼顾综合处工作的同时，王平偶尔也要回原单位交接工作。面对“一人双责”的客观事实，王平没有任何抱怨与懈怠，而是加强统筹协调，提高工作效率，在完成原单位工作的有序交接后，便心无旁骛，从容不迫地以冲锋姿态投身筹备工作。

宋英琴也是在 2020 年 6 月被抽调到反兴奋剂工作部综合处的，彼时，整个部门只有她和王平两个人，上班第一天，王平就给她留下了深刻的印象。“当时，组委会的办公地点在省体育宾馆，那时候，办公区的饮水机没水了，是王平一个人，将 20

公斤重的水桶一路从一楼最西头搬到了三楼最东头。”事实上，在之后一年半的相处中，宋英琴才发现那只是王平性格的初显。共事过程中的许多细节，都彰显着王平这朵铿锵玫瑰的坚韧：电脑坏了，等不及维修员，她便自己动手修复；同事忙不过来时，她更是主动分担任务，自愿留下加班；甚至身体出了状况，她也咬牙坚持，不肯退缩。

迎难而上，衣带渐宽终不悔

十四运会筹备期间，反兴奋剂工作部只有综合处驻会办公，工作点多面广线长，时间紧任务重，每个人都忙得脚不沾地。根据工作安排，王平在赛前筹备阶段主要负责指导各项目竞委会完成兴奋剂检查站建设和物资配备工作，协助完成兴奋剂检查站副站长、检查官和陪护员的培训工作。

兴奋剂检查站建设是保证十四运会兴奋剂检查工作顺利进行的前提条件，自然是部室的重点工作。担子越重，压力越大，但王平没有知难而退，而是以不辱使命的责任感迎难而上。在她看来，路是一步步走出来的，没有经验就在工作中学习，没有参考资料就在工作中创造、向专家请教。

十四运会在陕西省设立了53个竞赛场馆，共60个兴奋剂检查站，近的站点之间相距几十公里，远的来回好几百公里。为响应习近平总书记“办一届精彩圆满的体育盛会”的号召，王平从2021年3月开始，便严格按照国家体育总局反兴奋剂中心下发的《大型赛事兴奋剂检查站相关规范》要求展开检查指导验收工作。正是对工作的一丝不苟和坚定执着，支撑着她度过了一连三个多月风餐露宿、早出晚归的生活，实现了各个检查站物资设施到位、人员配置到位、服务保障到位，最终换来了建站工作的圆满完成。

精神上可以不知疲倦，但身体却亮起红灯，高强度的工作使她的免疫力逐渐下降，身体陆续出现各种问题。医生曾多次提醒她要好好休息，避免太过劳累；家人朋

友也劝她不要太拼，实在不行就回原单位上班，身体才是第一位的。可王平却不这样认为：事情总要有人干，为什么这个人不能是我？自己若是退缩，岂不是给同事增添负担，直接影响十四运会的筹备进度？作为一名党员，冲锋在前是唯一特权，于是她咬牙坚持，恪尽职守，一直战斗到最后。

如果说个人身体出了状况还可以咬牙坚持，那么对家庭孩子的亏欠则是她心中难以言说的痛楚。加入综合处的那一年，王平的孩子刚上一年级，正是习惯养成的关键阶段，在此之前，孩子都是她亲自教导，但抽调期间早出晚归是常态，6 点左右就匆匆离开家门，那时孩子还在梦中；凌晨才回到家中，那时孩子早已入睡。交错的时间里，孩子见不到母亲，而她也只能蹑手蹑脚地打开门，悄然看孩子一眼，把那份关心与亏欠埋在心底。

备战赛前的几个月是最忙碌的时候，那时王平经常出差，时常接连几天回不了家，爱人工作也很繁忙，孩子便只能拜托老人照顾。但半年前婆婆因膝关节摔伤刚做完手术，当时仍在恢复期，腿脚也不方便。几经权衡，她只能在孩子学校附近临时租了一间房子，请老人帮忙照顾其生活。孩子的习惯养成和课程学习由于少了父母的陪伴教育，也不尽如人意，为此，学校老师曾多次与她沟通，家人之间也时常发生摩擦。工作的重担，身体的疲病，内心的焦灼，各种压力接踵而至，王平进入了最难熬的"至暗时刻"。

时隔两载重温那段经历，当我问及如果再给一次选择的机会，她是否还会义无反顾地参与到十四运会的筹备工作中时，王平坚定地坦言："有重来一次的机会，我还是会坚持自己的想法，积极参与十四运会的工作！"王平是投身十四运会筹备工作的成百上千名党员干部的一个缩影，当国家有号召、人民有需要时，千千万万个"王平"会毫不犹豫挺身而出，贡献出自己那份微薄却坚实的力量。

利剑玫瑰，拧绳共克苦与艰

筹办综合性赛事的过程中，注册报名往往是比较烦琐的环节，而新冠肺炎疫情则进一步增加了这项任务的难度。受疫情影响，兴奋剂检查官的选派名单难以确定，在敲定之后，一部分检查官又因为防控需要临时更换，一连串的变动导致注册时间截止的前一天仍有大量的信息核对工作要做。兴奋剂检查官注册报名事项主要由同事刘璐负责，王平见刘璐忙得焦头烂额，就主动帮助她开展信息核对工作，发现报名信息有误便及时打电话联系确认，那天综合处的三名"女兵"一直战斗到凌晨一点多。

赛事进行阶段，反兴奋剂工作运行指挥中心技术官员和西安市各竞赛场馆的兴奋剂检查官先后有120余人入住锦江国际酒店，迎送和人员入住期间的服务保障工作也由综合处全权负责。由于疫情防控需要，从外省到西安的技术官员必须由专人负责闭环接到入住的酒店，接送任务多的时候，她们连口水都顾不上喝，但是她们任劳任怨，圆满完成了任务。

需要分发的兴奋剂检查官服装共有300多套，因为人手有限，三人再一次并肩战斗。因为没有可存放服装的仓库，她们只能就近在陕西体育宾馆一楼大厅发放，为不干扰宾馆的正常秩序，所有的服装必须在一天之内清点分发完毕。而这些服装里，有的需要在西安直接发放，有的则需要寄送至北京或赛区。送货司机只有一人，为节省时间，三人主动帮司机卸货搬运，几十斤重的箱子如山一般堆在那里，她们挨个清点核对数量尺码，避免任何疏漏。从早上一直忙到下午四点多，才终于有了喘息之机，囫囵吃了口饭。

回顾参与筹备的日子，其实每天的工作都稀松平常，但每个步骤都环环相扣、至关重要，任何一个环节出差错，都会影响整个赛事的圆满成功。对王平来说，她始终严谨细致、竭尽全力，以“功成不必在我、功成必定有我”的境界，把自己的本职工作做到极致。也正是这一个又一个“王平”的平凡坚守，十四运会终于好评如潮。

在王平身上，我看到了一股野蛮生长的韧劲儿，她仿佛山野里向下扎根、向上生长，拥抱一切风雨的野草，并不招摇，却在目之所及处，将碧色铺尽。接触下来，她从不自我夸功，总是习惯将组织和团队放在个人之前。低调是她的本色，干练是她的风格，一步一脚印的踏实与勤恳，灌注在她投身工作的每一个日夜。数百个披星戴月的日子里，她从不喊苦，也不喊累，积极昂扬，乐观向上，与同事心往一处想、劲往一处使，汇聚起团结奋斗的强大合力，书写出无愧时代的青春答卷。

十四运会的成功举办，为陕西磨砺、培养出了一批经得起考验的党员干部。毫无疑问，王平在这场漫长的考验中，已然从韧性十足的野草，蜕变为更绚烂傲然的利剑玫瑰。

平凡不凡，星火燎原川汇海

根据工作安排，赛事进行阶段，兴奋剂检查样本的传送对接工作主要由王平负责。按照以往的全运会惯例和经验，为了保证兴奋剂检查样本的安全和保密，都是以人工传送为主。但疫情背景下，考虑到人工传送存在较大感染风险，经组委会与国家体育总局沟通对接，临时将人工传送改为由物流冷链传送。这一变动彻底打乱了之前的规划安排，传送方案也需要重新制订。为保证兴奋剂检查样本传送的时效性和安全性，从挑选冷链企业到应急采购，从场馆到反兴奋剂运行指挥中心，从运行指挥中心到北京实验室，传送的每一个环节都面临着前所未有的巨大挑战。

此时，比赛已经进入倒计时，时间紧、任务重、要求高，形势严峻异常，面对这项艰巨的挑战，王平展现出一名党员干部的使命担当。她积极主动与国家体育总局反兴奋剂中心、冷链物流公司及各竞委会对接，不放过运输过程中的每一个细节，最终确保了十四运会 3300 多例兴奋剂检查样本安全传送至北京兴奋剂检查实验室。

2021 年 9 月 27 日，十四运会正式落下帷幕，真正实现了“圆满成功”举办的预期。闭幕不久，反兴奋剂工作部就收到了国家体育总局反兴奋剂中心和一些竞委会的感谢信。但对于像王平这样默默无闻的工作者来说，十四运会闭幕绝不意味着工作的结束，荣光与热闹过后，她们要站好最后一班岗，协助部室妥善完成后期收尾工作。

2021 年 12 月 30 日，距离陕西获得申办全运会资格已经过去整整六年，也是王平承担十四运会筹备工作的最后一天。新的一年即将到来，直到返回原单位的前一晚，她依旧在认真践行着作为十四运会工作者的使命担当。看着与同事携手奋战过的战场，回顾起往昔的 500 多个日夜，有开心，有疲惫，有辛酸，也有骄傲，但最终获得的，是激动之后的沉淀，是恢复心绪之后的平和从容。

诚如前文所言，王平不是喜好居功之人，哪怕我有意追问，她也一直避免述说工作中的辛苦劳累。在她看来，参与到十四运会筹备工作中的成百上千的工作人员，

都向着共同的目标与时间赛跑，自己不是最特别的那一个，也不是最累的那一个。相较于叫苦喊累，她更乐意谈工作中的体验与经历，说起那段共同经历过的时光，提及那段曾亲眼见证过的岁月，她的眼睛发亮："全国9000多万名党员汇成奔涌的大河，我只是其中的浪花一朵，为十四运会忙碌的工作人员成千上万，我只是其中普通的一分子，为全运会添彩不添乱、添彩不添堵、添彩不添丑，永葆初心，牢记使命。为十四运会忙碌的560天，是我人生最难忘的一段经历，也是我作为党员的责任与担当。"

作为首次承办全国运动会的西部省份，陕西的十四运会筹办经验至关重要。借着十四运会的这股东风，陕西迎来了展示全民健身事业和发展成果的重要契机。以江河沿岸滩地为资源，"两河、两江、两道"六大全民健身工程有序推进。其中，仅渭河沿岸全民健身长廊，就惠及周边百姓超过 200 万人。健身场地和设施遍地开花，生活中的体育因子跃动不息。而对于省内党员干部来说，这场跨度六载的长线筹备更是一次烈火淬炼，未来，他们将在践行初心、担当使命的新征程中竭尽全力，不断为党和人民争取新的更大光荣！

结语

“全民全运、同心同行”，十四运会是一场举国瞩目的体育盛会，数万体育健儿会聚陕西，发扬顽强拼搏的优良传统，诠释着“使命在肩、奋斗有我”的责任担当；全民健身热潮涌动，陕西也在新时代的征程上展开了一幅全新的画卷。只是当所有的灯光都聚焦在运动健儿身上时，我们也不该忘记，那些甘于平凡、默默付出、六载磨一剑的筹备组工作者们，他们在幕后毫不懈怠，无私奉献，践行着“请党放心、强国有我”的铮铮誓言。

十四运会并非终点。未来，他们也必将持之以恒地继承弘扬伟大建党精神，积极响应伟大号召，在实现第二个百年奋斗目标新的赶考之路上紧密团结在以习近平同志为核心的党中央周围，牢记空谈误国、实干兴邦，坚定信心、同心同德，埋头苦干、奋勇前进，为全面建设社会主义现代化国家、全面推进中华民族伟大复兴而团结奋斗！

开拓和传承并举 全运与残运齐盛

高　双

最美长安四月天

晨光熹微，轻风含笑，杨柳垂下万千丝绦，四月的长安城宁静与喧闹完美并存，隆重迎接春的到来。橘色与青绿掩映之下，一抹矫健的身影行走在庄重典雅的省政府大院，他就是此次访谈的主角——陕西省残疾人联合会办公室副主任陈宗涛。

只见他面带微笑，疾走而来，一件样式再简单不过的深灰色夹克穿在他身，有一股飒爽利落之风。我怀着崇敬之心快步上前，与陈宗涛握手寒暄，他甫一开口，便给人温和亲近之感，乍然消减了我内心的一点小紧张。

三个多小时的访谈在温馨和谐的气氛中接近尾声，陈宗涛的侃侃而谈、爽朗笑声皆给我留下了极深刻的印象。

从昔日飒爽空军到如今残特奥会筹办工作的骨干，无论是学习理论还是勇敢实践，陈宗涛一步一个脚印，走得踏实甚至沉重。

访谈顺利结束后，陈宗涛将我送到电梯门口，再三挥手道别，与我互道珍重。临行之前，回看掩映在庄重色调中的省政府大院，我再次深刻意识到：有陈宗涛这样一大批先锋力量，他们信念强大，自觉担负起体育界的时代使命，大刀阔斧开拓新事业，将优秀品质身体力行传递给下一代，开拓与传承共同助力。正是因为有他们的存在，长安城的四月天才能一如眼前这般美好恬然。

双运齐行行路难

中华人民共和国第十四届运动会于2021年9月15日至9月27日在陕西举行；中华人民共和国第十一届残疾人运动会暨第八届特殊奥林匹克运动会同年在陕西举行，这是中国体育史上全运会和残运会首次在同年、同城举办！

这是一个震撼全省人民之心的好消息！也是一个充满无数未知的极限挑战！对陈宗涛和他的工作团队来说，“筹办、举办全国性质的体育赛事，这在陕西省是一次开山之举，于省体育事业来看是头一次，于省残联体育事业来看更是史无前例的第一次……”

早在2019年年初，省残联就在年度工作要点中着重指出：汇聚全省残联系统之力，紧紧围绕“办赛精彩、参赛出彩、发展添彩”这一宗旨，全力以赴配合做好全国第十一届残运会暨第八届特奥会各项筹办工作。

在紧锣密鼓的筹备工作开始之际，制订陕西省筹备工作总体方案、细化任务措施、重点推进各比赛场馆（场地）及周边环境的无障碍建设和改造，带动各承办地乃至全省为残疾人提供可选择、便利化、参与无障碍的基础公共体育服务；彰显陕西特色，协助做好全国第十届残运会暨第七届特奥会闭幕式接旗仪式；把握时间节点，开展面向全国的主题宣传口号、会徽、会歌、吉祥物、火炬设计方案的征集；挖掘各地运动员资源，采取全省选拔、定向委托、省际合作等多种途径，培养各项目参赛运动员，巩固优势项目，提升潜在项目，填补空白项目……便成了需要陈宗涛和他的工作

团队沉静下来，一件件、一桩桩去完成的任务。

1300 个废寝忘食的日夜，对常人来说难免漫长而又难挨，但提及那些时日，陈宗涛一笑而过，言语之间尽显风轻云淡，只有当我问起筹备期有没有令他难忘的事情时，陈宗涛向我提起了他印象最深的两件事。

“残特奥会与全运会首次同城同期筹办，没有任何现成经验模式可循，每前进一步都是一种全新的尝试与探索。残特奥会筹备工作总体方案的出台，就成了筹办之初最为紧迫的工作任务。总体方案起草之际，残特奥会筹办采取什么模式机制、如何与全运会既有联系又有区分、各部室和各部门的职责任务如何划分、项目如何设置、场馆如何安排等问题摆在了我的面前。为了做好规划，我先后赴中国残联，以及北京市、天津市和广东省、浙江省、四川省、福建省等那些已经成功举办过残奥会、亚残运会、残运会、特奥会的省份的残疾人联合会学习取经，归来之后学习资料堆得像小山一样高，为了更好地区分筹办工作职责和任务，我与 40 多个省级部门和各市区联系沟通，先后征求了 4 轮意见建议，好在最终达成一致意见……”

听到此处，我仿佛看到了那个坐在灯下一页一页翻看资料，一坐就是几个小时的身影。勤奋好学、砥砺前行是陈宗涛当时状态的真实写照。2019 年 12 月，经过不懈努力，《全国第十一届残运会暨第八届特奥会总体工作方案》以省委办公厅、省政府办公厅名义印发，为残特奥会安全顺利筹办绘制了蓝图，为助推实现精彩圆满办赛目标做好了整体规划和顶层设计，也预示着残特奥会筹备工作迈出了极其重要的一大步。

回忆到此处，陈宗涛脸上浮起一抹欣慰的笑。

第二件事则是制定各类指导性文件，陕西省举办残特奥会，意味着一个新兴部门——省残联体育部即将应运而生。这会涉及部门融合、人事融合，所有人都明白，这将是一次披荆斩棘的艰难开创。

意识到筹备初期工作进展还存在诸多难题后，陈宗涛主动放弃休息时间，加班加点，再次认真学习从中国残联和兄弟省市收集汇总的工作资料，按照时间轴倒排工期，利用一个月时间，梳理出残特奥会筹办 62 个大项、527 个小项、136 项重点任务。他抱着谦虚求学的心态，积极与中国残联体育部、中国残疾人体育运动管理中心和部分省（自治区、直辖市）残联的同志取得联系，最终制定出一份详尽的“筹备工作任务清单”。随后，陈宗涛又牵头制定了《竞赛组织工作运行手册》，为所有工作人员指明工作方向，确保了各项工作有序开展。

“那段时间，晚上 11 点后回家是常事，好几次回到家已经凌晨 2 点，家里人都睡了，只能蹑手蹑脚回房抓紧时间休息几个小时，然后爬起来再干。累是累了点，但现在想起来，或者以后想起来，会有一种很振奋人心的感觉。我们心里都很清楚，这件事做成了，对我省、对我省人民，尤其是对我省残疾人朋友，意味着什么……这是一件大事、强事、盛事！”

素闻陈宗涛做事雷厉风行，近距离交谈后我才发现，他说话的语调总是平和似水，不慌不忙，不急不躁，看淡困难，波澜不惊。唯有那双眼，集聚了一汪湖，在回顾已然成为历史的那 1300 个日日夜夜的时候，才泛起一层层涟漪。

双运并行行路难，多歧路，又何妨？

有他们在前开路，必然是长风破浪会有时，直挂云帆济沧海！

披荆斩棘同行人

随着陕西省残疾人联合会体育部的成立和全国第十一届残运会暨第八届特奥会的成功举办，一批以陈宗涛为代表的专业人员，组成了一支乘风破浪的战队，为残疾人朋友在体育事业上的发展施以更专业的指导和帮助。

从非专业人员到工作人员

鲜为人知的是，最初一批筹委会工作人员是从各部门和单位抽调借调的，大部分人员从未接触、从事过体育和残疾人工作，对体育工作的规律、业务知识等不熟悉、不了解。但即使是专门从事体育工作的人员，对残疾人工作和残疾人体育的价值理念、特殊要求、工作特点和残疾种类多样性等也知之甚少。人员少、任务重、压力大，层出不穷的问题摆在面前，陈宗涛为此可谓是跑断腿、磨破嘴，多次与相关部室进行沟通，晓之以理、动之以情，终于得到了来自各方的理解和支持。有了工作细则的指导，来自各个部门的非专业工作人员通过自身不断学习和不定期参加商讨会，工作逐步走上正轨。

经过多次培训的工作人员，在残特奥会比赛期间，一个比一个专业，人员自身业务能力的提高确保了后期各项工作的顺利开展。

如今，残联体育部正式成立，且已成长为一个系统完善、蓬勃发展的独立部门。

除此之外，陈宗涛还欣喜地提到，早在前几年，省残联就为热爱写作的残疾人朋友成立了残疾人作家群，定期召开座谈会和学习会。相信用不了多久，将会有更多的残疾人朋友登上文坛，用纸笔书写自己的故事，书写那次振奋人心的残特奥会。

从特殊群体到专业运动员

截至 2022 年，我国残疾人总数超过了 8500 万人，这也就意味着，每 100 人当中就有 6 个以上的残障人士。他们虽默默无闻，却是最不可被忽视的群体，也是最值得我们关爱和关注的群体。残疾人体育事业其实早在很久之前就受到了来自政府、社会各界的关注和支持。

从 1984 年开始，中国正式举办全国残疾人运动会，迄陕西承办残特奥会为止，我国已成功举办了 10 届全国残疾人运动会，每四年一次的综合性全国残疾人运动会逐渐拥有了完善的制度和不容小觑的关注量，越来越多拥有体育天赋的残疾人朋友成长为驰骋竞技场的专业运动员。

“不管是身体残疾人，还是智力残疾人，都有自己的尊严、自己的价值、自己的潜能和自己的前途。”对于这句话，陈宗涛颇有感慨：“记忆最深刻的是渭南初赛选拔那场，当时给我的震撼是很大的，从他们身上，我看到的是一种健全的、积极向上的体育精神。看到他们在选拔赛场上奋力拼搏、尽情挥洒汗水、享受成功的喜悦，我们发自内心地为他们鼓掌、为他们欢呼……他们很强！”

举办残疾人运动会和特殊奥林匹克运动，就是为了让残疾人超越自身的缺陷，锤炼意志品质，开发技能技巧，向人类生命的潜能发起挑战，充分展示他们的创造力和潜在价值，陶冶情操，增强他们的信心和勇气，维护残疾人平等参与社会生活的权利。基于以上宗旨，组委会特意制定了 21 条宣传口号，积极宣传组委会筹备进程，并及时向社会公布。

“在残特奥会运动员选拔工作这一块，我们力求精细、精细再精细，摸底填表，登记运动员基本信息，进行初选、复选、集训后再选，在选人这一块除了要步骤严谨之外，也要给予运动员们足够多的参选机会。在集训这一块，我们选择最专业的教练团队对运动健儿进行赛前培训，委托培养、升级合作，我们要不遗余力地将每个有运动天赋、竞技梦想的残疾人朋友推上残运会这一盛会舞台。”

从渭南赛前初步选拔开始，经过层层选拔、艰辛训练，最终有 4484 名残疾人运动员在全国第十一届残运会暨第八届特奥会中将汗水化作赛场上的热情，共同谱写了新时代我国残疾人体育事业的璀璨华章。

从大学生到双运会志愿者

开赛在即，组委会面向社会发布《第十四届全国运动会第十一届残运会暨第八届特奥会赛会志愿者招募公告》，在70所授权高校启动赛会志愿者预招募工作，正式开通招募咨询热线。最终，组委会顺利完成十四运会和残特奥会赛会志愿者招募工作，据统计，赛会志愿者报名申请人数远远超过组委会预期！

“志愿者中绝大部分是大学生，来自不同的大学，但都抱着同一个目的，就是为十四运会和残特奥会提供志愿者服务。他们有着一张张青春洋溢的脸，有着一颗颗热情善良的心，见面就喊我们‘老师’，做事不懂就问，很是勤奋好学，后来我们也确实成了师生关系，毕竟在志愿者服务这一块，有很多细节还是需要我们现场教学，我们教得耐心细致，他们学得又快又好。”

在采访中，陈宗涛提到，残特奥会志愿者所要承担的志愿服务更烦琐更精细，这就要求志愿者在最短时间内快速成长起来。

所以，为了能让志愿者尽快进入工作状态，他们精心挑选了几名干事担当“志愿老师”，为志愿者随时随地提供指导和教学，教会志愿者如何在比赛场馆协助进行观众引导、秩序维持等服务，如何到各参赛代表团（队）负责联络工作、为组委会各部门提供专业性的志愿服务，如何在新闻中心为各部门提供资料查询服务以及如何提供场馆应急服务和组委会指定的临时应急性服务。

赛事期间，大学生志愿者不厌其烦地往返于各个需要提供志愿服务的地方，他们穿上统一服装，因为一场千载难逢的体育盛事而拥有了一个共同的名字——十四运会志愿者。有大学生志愿者在接受采访的时候笑着说道：“不一定需要相识，不一定非要知道彼此的名字，一个眼神的交会也能给予我们勇气和信心。”正是因为有了这样一批年轻而又充满干劲的大学生志愿者，残特奥会才得以更为顺利地举办。

来自各个部门的工作人员、来自各个地方的参赛运动员、来自各所高校的大学生志愿者，他们从不同方向奔赴而来，为了促成残特奥会的圆满成功，在陈宗涛工

作团队的关怀和指导下快速成长，自觉化身为披荆斩棘的同行人，聚成一团火，温暖众人心。

长江后浪推前浪

2021 年 10 月 22 日，中华人民共和国第十一届残疾人运动会暨第八届特殊奥林匹克运动会开幕。2021 年 10 月 29 日，中华人民共和国第十一届残疾人运动会暨第八届特殊奥林匹克运动会在西安奥体中心完美闭幕。

本届残特奥会共有来自全国各地的 4484 名残疾人运动健儿进行了 43 个大项 47 个分项的角逐，共破 36 项世界纪录，创 179 项全国纪录。至此，残特奥会历经漫长

时间的筹备和应战，终于画上了一个圆满的句号。

“残疾人本身就是一个声势微弱的群体，很多时候他们都艰辛地生活在自己原来那个相对来说比较狭隘、缺乏温暖和关注的圈子里，好不容易登上残特奥会这样的舞台，当然要得到最多的关注。所以我们特别关注比赛期间的官方宣传，除了官方账号及时发布比赛日程之外，我们还积极发动工作人员运营短视频账号，记录运动健儿们在赛场上的精彩瞬间，制作成小视频集锦发布。这个方法很不错，收获了来自社会各界人士的关注和点赞，这是对残疾人运动员的鼓舞，也是对我们工作的肯定。”

2021 年比赛期间，陈宗涛和他的同事们索性就地为家，打了一夜又一夜的地铺，那段时间吃喝住行几乎都在工作场地简单解决。“当然会有人想家，但要配合的嘛……正式比赛期间，每天都要组织赛程、裁判、场地、选手，这些环节一个都不能马虎，

必须打起精神来做好了。”聊到这里的时候，我已经记不清他说了多少次因为工作晚回家甚至是不回家，接连两周多每天草草在工作场所凑合着休息几个小时。

陈宗涛告诉我他有一个正在读初三的女儿，接下残特奥会这份沉甸甸的工作就意味着肩上担负起了一份万众瞩目的时代责任，过程不免辛苦，但他无怨无悔，唯一觉得歉疚的地方是工作太忙，无暇过问女儿的学业。

“她每次打电话问我什么时候回家的时候，我都惭愧地笑笑，但是工作是做不完的，还有一个接一个的难题等着我们去解决，好在我的女儿比较懂事，她很支持我的工作，不多追问，反而叮嘱我一定要注意休息。”

虽然陪伴孩子的时间有限，但陈宗涛也有自己独到的陪伴方式。

在残特奥会进行期间，陈宗涛只要有时间有机会就会带着女儿到现场去观看比赛，在这之前，陈宗涛也曾带女儿去别的省份观看过残疾人运动会。“我就是希望通过这种方式，让她明白她爸爸从事的是一份怎样的工作，同时让她能从中汲取到一种特殊的精神力量：残疾人运动员只是身体构造有所缺失，心智和正常人没什么两样，某些方面，他们比正常人更优秀。”

陈宗涛是一名退役军人，作风严谨，意志力坚定，双运会同城举行虽然是一次开拓之举，但陈宗涛毫无退缩之意，在困难面前一次次迎难而上，颇具开拓进取精神。

我敏锐地注意到，在交谈的过程中，每当提及大学生志愿者和带着女儿去观看残疾人体育赛事的时候，陈宗涛眼里总是闪烁着一种特别耀眼的光芒。作为一名普通高中教师，我特别能感同身受，在陈宗涛眼中我所看到的是那种家长和教育者兼有的光芒。

“大学生志愿者是一项很有教育意义的工作，这对前来参加志愿者服务的大学生们来说，会是一个终生难忘的美好记忆，我觉得他们不仅仅是在为全省赛事提供志愿者服务，同时也在志愿工作中学习和收获。有志愿者在观看残疾人运动员比赛的时候不禁潸然泪下，说道：‘我真的很感动，从他们身上，我能看到一种和命运顽强抗争的精神，他们用自己的汗水和泪水勇敢改变了自己的命运轨迹’……你看，这其实就是一种不用多说也效果斐然的教育。”

听完陈宗涛这段话，我不禁和他一起陷入了沉思，与其说是大学生志愿者辅助成就了全运会的竞赛，不如说全运会带给他们的是一种传承之光。

“我女儿目前在上初三，学业比较繁重，不过只要有时间，我都带她去做一些力所能及的残疾人公益服务，孩子自己也很乐意接触这类志愿服务，我想让她在实践活动中明白，这个世界上还有很多弱势群体需要我们的帮助，而幸运的是，她的爸爸正好从事的就是这么一份工作。”

身为老师，我见过太多家长发愁怎么才能让子女明白自己职业的意义和辛苦程度，从而激励子女好好学习，成为国家的栋梁之材。无须多言，陈宗涛这种方法，已然为当代家长提供了一种范本。

采访到这里，已经接近尾声，我缓缓合上笔记本，向陈宗涛抛出最后一个问题以作结尾："请您用几个关键词组概括一下您对省残联体育事业或者是体育教育事业的展望。"

陈宗涛略一思忖，一字一顿说道："开拓、传承、全面开花。"

激流奋进，开拓全新的残联体育事业；代代相传，传承双运会体育竞技精神；愿陕西省在成功举办双运会后乘胜追击，各项事业蓬勃发展、全面开花。

陈宗涛在心中织就的所有美好愿景化作八个字。

我珍重地将写满采访实录的本子装进包里，再次鞠躬。

"谢谢您，陈主任。"

谢谢。

长江后浪推前浪，一代更比一代强。

汹涌壮阔的后浪，少不了前浪无私地奋力一推。

一代人有一代人的使命，一代人有一代人的长征。

我相信，有振奋人心的残特奥会在先，有陈宗涛这样的榜样人物在前，新生代力量定会自觉扛起肩上大旗，心怀抱负，勇担使命，用青春与梦想，为陕西省残疾人体育事业谱写新的华章。

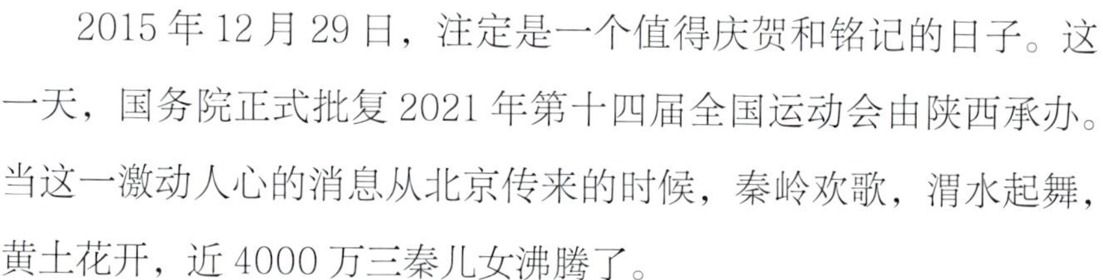

甘在幕后　乐于奉献

王　琪

2015 年 12 月 29 日，注定是一个值得庆贺和铭记的日子。这一天，国务院正式批复 2021 年第十四届全国运动会由陕西承办。当这一激动人心的消息从北京传来的时候，秦岭欢歌，渭水起舞，黄土花开，近 4000 万三秦儿女沸腾了。

第十四届全国运动会是全运会首次由东部发达地区走进中西部地区，也是在建党一百周年、全面建成小康社会的重要历史节点，国家在陕西举办的一次重大标志性活动，对于推动陕西省体育事业和体育产业全面发展，打造西安国际化大都市和内陆改革开放新高地、融入“一带一路”建设、实现追赶超越发展具有十分重要的历史和现实意义。

举办综合性运动会需要承办单位投入大量的资金和物资，通过市场化手段和商业化运作，以赛会资源和权益让渡获取资金、物资和服务支持，这已是通行做法和国际惯例。随着我国改革开放的不断深化和市场经济的深入发展，全运会的办赛模式由政府全额拨款模式转变为由政府主导、进行市场化运作的模式。

十四运会市场开发启动以来，在组委会的坚强领导下，市场开发部全体同志共同努力，面对疫情重压，克难攻坚，逆势而上，超额完成预期目标任务，为赛会成功举办提供了充足的资金、物资和服务保障，进一步提升了全运会的品牌价值，实现了经济效益、社会效益和办赛效果共赢。王鹏——一个普普通通的体育工作者，因为市场开发推进工作，而和十四运会紧紧地联系在了一起，这段难忘的工作经历，成为他珍贵的记忆。

漫漫求索路

随着十四运会各项工作陆续展开，一个忙碌的身影渐渐为大家所熟知：十四运会组委会市场开发部市场推进处处长王鹏。

依照之前约定的时间地点，我有幸第一次走进陕西省体育局大门，但见楼顶上“体育强则中国强 国运兴则体育兴”14 个深红色大字分外醒目。体育，始终与国家发展融为一体，始终与民族命运休戚与共。换句话说，体育是国家强盛的一个标识，是民族凝聚力的一个象征。

因为这次采访，主要想和王鹏交流、探讨一些有关十四运会市场开发方面的问题，所以，我的脑海里一直反复出现“营销、客户、资金、利益”等关键词。怎么理解市场开发，怎样破解期间遇到的一系列难题，如何实现利益最大化，进而获得双赢，在我看来好像是一个既不明确、又不成形的模糊概念。

据王鹏介绍，我国运动会的市场开发起源于 1987 年在广州举办的第六届全运会。但最早以市场开发来运作的运动会，是 1984 年的洛杉矶奥运会，他们采取的是打包权益对外销售的方式，包括电视版权、特许权、特殊标志使用权等，从而保障了举办奥运会的资金。这种商业模式注入奥运体系，目的就是通过激活赛会的自我造血功能，实现自我发展。

陕西第一次承办规模如此庞大的运动会，面临的最大的问题，依然是资金的来

源。这是摆在王鹏和同事们面前的一道急需解决的难题，没有充足的资金，一切无异于纸上谈兵。

王鹏不无感叹地说，有段日子他的头脑反复思索这个问题。陕西举办十四运会，因为政府投入的资金有限，根本不能满足运动会上的各种需求。这个时候，就需要市场开发部去考虑，怎样利用运动会的无形资产，在市场上拉赞助，比如以招商、开发等形式，解决最核心的经费问题。

对于十四运会市场开发这项工作，在陕西体育界工作多年的王鹏也有点茫然，不知如何展开，但他与驻会的同事们很快捋清思路，企望早点打开局面。

他叹了一口气说：“不做这项工作不知道有多难，那是意想不到的难！”

但他深知，自己部门行动越早，企业介入就越早，双方就越早得到回报。为避免犯“醒得早、起得晚”的通病，做到有的放矢，不盲目行事，市场开发部通过招标引进了专业机构，和他们一起做策划，寻找最佳营销方案。

王鹏回忆说，筹委会市场开发部成立以后，他们一行先后前往天津、福建、杭州和武汉调研学习了第十三届全运会、第一届青运会、第十九届亚运会和第七届军运会的市场开发工作。这些大型综合性运动会的市场开发模式各有不同，但天津全运会、武汉军运会和杭州亚运会的成功做法给他们提供了宝贵经验和可供借鉴的思路。

市场开发部是筹委会成立时第一批设立的 12 个部门之一，省体育局是牵头部门，负责协调联络省商务厅、省国资委和省工商联共同推进工作，每个部门都有相应的处室对接。

2019 年 4 月，省委组织部抽调干部驻会集中办公后，市场开发部在前期工作的基础上，结合我省和筹委会现状，提出“政府主导、市场运作、政企合作、规范管理”的运作模式，同时参考借鉴武汉军运会市场开发的模式，向筹委会提交了引进企业合作市场开发的议题。

市场开发工作遇到最主要的问题是十四运会营销周期不长，给企业的宣传时间较短。同时，筹委会的工作还没有全面展开，赛事组织的学习过程不停地挤压可开发利用的“时间资源”。王鹏和同事们通过学习、调研和思考，认识到全运会市场开发是一项复杂的系统工程。市场开发涉及筹委会的各项工作，企业所获运动会权益兑现需要各部门特别是各市执委会的配合才能落实。而市场开发工作又必须具备很高的专业水准从而规范工作，加强开发效果，不断增强吸引力，激发优质企业参与的热情。

王鹏一边处理手边工作上的事，一边对我津津乐道：“组委会市场开发部主要负责十四运会的赞助、特许商品经营、票务运行和公益捐赠四大块业务。”经他这么一介绍，我对他所在的市场开发部工作职责范围，瞬间有了清晰的轮廓。但我觉得还不够具体，我主要想通过他和他们团队，搜集一些值得追溯、令人难忘的工作细节。

敢问路在何方

“我们也是在学习中摸索，在摸索中前进；在逆境中寻出路，将危机化为转机。”王鹏告诉我。

2019 年 10 月 29 日，十四运会市场开发计划发布会在西安举行，标志着赞助征集、特许经营、票务运营、市场推广等市场开发工作全面启动。仅仅过了两个月，2020 年年初，新冠肺炎疫情突然来袭，对全社会造成了巨大的影响，也使得市场开发的内外环境发生了巨大的变化。陕西是西部地区第一个承办全运会的省份，企业本来就对赞助全运会信心不足，疫情暴发让刚刚起步的市场开发工作更是雪上加霜，步履维艰。经过大半年的努力，几经波折，虽然签约了五六家赞助企业，但是体量都不

大，而且基本都是物资类项目，比如服装、饮用水、乳制品、器材，到“9·15”倒计时一周年的时候，签约赞助金额远未达预期。市场开发可以说是出师不利，形势非常严峻。

为了尽快扭转被动局面，“9·15”倒计时一周年之后，市场开发部在对前期工作进行全面梳理的基础上，转变思路，创新机制，决定在巩固原有服务商渠道的基础上，通过大力开发省内企业、实施省市联动、强化社会推广，建立“四轮驱动”的市场开发新模式。

2020年11月25日，省政府分管领导主持召开组委会专题会议，就落实市场开发推进计划进行了部署，进一步明确了市场开发部各成员单位职责任务，提出要主动作为，多措并举，发挥职能优势，切实做好省内企业赞助征集工作，为省内重点企业展示形象、扩大品牌影响创造机会、提供平台，展示陕西优秀企业的担当精神和良好风貌，展示陕西经济社会发展的新成果，本次会议成为市场开发工作取得突破的转折点。

在组委会的统筹领导下，市场开发部与省商务厅、省国资委、省工商联、省地方金融监管局等单位密切协作，一场以省属企业推介、省市联动、社会推广为重点的战役集中打响。各单位先后召开了国企系统专题推介会、重点外资外贸企业赞助征集座谈会、省内重点民营企业赞助征集座谈会、在陕金融机构赞助征集座谈会，宣讲十四运会和残特奥会市场开发政策，动员企业积极参与。组委会有关领导通过会见洽谈、上门拜访等形式，与重点企业负责人见面，强力推动工作开展。市场开发部加大工作力度，紧盯目标企业，预约上门、实时催办，时刻与企业保持联络，确保对企业内部上会、研究、报审的情况了如指掌。每周开两次小组碰头会，强化分析研判，制定对应措施，一企一策，分类推进，确保天天有情况、周周有进度。同时，按照自主开发企业征集流程与工作机制，做到“成熟一批，上会一批”，对企业的赞助方案进行集中研究。

在各方面的积极努力下，市场开发从初步启动、艰难推进到关键突破，最终实现圆满收官。

在市场开发收入中，VIK（现金等价物）涵盖了场馆保障、赛会服务、器材、服装等，其中场馆保障类主要涉及通信保障、电力保障、临建搭建、物业服务；赛会服务类主要涉及票务服务、食品饮品、物流仓储等；器材类主要涉及各竞赛项目器材保障；服装类主要涉及运动服和正装供给。这些赛会必需的物资和服务，基本通过企业赞助解决，充分贯彻了紧扣需求、开发优先的基本原则，最大限度地节省了办赛经费。

敢勇当先

王鹏介绍，十四运会的市场开发工作与筹办工作有着千丝万缕的联系，对外业务上需要争取有关部门支持，还要面对市场上的企业、团体和自然人。对内要协调全运会上上下下的各项资源，要在筹委会各部门、各执委会和项目竞委会的大力配合下，才能做好市场开发工作，哪一个环节都不能出纰漏，否则会对十四运会本身和举办单位造成不良影响和不可挽回的经济损失。

市场开发工作各个时段的中心任务和重点工作各有不同，部内各处在不同时段的工作分量和投入力度也有差别。但市场开发是一个完整的工作体系，有分有合、紧密相连。在市场开发推进过程中，部门根据各个阶段的重点任务，采取灵活的工作机制。比如在倒计时200天后，也就是2021年3月，坚持职能强化与目标引领相结合，聚焦开发重点，优化人员配置，采用“五个处室+三个工作组”的“五纵三横”矩阵架构，全力推动赞助任务完成。在倒计时100天，赞助征集取得决定性成果之后，2021年6月成立9个工作组，将重心转移到赞助执行、权益保障、票务运营等方面。为了做好赛时工作，2021年8月成立7个工作组，圆满完成现场保障、企业接待、开闭幕式、门票安排等计划任务。实践证明，在市场开发工作中采取的“四轮

驱动”模式、矩阵式组织架构、阶段性计划推进、清单式任务管理等工作机制、工作方法，为市场开发取得成功发挥了积极有效的作用。

和王鹏交流，我忽然想到“敢勇当先”这个成语。这个词出自元代李寿卿《伍员吹箫》第四折：“若不是老相国雄才大略，和鳟诸敢勇当先，岂有今日。”王鹏就是敢于也乐于走在队伍最前面的人。

2021 年盛夏，我有幸应陕西日报社之邀，参加了“文化名人看全运”采风行活动。为期三天的时间，我随陕西文化艺术界知名人士第一次深入十四运会场馆实地采访，全方位了解了十四运会场馆运营、运动员训练备战、全运会信息化建设等情况，

深入挖掘十四运会的文化内涵，充分感受到“全民全运、人文全运、智慧全运、绿色全运、廉洁全运”的办会理念。

在陕西国际体育之窗，我和采风团成员对智慧观赛区的“风暴时刻”展区惊叹不已，并且亲身体验了高科技带来的魅力。72 台相机阵列以半圆形轨迹摆放，通过触发拍摄，瞬间可以获取拍摄范围内人物动作多视角的画面效果。当我们欢呼着纵身跳起的刹那，这些相机瞬时抓住了我们精彩的一幕。

当我提及那次采风，王鹏很高兴地说：“你说的这个，就是我们全运会赞助企业的实力的展现！”

“这种‘智慧观赛’是科技全运的重要体现，给传统观赛模式带来了颠覆性的提升，催生了一种全新的体育互动方式。2021 年 4 月，在西安城市运动公园体育馆举行的十四运会篮球项目测试赛上，首次引入了 5G‘智慧观赛’技术，已经让球迷体验了一把惊喜。”说到这里，王鹏似乎有点小兴奋。

5G“智慧观赛”技术成为十四运会最大亮点之一，也是5G技术首次成规模应用于国家顶级体育赛事。也就是说，观众可通过手机App，在十四运会专区预约相关赛事直播，实在是太方便了。

明知山有虎，偏向虎山行。市场开发部团队不畏艰难，勇于担当，根据工作方案，把各项工作一步一步开展得有条不紊，把遇到的难关一个一个攻克了下来。

此次全运会，为了实现市场运作层面的利益最大化，采取了权益打包对外销售模式，确切点说，就是实行大套餐方式。合作伙伴、赞助商、独家供应商、供应商、协作企业权益各不相同，享受的服务也不同。

据王鹏介绍，从2019年10月发布市场开发计划以来，经过两年努力，赞助征集卓有成效，共签约赞助企业98家，其中合作伙伴7家、赞助商11家、独家供应商22家、供应商10家、协作企业48家。与往届全运会相比，十四运会赞助企业数量和品质均有大幅度提高，包括国内行业巨头、著名体育品牌企业、省属重点企业、省内知名民营企业等，其中世界500强企业达到13家，将全运会的品牌影响提升到了新的高度。同时，残特奥会赞助企业签约20家。

王鹏告诉我，运动会特许商品也达到了宣传效益大于经济效益的效果。组委会引进运营机构，授权开发、销售特许产品，给特许商品贴防伪标签，控制质量。比如吉祥物形象的文创产品，就很受市场欢迎。市场上一旦发现假冒商品，他们会协调市场监督部门去打击查处。

特殊标志是受法律保护的，牵扯到知识产权，对于此类侵权事件，组委会态度是“零容忍”。会徽官宣后，市场上个别商家为了招揽顾客，未经授权许可，擅自把十四运会会徽印在店铺的海报上做宣传，市场开发部得知消息后，迅速协同市场监督部门一起前往处理，责令商家立即停止使用。

通过公开征集，市场开发部确定了十四运会特许运营商、特许防伪服务商、特许服务商。审批第三方合作企业89家（省内73家、省外16家），其中扶贫企业38家，占比 38%。在天猫、京东、微信、抖音商城等平台开设 26 家网店，在全省开设 100 家实体店，同时在 53 个场馆、全运村和媒体中心设置特许商品展示和销售点。举办特许商品旗舰店开业、新品发布、直播带货等推广促销活动 30 余次。累计审核通过特许商品设计 707 件，预计上市销售特许商品 74 万件、价值数百万元。

票务运行工作是十四运会和公众之间重要的联系桥梁，主要包括票务系统建设、门票印制配送、场馆票务运行、门票宣传促销、系统运行维护等工作。市场开发部票务特许处制订出票务总体工作方案和相关政策，包括销售方案、定价方案、“一馆一策”实施方案、票务应急预案等。同时成立票务中心，圆满完成了疫情下的票务组织、销售等工作，创造了全运会票务史上观赛票全额销售无赠票的纪录。

在社会公益捐赠方面，十四运会和残特奥会组委会委托陕西省青少年发展基金会作为 7 家企业和 6 名个人的接受捐赠单位。利用倒计时一周年、倒计时 200 天等重要节点，先后举办赞助企业集中签约仪式、专场签约仪式、企业形象展示等活动 8 次。在十四运会官网、微信及抖音、快手、陕西广电全运频道、陕西群众新闻网、华商网等媒体发布宣传信息。充分利用火炬传递等主题活动，展示市场开发成果，扩大十四运会影响，营造良好社会氛围。

此外，市场开发部在权益保障工作方面也完成得非常扎实细致。按照赞助权益清单和合同约定，全面落实赞助企业各项权益。

铸造团队协作精神

“做任何一件事，只有把个人的奋斗融入集体的事业，才能在集体的成就中体现出个人的价值。而一个优秀的团队也必不可少。因为市场开发部所取得的成绩，单靠一个人的力量注定是无法完成的。”当王鹏说这句话时，我不禁点头认同。

这方面，王鹏认为不得不提从渭南市体育局借调到筹委会市场开发部的王小锋。

从顶层设计规划到具体组织实施，每一项重大活动、每一个重要节点，王小锋都实实在在参与其中，并且全力以赴，冲锋在前。

王小锋到筹委会工作后，牵头起草了市场开发总体工作方案、市场开发计划和赞助企业征集方案，参与制订了特许、票务、权益保障等单项工作方案及资源开发、品牌保护、捐赠管理等一系列指导性文件，制定了内部公文收发、例会、档案管理等规章制度。为了提高工作的计划性和系统性，王小锋积极领会领导意图，充分发挥参谋助手作用，牵头起草了市场开发工作推进计划、市场开发工作推进方案、百天工作推进计划、赛时工作推进计划等阶段性工作计划，通过以上计划的制订、实施，加强系统谋划，使各项工作有章可循、有序推进，得到组委会领导的批示和肯定。

一分耕耘，一分收获。通过在市场开发部的工作经历，王小锋不仅熟悉了大型综合性运动会市场开发的基本运作，增长了业务才干，而且从部室领导和各位同事身上，看到了许多优秀的品质，学到了许多好的工作方法。两年多的时间，王小锋奔波在渭南、西安之间，每周的开始或结束都要在公交、动车、地铁之间转换。仅在西安的住处，就换了四个。面对琐碎繁重的任务、生活上的不便以及工作中的困扰，支持他坚持下去的是领导的期望、同事的鼓励和内心的信念。在疲惫、迷茫或者焦躁的时候，他一再告诉自己，选择了就要坚持，一定要有始有终，认真做好该做的事情，努力去做更多的事情。

在驻会副部长魏铁平身上，王鹏则深切感受到了“老骥伏枥，志在千里”的勇气。他介绍，魏铁平虽已临近退休之年，却依然保持着旺盛的工作热情和高昂的战斗意志。他作风扎实，雷厉风行，带头跑企业，三天两头汇总情况，加班加点研究、整理材料。在他的以身作则影响下，大家不敢有丝毫懈怠。

作为一位有 36 年党龄的老党员，魏铁平对党始终怀有深厚的感情，非常注重政治修养，总是充满正能量，他教导年轻人要深化对党的认识，树立正确的世界观、人生观和价值观，与大势同向，与团队同行；鼓励青年人加强学习，提炼思想，汲取营养，在个人成长过程中，要扮演好不同的角色。

而在市场开发部推广处处长胡宏斌身上，体现了“老黄牛”的工作作风。胡宏斌原来在省电视台从事技术工作，对行政机关的程序不太了解。年过半百的他不耻下问，虚心请教，一点一滴从头学起。为了筹办签约仪式，与各方面反复沟通，人名、企业名、排序、流程，过了一遍又一遍，常常整理材料到晚上十一二点。几次活动搞下来，从最初的火烧火燎、捉襟见肘，到从容不迫、张弛有度，一次比一次顺畅，一次比一次圆满，一次比一次精彩。

说到这里，王鹏欣慰地告诉我：“除过这些老同志平凡而动人的事迹，从部室的一帮年轻人身上，也能感受到小荷露角、蓓蕾初绽的欣喜。可以毫不忌讳地说，市场开发工作为年轻人提供了迅速成长的机会！”

“80 后”吴燕妮原来在单位从事的是党务工作，她耐心细致，是管内务的一把好手，平时将办公室整理得井井有条，收发文件干脆利落，拟办督办迅速及时，档案管理完整齐全，还非常细心地对重要文件一律扫描 PDF 保存。内部开会时，从拟发通知、联系会议室、整理材料到提前打扫卫生、开空调、烧水等一系列细节做得非常周到。

“90 后”杨恬热情大方，活泼开朗，本来被安排在综合处室，她却主动要求到业务处室锻炼，因此身兼两职，既负责综合上的周清单、月重点督办工作，又负责赞助上的部分项目，刚开始手忙脚乱、长吁短叹，经过努力学习，逐渐熟悉了业务，理清了思路，事情处理起来有条不紊，对工作充满了自信。

赞助处的小伙子郭静人如其名，文质彬彬，刚来时很拘谨，事事请教，放不开手脚，经过老同事的轮番指导，业务能力迅速提高，拟发文件、制定合同不在话下，联系企业不卑不亢，各种政策熟稔于心，加班熬夜毫无怨言。看到年轻人在实践中得到锻炼，一步一步褪去青涩，走向成熟，使人感到由衷的欣慰。

市场开发部市场营销处有一件特别暖心的事，王鹏印象深刻——

2021 年 2 月 26 日，市场营销处的四位同志在会场驻扎了一天，开始了最后的忙碌，布置会场，安排座位、舞台搭建、彩排流程、调试灯光音响，一切都在紧张有序的进行中。下午，时任组委会市场开发部部长的王勇，两次到现场检查指导，提出了具体的修改意见，同志们立即进行了相应的修改。

最后的彩排结束后，检查完所有的会议物料，已经是深夜十一点半了，大家此时已经疲惫不堪。忽然，会场门口处传来了一个银铃般的声音：“请组委会的工作人员到会场外面来一下！”此时大家都十分纳闷，难道工作又出现了什么新状况？大家不约而同地快步走出会场，看到了某赞助企业工会的同志们在从保温箱里往外搬东西。工会主席快步走到他们面前，拉着大家的手说：“组委会的同志们，你们太辛苦了，我们给大家准备了汤圆，快来吃吧！”当时，大家一愣，连忙说：“这不太好吧，我们不能拿赞助企业的一针一线。”工会主席说：“今天是正月十五，就当是我们在一起过

个节吧。”

大家恍然大悟。捧着这碗热腾腾的汤圆，他们心里十分感动。这哪是一碗汤圆呀，分明就是赞助企业对他们工作的充分肯定和高度认可呀！此时，零点的钟声刚好敲响，新的一天来临了，他们愈加坚信一定会圆满完成当天就要举行的十四运会和残特奥会倒计时200天赞助企业的签约仪式！

时光飞逝催人老，风物长宜放眼量。市场开发部所做的，也都是一件件平凡的事，但却汇集成了十四运会的一抹亮色。

十四运会虽然结束了，但无论何时何地，每当谈起全运会，相信王鹏与他的团队都会自豪地说：“我们也是参与过国家大事的人，我们也是对十四运会有过特殊贡献的群体！”

勇往直前

采访时，每每提起十四运会市场开发的过程，王鹏都感慨万千。包括后来多次的电话和微信采访，他反复强调，所有成绩的背后，都凝聚着集体的智慧和力量，都饱含着全体工作人员辛勤的汗水和无私的付出，都体现着大家对忠诚使命的责任和担当。为了确定赛会需求，市场开发部与业务部室多次讨论，仅针对体育服装、体育器材就开了十几次会。在赞助洽谈过程中，紧盯目标企业，坚持不懈，电信、银行等领域的赞助开发历时近一年时间。在确定方案、起草协议的过程中，与赞助企业及法务、财务、审计等部门反复协商，首份赞助协议历经三个多月修改才最终确定。票务工作面对疫情防控的严峻形势和政策的多次调整，能做到反应迅速，应对有力，妥善处置退换票、座席调整、入场纠纷等问题 7300 余人次，确保了赛会顺利进行。两年多的艰苦奋战，类似的例子不胜枚举。

他谈到，市场开发部向来是受监督的重点部门，所以，全部门从上到下，都以组委会的利益为重，自律、自省，相互提醒，认认真真做好每一件事。

从一开始王鹏感叹的“难，真难！”到最后十四运会和残特奥会成功举办，他认为，他和同事们所有的付出都值了。

王鹏本身就是省体育局干部，在陕西举办这么大的赛会，相当于自己家办事。他干一行、爱一行、精一行，凭着爱岗敬业、刻苦钻研的精神，不但在陕西体育界闯出了一片属于自己的天地，而且带领他的团队在十四运会筹备期间大展身手，取得了显著的成绩。

“十四运会虽然结束了，但我和我的团队学到很多东西，积累了很多办会经验，这是一笔弥足珍贵的财富。站在新的起点，我们还有很多工作要去完成，还有很多目标等待实现，能为陕西体育事业尽职尽责、出一份力，我就心满意足了。”

这是王鹏本人的心声，也是陕西成千上万名体育工作者和参加十四运会会务工作者们发自肺腑之声。

十四运会市场开发取得的成效不是一蹴而就的，而是克服了重重困难，经历了一系列的曲折才取得了圆满成功。体育人常言“走下领奖台，一切从零开始”，成绩已属过去，面对新征程，王鹏将继续坚持顽强拼搏的优良作风，把十四运会市场开发过程中形成的好经验、好做法运用到今后的工作中，努力为陕西体育事业更好发展，实现“发展体育运动，增强人民体质”的宏伟目标做出新的更大的贡献。

我们深深地祝福王鹏和他的团队事业顺利、生命精彩！祝愿陕西的体育事业蒸蒸日上、永攀高峰！

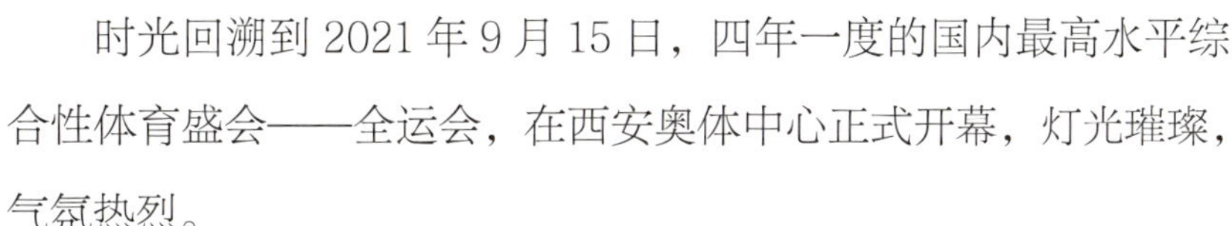

夜空中最亮的星

何东姝

时光回溯到 2021 年 9 月 15 日，四年一度的国内最高水平综合性体育盛会——全运会，在西安奥体中心正式开幕，灯光璀璨，气氛热烈。

这一年是中国共产党成立 100 周年，也是开启全面建设社会主义现代化国家新征程的第一年。第十四届全国运动会在这个时间节点开幕，意义重大，使命光荣。“秦有锐士，谁与争锋”，陕西人在建设体育强国道路上迈出了坚实步履，铸就了西部奇迹。

20 时，仪仗队护拥五星红旗健步走入体育场。会旗方阵过后，各代表团依次入场，此起彼伏的欢呼、自信阳光的笑容，在体育场中飞扬。

咚！咚！ 2021 名鼓手挥舞鼓槌儿，2021 面鼓同时敲响，抑扬顿挫的鼓点犹如历史的回响，令人心驰神往。半空中，“塞雁”掠空飞过。舞台中央，张骞穿越鼓阵，持节西行。正是在这里，十三朝古都洗尽铅华，如今再放光彩；秦砖汉瓦、唐风古韵留下灿烂篇章，今朝续写辉煌。

20 时 40 分，习近平总书记用洪亮的声音宣布：“中华人民共和国第十四届运动会开幕！”顿时，全场沸腾起来，掌声、欢呼声经久不息。

轰鸣的音乐在耳朵旁炸开，目之所及是忙着备场、上场、下场的演员，炫彩灯光将西安奥体中心上方这片夜空照亮。

这是第十四届全国运动会开幕式，是所有参演人员的十四运会开幕式，是所有参与创作人员和保障人员的十四运会开幕式。

在热烈的掌声与音乐中，他们的脑海里闪现过曾在这个体育场内发生过的无数个挥洒着汗与泪的画面……

闪耀的台前

作为全运会的一个重要环节，开幕式既是体育的盛会也是文化的盛会。导演组希望紧贴时代背景，用多种表现形式致敬建党百年，从小小红船开始，到延安之火燃遍祖国大地，红色基因始终存在于陕西人民的血脉之中，为我们指引方向，激励我们砥砺前行。开幕式的表演也必将展现陕西人民的家国情怀，于是，“奋斗新时代，奋进新征程”就是此次创作的立意要点，这场开幕式将围绕“建党百年，体育盛会”主题，紧紧抓住思想性、艺术性、人民性进行创编，突出展现党的十八大以来，党和国家取得的历史性成就、发生的历史性变革，表达“奋斗新时代，奋进新征程”的心声和豪迈。

从开场鼓阵中象征黄河水的金黄色装饰，到吼出新时代文化自信的秦腔演员，再到革命圣地延安宝塔山下集结的革命力量，以及改革开放以来三秦大地上日新月异的发展变化，最后到陕西科技力量对打造大国重器的贡献……“叙事结构发生变化是这次开幕式最突出的创新点。”开幕式总导演姜浩扬介绍。不同于传统运动会、晚会以“过去、现在、未来”的结构叙事，本次开幕式的《序曲：迎宾鼓阵》《民族根》《延安魂》《中国梦》《尾声：跨越》五个篇章，所展现的历史与现实被打通交融，各篇章之

间环环相扣且首尾呼应。第一篇章《民族根》讲的是文化，以情景和戏剧表演，追溯华夏文明肇始、周秦汉唐灿烂文化，彰显新时代文化自信；第二篇章《延安魂》讲的是精神，以形象展示和歌舞表演，彰显延安精神这一中国共产党精神谱系中的灿烂华章；第三篇章《中国梦》讲的是情感、未来以及追赶超越的历史使命，以音舞诗画形式呈现，彰显新时代伟大成就和光明前景。

“希望大家在看节目的时候能发现既有熟悉的画面，又有新颖、突出的创意，能够产生对历史、先烈和未来的思考，这是我们在根、魂、梦这条主线中的重要表达。”姜浩扬如是说。为了实现这一高难度的创新，导演组煞费苦心，对节目不断地修改、不断地打磨。盛会背后是他们忙碌的身影，凝聚着他们辛勤的汗水。他们兢兢业业，肩负起服务十四运会的责任与使命，用自己的方式弘扬全运会精神，并把这种奋进、拼搏之力汇聚在三秦大地之上。历史的宏图，总是绘就于平凡的细节。以精雕细琢的精神、精益求精的功夫，一茬一茬接着干，一件一件去落实，积小胜为大胜、积跬步至千里，把美好蓝图一步步变为现实。最终，导演组以“文化”“精神”“情感”三个关键词为艺术表现重点，创新实现了每个篇章历史与现实的贯通，呈现出了良好效果。

陕西元素贯穿展演始终

新时期用什么样的形式去更好地表达出三秦儿女的奋斗精神，怎么表达秦人“赳赳老秦永向前”的志向气魄，怎么能表达出面对新征程满身的干劲儿？导演组思索后，最终选择了用“鼓”作为声音的表达，同时选择了秦腔这种陕西独有的、贯穿了周秦汉唐的声音，从听觉艺术的“传承和创新”入手，让传统乐器“鼓”和具备陕西地域特色的“秦腔”精彩亮相。

在视觉形象方面，导演组可谓是灵光乍现造就精彩瞬间。朱鹮作为“秦岭四宝”之一，是陕西保护濒危动物的成功典范。于是，就有了一场《朱鹮舞》的创意设计。在《中国梦》篇章，朱鹮舞的飘逸与灵动给观众留下了深刻印象。开幕式另一位总导演姜钢别出心裁的设计充分表现了我国多年环境治理带来的变化。在这样一个热烈、欢快、隆重的开幕式上，他大胆追求真正的艺术本体，用艺术手段表达“绿水青山就是金山银山”，而不用“口号式”的外在形式呈现，不得不令人叹服。

“在《延安魂》篇章，我们用了陕北民歌，《中国梦》环节我们也运用了陕北、关中、陕南音乐元素，三位歌手也分别来自陕北、关中和陕南。”姜钢说，“从戏剧文化到红色文化再到民歌文化，视听表达中都充满了陕西元素，融合了新老元素”。在舞台表现上，导演团队从场内氛围营造、舞美设计、科技手段、音乐创作、节目内容入手，做到陕西本地特色与时代特征两者融合，呈现出令人耳目一新的艺术效果，奉献了一场独具特色的开幕式文体展演。

砥砺前行呈现精彩盛会

开幕式两位总导演姜浩扬和姜钢曾参与北京奥运会、广州亚运会、第21届大运会等大型体育赛事开、闭幕式的舞美设计。第十四届全国运动会举行的时间恰好在东京奥运会和北京冬奥会中间，显得格外特别和突出。但是，开幕式的预算不及 2019 年第二届全国青年运动会开幕式的四分之一，场地的地面不能挖坑制造舞台高度差，体育场只有四个入口，创作周期也很短。而按照省委、省政府提出的“系统谋划、精细管理、倒排工期、挂图作战”要求，他们要以“最高标准、最快速度、最实作风、最佳效果”为目标全力以赴做好开、闭幕式筹办工作，带给观众全新的全运会开、闭幕式，做一场特别的、带有圆梦性质的盛会。尽管曾参与过北京奥运会、广州亚运会开、闭幕式的核心创意，导演团队仍然感觉到肩上的担子非常重。面对仅八个月的创作准备时间，主创团队想要呈现出一场精彩盛典并非易事。

开幕式几乎没有依靠新媒体技术手段，而更注重对节目本身细节的刻画。周秦汉唐、轩辕黄帝、红色文化……短短的 37 分钟的文艺表演，要想把如此丰富的元素表达好，非常具有挑战性。场地空中没有调换东西，地下没有挖坑，而且只有四个出入口，姜浩扬坦言，在没有空间优势的前提下，这么多演员上下场干净利落，要归功于整个编导团队对创作的重视和以往经验的就地发挥。最终，导演团队通过宏观、诗意的表达方式，深入细节，做到有点有面、有血有肉。他们经过不断地论证、打磨、排练，将当初的想象完美呈现出来。

姜钢谈到，参演人员基本都是普通学生，要把他们训练成高素质的演员，按以往经验来说，可能需要排练一年。这次开幕式排练，真正启动是在 7 月份，在这么短的时间内，要把他们训练到登台表演的水平，你想要花费多大的心血，这是在创造一个奇迹。何况当时西安出现疫情反复，防疫工作更加严峻，受疫情影响，排练时间被大幅压缩。每一次排练不可能随心所欲，要把每个时段的时间成本考虑进去。既要克服疫情的影响，又要保证文体展演精彩圆满，这对导演组和 11000 多名以大学生为主的演职人员来说，都是严峻的考验。开幕式的演职人员和保障团队克服了极大的困难。通过他们的顽强拼搏、艰苦努力，一场精彩的开幕式演出最终被圆满呈现给全国观众，也传达出 3950 多万新时代陕西人骨子里赳赳老秦的“拧劲儿”和勇立潮头、争当新时代弄潮儿的豪迈。

荣光的幕后

从6月到11月，张军所在的大型活动部场馆处是最早入场、最晚离场的一个部门。因为历届大型体育赛事的开幕式表演均备受瞩目。十四运会和残特奥会都是国家级盛会，整场演出超越时空、震撼人心，集歌、舞、诗、剧于一体，艺术形式丰富多彩，重要性和难度可见一斑。

场馆处一开始就被定下了“繁忙”的基调，设备吊装、舞台搭建、场馆功能划分等多项任务要推进落实，张军坚定地对自己说：“从‘复兴之火’火炬塔的安装、升旗台的搭建，到接志愿者进门、给群演多加几把椅子……只要是为了场馆正常运行，我都要落到实处。”

统筹舞台搭建

根据整体舞台搭建需求，场馆处要在短短2个月内把西安奥体中心变成巨大的沉浸式剧场，不仅工程体量巨大，而且专业性强、工期短、交叉作业多，还需组织协调舞台、灯光、音响、大屏、威亚等各专业工种同时施工。为了完美呈现舞台艺术效果，张军带领场馆处与导演组及各部门协调沟通，了解各自装配过程中的具体要求，做到与这些专业项目团队高度协同、默契合作，同时反复进行场馆实地勘察，最终制订出了最佳方案。

要呈现极致的舞台表演，难免会遇到极限的工程挑战。张军曾先后在人民剧院业务科、后勤科、基建办和舞台技术部工作，对基建工作也十分熟悉，因此十分适合这个岗位。十四运会开、闭幕式时长近2个小时，参与表演人数上万，面对如此庞大的规模，场馆处根据导演组的需要，联系建设团队在建设时就舞台荷载力进行综合考虑，包括表演荷载、设备荷载、检修荷载等多方面要求。在表演环节，大型道具要被搬上舞台。为满足舞台大道具上场的荷载要求，张军带领场馆处，协调建设团队多次与导演组和设计部门联系，一遍遍更改和确认设计方案。与导演组沟通确认后，场馆处与建设团队将舞台的承载能力从一般规范要求提升至完美达标。在张军的带领下，场馆处以强烈的政治责任感、使命感不惧任何困难，强化技术攻关，服务各方需求。

疫情风险挑战

随着开幕式筹备进程不断深入，到了安排演职人员进场排练的时刻了。“这场开幕式有 1 万余人参加演出，排练期间，西安奥体中心每个角落都有排练队伍。”参演演员姚斌说。因为参演人员多，场地有限，他们只能分时段排练，加之外部局势复杂，安检防疫工作面临巨大压力。

新冠肺炎疫情正在持续蔓延的紧张态势下，既要克服疫情的影响，又要保证文体排练顺利，这对张军更是严峻的考验，这意味着他的工作责任更是增压，但是，在党旗下的承诺他一直牢记着。

面对疫情下场馆管理人员短缺、运行风险居高不下的局面，张军一边抓紧学习疫情风险管理知识，一边紧盯每项工作落实。诚于心，才能工于精。他带领场馆处工作人员从梳理规范 183 种工作台账入手，定制度、写规章、编手册，优流程、查隐患、抓整改、搞演练，评估、审计齐上阵，能用的手段都用上了，绝不放过任何一个环节，不敢有丝毫懈怠。

精臻保障细节

开幕式演出可谓时间紧、任务重、责任大。开幕式文体展演参演单位乐华恒业艺术团艺术总监温康康说道：“按照组委会防疫要求，演员们入高校进行封闭训练。每天下午四五点时，大家集体乘大巴前往西安奥体中心排练，直到凌晨两三点，大家才能乘车回宿舍休息。”场馆处每天等到排练完把演员送走，基本就到了后半夜。而在

演员撤离后，张军还要在场馆的每个地方巡视一遍，检查演员道具，排查一切安全隐患，往往休息的时候天已经蒙蒙亮了。

为了让演员尽可能在有限的条件下休息好，张军常常几天没有办法合眼。由于演员中有一部分老年人和儿童，不得不考虑特殊人员的休息环境，他多次在演员休息区巡视，查看休息区情况，询问学生演员需求，想尽办法为演员提供尽可能舒适的休息场所。地下车库环境比较闷，张军见状，便火速带领场馆处协调数百台风扇带动空气流通。正如他常常对下属说："虽然我们做的都是大家看不到的工作，但是能够为'家门口'的盛会尽一份力，这是无比骄傲和自豪的事情。"道阻且长，行则将至，行而不辍，则未来可期。他坚信，要始终坚持一步一个脚印，把场馆保障工作一项项落实落细，以行动践行本心。

从十四运会彩排实行闭环管理开始，张军和同事们就住在了西安奥体中心办公室的行军床上，一晚也没住过宿舍，而且每晚只能睡两三个小时。他们经常起早贪黑东奔西走，即使得空歇下，叫醒他们的也从来不是闹钟，而是电话铃声。有时遇到棘手的问题，又没有可以借鉴的经验，只能摸着石头过河，确实劳心费神。但是，每当张军想到肩上的责任，想到这是组织对他的信任，想到这是全体十四运会人共同期盼的目标时，他就没有理由不做好，必须迎难而上。欣慰的是，经过全员坚持不懈的努力，他们对场馆内的保障工作取得了长足的发展，保持了平稳有序、持续向好的推进态势。

征程风雨无阻

8月的天气变幻莫测，阴晴不定。一日，夜雨突袭，排练被迫暂停，上万名演员不得不挤在屋檐下避雨。张军带领工作人员迅速联系交通保障和安保人员，现场协调上万名演员安全撤场。他们在雨中一走就是四五个小时，虽然身着雨衣雨鞋，但衣服鞋子还是全都湿透了，嗓子也喊嘶哑了，可是他们的脚步并未停过，精神并未懈怠过。直到送走最后一辆车的时候，他们才长舒了一口气，这时才感觉到全身的疲惫。

谁知此后天公一直不作美，连续两日大雨滂沱，于是场馆处协调了雨衣雨鞋给群演们发放。此时，距离开幕式时间愈来愈近，演职人员也不敢放松。大风泱泱，大雨滂沱，他们就在雨里排练，地屏上的积水被踩得溅起老高，雨水顺着抬起的胳膊流进了衣服里，虽然彩排完衣服袜子都湿透了，但是他们的脸上还依然挂着笑容。张军站在远处一直看着他们，他明白，他们虽然在笑，但已经精疲力竭，此刻他的内心也升

起了强烈的感动之情。奋斗精神不仅属于场馆处工作人员，也属于演职人员，是激发拼搏之志、凝聚前行底气的重要源泉。张军心想，一定要竭尽全力把工作做到最好，给演职人员提供一个安全的演出环境，和大家一起为盛会的圆满举行而努力。于是，为防止雨天地面潮湿，他又带领场馆处工作人员一同协调了 1600 多把沙滩椅和近万张防潮垫让大家排练间隙能尽量休息。风雨扑不灭场馆处工作人员和演职人员的热情，大家一道风雨兼程、百折不挠，最终定会迎来雨霁天晴。

集体记忆永恒

一个人在其一生中，有着许多重要的值得纪念的节点。正是这些带着情感的纪念节点、温暖的场景，建构了一个人的精神骨架，由此才得以让一个人真正拥有生命的全貌，在大地上划过一道或轻或重的人生印记。

那么，一个集体呢？

一个集体犹如一个放大的人，也会有情感印记和行走轨迹。只不过一个集体会承载着更多人的情感、更多人的回忆；在集体情感和回忆中，一定会有交叉、一定会有碰撞，因此也就一定会有更加多彩的画面。

十四运会开幕式背后的工作人员就是这样一个集体。

“办好一个赛事，盘活一座城市”，十四运会的成功举办，让三秦大地焕发勃勃生机。短短的开幕式，用一幅幅画卷演绎了我们民族从觉醒到发展到强大的历程，展现了中华民族改天换地不懈奋斗的伟大精神。

这背后，是无数个工作者日夜的付出，他们默默地坚守在各自的工作岗位上，用智慧和汗水、用奋斗和奉献，诠释着新时代劳动者最美的姿态。他们以“只留经典不留遗憾”“办一届精彩圆满的体育盛会”为目标，把艰辛劳动变成精彩创造，为十四运会和残特奥会汇聚了强大正能量。

如果有一个机会能够倾听他们、端详他们、了解他们，“你”“我”“他”都会被深深地感动，会不由自主地敬佩这个集体，会感慨地回望他们的脚步，也一定会认真端详他们脚步之下深深的奋争的印痕。那些印痕，蕴藏着他们的艰苦奋斗和不懈追求，有着他们的青春、工作、生活，以及所有的顽强印记。

十四运会开幕式在歌声和掌声中结束，而他们用实干担当书写的崭新篇章仍在久久回荡，令人鼓舞振奋，他们共同凝聚的艺术史诗将被永恒铭记！

海纳百川　有容乃大

范瑞文

这个故事，这些人，应当从那天下午说起。

2023年2月的最后一天，我带着采访任务，来到了陕西省审计厅。

初进大门时，一种紧张的感觉涌上我的心头。“审计”“规章”“严谨”“制度”等字眼在我的眼前浮现。我知道，这个大院内每个人的工作都是极为严谨的，这也让我在神经紧绷中愈发期待与访谈对象见面。

在保安室登记了信息后，我来到了办公大楼内，在八楼走廊尽头的办公室内，见到了此次的访谈对象——十四运会组委会审计监察部驻会副部长、陕西省审计厅二级巡视员杨啸。在我叩响第二下敲门声时，他抬起了头，办公桌前，是一张坚毅的面庞。他身着简单质朴的开衫，浑身上下都透露着精干的气质，目光炯炯，眼神十分坚定。

他招呼我坐下后，不多时，一位干练的女士来到了办公室，这便是我的第二位访谈对象——十四运会组委会审计监察部审计处副处长、省审计厅电子数据审计处的谢苗苗。

看着面前两位的真诚目光与笑容，我有预感，这将会是一场舒适亲和的访谈。

天下大事，必作于细

杨啸是2019年正式进入十四运会筹备工作中的。

在此之前，29年的军旅生涯，铸就了他身上坚毅的特性。也正因有着一颗军魂，他在工作中秉持着亲力亲为的态度和决心。

他向我讲述了平常的审计工作，以及这次盛会中需要负责的工作。我这才意识到，十四运会的筹办，无论于他，还是其他同事，都是一次前所未有的经历。

在日常工作中，审计工作者大多负责地方党委、政府各部门和所有事业单位、国有企业的审计监督工作。十四运会组委会也成立了审计监察部。审计监察，顾名思义，除了专项审计外，还要进行纪律监督监察工作。听完杨啸对于工作的总体介绍，我心里大致有了框架，这必定是一项矛盾与焦虑并存的工作。仅是专项审计，都要面临不少矛盾，更何况其中还有纪检监察工作。

杨啸对此很是淡然："十四运会中，每个部门每个组都是分工明确，我要做到的就是严谨细致、依法依规把关。审计也好，监察也罢，矛盾必然是有的，但更多的还是配合，要拧成一根绳、握成一个拳，全力筹办好十四运会。

"其实啊，站在不同的角度，理解都是不同的。十四运会的每个工作人员，无论是哪个部门，都十分重视此次盛会，人人都是打心底里想把这场盛会办好、办圆满。

"当时我们制订了一项管理方案，发出去后，有一个部门的同志看到了，就跑过来疑惑地问我的同事，为什么他们部门被排到后面。其实这里的排名是不分先后的，但大家的心中都怀着热忱，才会这么较真。这就是我说的，站在不同的角度，理解是不同的。"

听到这话，我心里倏然一暖。杨啸说出的这句话，满含着对他人的理解和体谅。

想必工作中，他也是真心希望理解万岁吧。

问起工作期间有没有什么让他觉得棘手的事时，杨啸笑了笑，提起了一件小事："说起来我也工作了这么些年了，但在不同的工作中，也是在不停地学习。比如开幕式经费预算中有演艺人员的费用，什么威亚、冰屏、矩阵之类的，有些以前都没听说过，网上查询也没这方面的费用标准，怎么审核，这可难坏我们了。平常的审计工作几乎接触不到演艺活动，对定价还需要从头了解。于是之后我就和同事们找演艺公司、演艺圈的人，了解情况，只有对这部分的报价有了基础了解，才能把经费把握在行情之内。"

对于这种细碎的事，杨啸回忆起来，面上始终是带着笑容的，不难想象，这类问题在筹办期间必定层出不穷，这根本算不上棘手，他愿意同我说起的，只是一件过往云烟般的小事罢了。当真正棘手的事出现，他肯定无比焦虑，甚至每一个细节都需要熬几个大夜才能规整清楚，可这些他都没有说起。

提及工作中的困难经历，杨啸立即将表述的机会交给了一旁的谢苗苗，“比起我，他们要更努力、更深入、更辛苦”。杨啸的笑容亲切又真诚，对筹办中的每个细节落实到点，将每份付出都能描述得清清楚楚，必定是深入工作后的结果，可他还是没有表现出任何为难，只将军人的乐观心态展现了出来。29 年的军旅生涯，我体会不到，但这一真实、诚恳、坚韧的军人形象，此刻就在我的眼前。

谢苗苗笑着看向我：“部长一向是这样，不爱多说。”她是位很漂亮的女同志，小小的身子仿佛有着大大的能量，举止谈吐间，有着令人羡慕的精神力。

我晃过神来，问她：“十四运会工作复杂且紧张，其间肯定出现过不少特殊情况吧？”

“说起来，是有不少呢。”

“是在您身上发生的事吗？”就在我以为她的身上会有故事时，她却摇了摇头。

“我没什么好说的，都是日常工作，算不得特殊也算不得辛苦。”谢苗苗说这话时，神态与杨啸无异。他们并不认为所进行的工作有多么艰难，纵使遇到了困难，也只是怀着平常心去解决和处理，事后回想起来，都是一片甘甜和光明。

但他们同样又能把别人的困难看在眼里，谢苗苗认真回想。

“我们有位同事，叫吕林倩，她的工作态度，那真是让人敬佩。”

提及吕林倩，杨啸也抬起头，然后重重点了几下：“是是是，她的事啊，值得说！”

爱的传递，无怨无悔

被二人肯定的这位女同志，是怎样的一个人呢？

“吕林倩有两个孩子，在我们筹备十四运会期间，大的孩子刚上小学，小的孩子才入幼儿园。”听到谢苗苗的描述，我脑海中浮现出一个照顾孩子、忙得焦头烂额的母亲形象。

然而事实并非如此。

“吕林倩在工作中，那绝对是一顶一的认真，作为同事，平常我们都很欣赏她的工作态度，十四运会期间尤其是。”回忆起吕林倩的事迹，谢苗苗的脸上流露出了女性之间的共感和怜惜。

“十四运会期间，我们的工作强度都提了上去，她也不例外，大家都知道她家里有孩子，而且她丈夫在外地工作，家中孩子的事都是她一人负责的。想全身心进入工作状态，估计是不容易，这点我们都理解。但没想到，她把全部的精力都放在了工作中，因此忽略了孩子，差点留下不可逆的伤害。”

听她说到这里，我心中咯噔一下。孩子于母亲而言，是多么重要。我本身虽然没有生育经历，但身为女性，多多少少是能共情到的。

谢苗苗提起这件事，眼神中流露出的同情和心疼更甚：“吕林倩自始至终，没有耽误十四运会一丝一毫的工作，我们都好奇她在工作期间孩子该怎么办时，她只温柔淡定地告诉我们，孩子爸爸和婆婆不在时，就让老大来带老二。”

天呐，那也不过是个七八岁的孩子。

似乎是看出了我的惊讶，谢苗苗点点头：“是啊，那也只是个孩子，又怎么能完全看护好另外一个孩子呢？后来还是出事了。在她加班熬夜期间，年纪小的那个孩子发起了高烧，老大毕竟年纪小，发现的时候，老二已经因高烧引起了惊厥和抽搐，那么小的孩子啊……”

“后来呢？”我已经开始心疼起那个从未谋面的母亲，以及两个年幼的孩子。

谢苗苗叹了口气：“孩子被送往医院，好在没有生命危险，但留下了后遗症，毕竟孩子年幼，免疫力有限，直至现在，后遗症还没有完全消除呢。”

我跟着叹息，身为旁观者的我们都这般难过，更何况那位亲身经历一切、不得不进行取舍的母亲呢？她肯定也有无数个夜晚，想要尽快回家照看孩子，陪在老大身边监督作业，陪在老二身边安然入睡吧。可是在工作面前，家庭显得渺小了许多，整个陕西省的体育盛会，容不得出错和怠慢，她也只能在孩子和工作中，选择了后者。

“好在孩子并没有大碍。”我再次长出口气。我小时候也有高烧的经历，虽然已经记不清楚，但仍然能记得我的母亲抱着我跑向诊所时的表情，那是内疚与心疼并存的煎熬。这样的事放在吕林倩的身上，她的内疚只怕更多。

健康，是每个人都在追求且放在首位的目标。大多数家长对孩子的要求，就是身体健康、平平安安。

但总有人，无法将健康放在第一位。

杨啸和谢苗苗回忆起吕林倩的事迹，话匣子打开，又提起了一位老同事。

只问使命，无问西东

“我们单位啊，还有位罗士春同志。”杨啸回忆起来，表情凝重，“那是2020年了，当时正赶上筹备的繁忙期，所有事都赶在一起了，会议不断，每天都是连轴转。”

“我记得那是一场会议之前，罗士春说胸口不大舒服，当时大家都劝他去医院看看，可他手头负责的工作不少，实在是走不开，他就咬了咬牙，坚持说没多大事。就这样，接下来一周多的时间里，我都能看到他在继续工作，大约有……至少十天吧！”

十天，无论大病小病，十天都算是拖延了。即便只是场小感冒，十天都有可能演变成心肌炎、肺炎类的棘手疾病。

显然，罗士春的病情并不仅仅是小感冒这么简单。

随着杨啸的神情越发严肃，我也对整件事有了了解。

在十天后的一次调度会议上，罗士春胸口实在是憋闷得紧，但仍然坚持开完了会，直到无法继续工作，才搭车来到医院。当天他的身上甚至没有携带任何证件和医保证明，就被医生强制留下，立即进行了手术治疗，可见已经严重到了何等地步！

心脏搭桥手术，分批进行了两次。

“唉，后来我同他一同乘车督查场馆建设时，每当有道路颠簸，他的心口还是会止不住地疼，身体还是最重要的啊！”杨啸叹息着摇了摇头。

但是，真的只有罗士春一人，无法兼顾身体健康吗？

谢苗苗在旁边沉默了许久，又看向了杨啸：“您啊，还说别人呢，您自己不也一样？”杨啸尴尬地笑了笑，还是不愿意说出口。

谢苗苗是位心直口快的女同志，忍不住说道：“他当时，拖了整整三个月呢！”

三个月？

我猛然想到谈话之初，杨啸无意间提起的工作强度，最忙时每天都在晚上12点以后才能结束工作，持续了两到三个月。

谢苗苗继续说道：“杨部长当时患上了肾结石，发作时疼痛难熬，但工作时间不允许，也没有办法去进行手术治疗，只能靠吃药暂时缓解，就这样过了三个月。”肾结石的痛楚我是有所耳闻的，虽然不似心脏病那般紧急，但这种既不算慢性也不算急性的病，反而十分磨人。不仅要每天承受痛苦，一旦延误治疗，病情还会加重，痛苦加倍。杨啸的情况就是这样，在长达三个月的时间里，他只简单地进行了体外碎石治疗，甚至没能在治疗后得到养护，忙起来连药都忘了吃。这大大加剧了病情的发展，直至手术时，已经发展到了肾积水。

谢苗苗说起时眉头紧皱，连连叹息。可这些事在杨啸口中，不过是轻描淡写的一句：“都好了。”甚至提起时，他回想起的并不是病痛时期的折磨与煎熬，而是忙完一切工作，得以住进医院时的轻松：“我女儿本身就是学医的，因为这件事，絮叨了我好久呢。”他的语气没有抱怨，没有后悔，只怀着一颗平常心。

但我知道，如果可以的话，谁都想将身体健康放在第一位。

初心不改，奔流到海

这个团队中，从领导，到中层，再到每一个工作人员，都为十四运会付出了全身心的努力。

有的人不惜将年幼的孩子放在家中，有的人将安危抛之脑后，还有的人面对病痛缠身，无暇顾及，一心只想将这场盛会办好。做母亲的人满心热忱想要做好本职工

作，上了年龄的人依旧想要多做点、做细点。即便患上疾病，即便痛苦缠身，他们也想要让这场盛会更加发光，想要让每一点光中，都有他们的奉献。困难也好，琐碎也罢，在这场盛会的面前，他们都放下了私事，丢弃了个人情绪，全身心地奉献着。

临走时，杨啸热情地在书架上找到了他这些年工作时留下来的痕迹，有些是与其他同事共同制订的方案，有些是他在工作中的记录，. 多少年的经历，没有以照片的形式留下，全部都是以文案落实下来。

明明这些文本内容的厚度都快要赶超出版读物了，他却轻飘飘地说了一句："我这不算什么，我们单位有位同事，全运日记写的是相当的好，有机会你可以看看他的日记。"

眼前的工作内容十分充实，几乎包含了他这些年来做过的所有事务，每一件都落实到位，每个细节都清楚记录，甚至在讲述时，他还能记得拆除违建时的地址，记得扶贫时的每家每户。

即便如此，形容起自己的工作，杨啸还是会说一句："别人做得更好。"就像他面对着这些年来的工作内容，依旧会大方坦然地推荐同事的工作日记一样。谦逊和包容，是他身上极大的一股力量。

在我翻看完这些内容后，他看了看表说："我稍后还有现场会，今天辛苦你了。"

"是我该谢谢您才是，麻烦您了。"

"应该的，慢走！"

看着那道同我挥手道别的身影，以及在他身后的桌上摆放着的几本文件，我心里有种难言的感动。原来，无论他们身处在哪个岗位，永远不变的，是那最严谨细致的工作态度。

不忘职责和使命

马赵飞

2021年9月，第十四届全国运动会在陕西省落下帷幕，这届“精彩圆满的体育盛会”受到国家体育总局“八个一流”“三个最”的高度评价。

这份荣誉的背后，离不开组委会全体人员的团结奋斗和无私奉献，凝结着许多人的心血和汗水。他们的付出、他们的努力，诠释了何谓“体育人精神”。

细心做大事的“急先锋”

2017年9月，在第十三届全运会闭幕式上，当陕西省接过全运会会旗的那一刻，全运会进入了“陕西时间”。陕西的体育工作者开始投入到这充满机遇和挑战的盛事之中。他们用自己的实际行动，展现出了能吃苦、肯奋斗的精神和风采，为十四运会的成功举办做出了应有的贡献。

杨文，就是这万千体育工作者中的一分子。

在长达五年的赛事筹办期间，担任十四运会和残特奥会群众体育部部长助理、省体育局群众体育处处长的杨文始终以极高的标准严格要求自己，大事小事总是冲在最前面以身作则，许多杨文的同事都说他是个不折不扣的“急性子”，平时走路快、吃饭快、说话快，干起工作来更是风风火火。杨文“急先锋”的工作态度和作风，也深深影响着群众体育部的同事们，大家被他的这股劲儿带动鼓舞着，完成了一次次具有挑战性的任务。

按照惯例，全运会开幕前党和国家领导人要接见全国群众体育先进和体育系统先进（简称“双先”）代表，在开幕式后举行“双先”表彰大会，并要组织代表观看开幕式和观摩全运惠民工程。“双先”表彰活动每四年举办一次，是全国体育系统最高规格表彰，历史传承久、导向意义大，是全国体育领域的大事，也是群众体育部的重点工作。为了办好这次活动，杨文带领群众体育部精心策划、严密组织、苦干实干，他们提前一年时间确定接见活动场地，每一项活动都制订了详细的总体方案、实施方案、活动流程、日执行计划，将每个环节的时间点精确到分、人员固定到点、各个流程都保证衔接到位。

大到活动的整体安排流程，小到人员的站位、看台及乘车座位，引导标识、话筒的摆放，灯光音响、摄影拍照等工作的准备，甚至连选择会场用的纸巾、饮用水都没有半点马虎。

但时值国内新冠肺炎疫情零星散发，再加上临时增加了 200 名东京奥运会运动员、教练员代表参会，杨文和他的团队，肩上的担子突然重了许多。

防疫、迎送、食宿、接见、表彰、观摩、观看开幕式……太多太多的工作和细节需要及时落实。

为了克服突如其来的困难，杨文和他的团队封闭在工作现场陕西宾馆，艰苦奋战了 18 个日夜！

他们逐事逐项研究讨论，列出工作清单、重点工作计划甚至是日执行计划，先后制订各项活动方案 40 多个，辗转各场地进行桌面推演 20 多次，在接见现场进行了五

次预演，以及从驻地出发到西安奥体中心就座的三次全要素演练，每一个环节杨文都亲力亲为，力求万无一失，件件抓落实，事事见成效。

每一把椅子上的铆钉，他都亲手摸试过是否尖锐。每一寸地毯的铺设，他都亲自丈量过是否合理。9月的西安依旧烈日炎炎，在接见大厅、接见行进路线、表彰大会现场……随时都能看到杨文的身影，他双眼充满血丝、汗水浸透衣衫、嗓音喊到沙哑！

杨文就是靠着这样的坚持，验证了每一个方案的科学性和严谨性，带领他的团队为“双先”表彰活动安全顺利展开，奠定了坚实的基础。

2021年9月17日，随着西藏“双先”代表团的顺利返程，表彰活动也宣告圆满结束。杨文始终紧绷着的神经也终于放松下来，回想起在陕西宾馆的一个个不眠之夜，他感触良多。

杨文称这次“双先”表彰活动是陕西体育工作者的高光时刻，更是整个群众体育部的高光时刻！

庄严神圣的圣火，亦是体育人的精神之火！

火炬传递是十四运会开幕式之前，受关注程度最高的活动之一，这是十四运会筹办工作进入关键期的“第一场硬仗”，也是群众体育部的核心工作之一。

为了能打好这场“硬仗”，杨文带领着群众体育部一班人，在一年半的时间里先后研究、论证了 20 多套火炬传递方案，先后评审 437 个主题、855 个口号、56 种圣火采集形式，初步确定了十四运会和残特奥会“两火合一一体传递”方案。

虽然已经经过了无数次的论证、无数次的征求意见，每一项安排都精心设置。在许多人看来，这一系列方案已经足够完美，但杨文和他的团队，却依然坚持精益求精，希望能将方案整体更进一步提升，力求让十四运会的火炬传递别具特色，展现陕西的新风貌。

为此，杨文带领团队，先后进行了 6 次实地调研，开了 8 次论证会、5 次汇报会，并根据实际情况，最终确定了火炬传递方案：选拔 1000 名火炬手、设置 14 个火炬传递站点、十四运会开幕前两个月进行采火、28 天进行传递。

对杨文而言，火炬中燃烧着的不仅仅是十四运会的圣火，更是点燃他们体育人精神的火焰。已经有 36 年工龄的杨文，从未面临过如此巨大的工作压力。

圣火采集仪式开始前 7 个小时，已经是凌晨时分，一切工作都已经准备就绪，但为了让采火仪式的直播画面更加美观，导演组又临时做出了整体调整观礼区位置的大胆决定，这意味着 200 个观礼地标需要重新定位。

这个时候杨文说：“已经到了这一刻，大家再加把劲，让圣地的圣火烧得更旺一些！”

话音刚落，杨文就立刻开始重新调整地标的工作。在他的带领下，整个团队毫无怨言、一丝不苟，一个个将观礼地标按照导演组的要求调整到位。“合抱之木，生于毫末；九层之台，起于累土。”观礼区调整后的主会场简约大气，每一个细微处都尽善尽美。

2021年7月17日上午8时30分，庄严神圣的圣火采集仪式终于揭开序幕，慷慨激昂的《义勇军进行曲》响起时，尽管杨文已经浑身疲惫，但他的歌声却依旧铿锵有力。

当圣火在宝塔山下星火广场上升腾而起的那一刻，熊熊燃烧的火焰，是对杨文和他的团队无数努力、无数付出的最好回报。

圣火采集仪式后，是历时28天、经历14站的十四运会和残特奥会火炬传递工作。在9月15日十四运会开幕式上，火炬塔被点燃的那一刻，杨文始终悬着的心，才总算是放了下来。

十四运会和残特奥会火炬传递做到了全程操作零失误、圣火零熄灭、网络零舆情、安全零事故，赢得了全国人民的频频点赞，并获得了国家体育总局、中残联和省委、省政府的高度赞扬。

这些赞誉离不开杨文及其团队一次次克服困难、一次次彻夜未眠、一次次推演排练的艰辛付出和坚持努力。更是体现出群众体育部一次次的自我革新、自我锤炼、自我奋斗！

扎实工作，服务群众

全运会作为国内水平最高、规模最大的综合性运动会，围绕着“人民”二字，十四运会用改革和创新，充分践行了“全民全运，同心同行”的办会主题，让民间体育健儿能够有机会、有平台展现自身风采。杨文和群众体育部的所有工作人员也为了这一目标努力奋斗着。

十四运会是全运会史上第二次设置群众比赛，与上一届不同的是，本届的竞赛规程来得更晚一些，在杨文及其团队的精心筹备下，群众体育比赛形式也比之前有了更

多的创新和改变。

本届全运会共设置了 19 个大项、185 个小项群众赛事活动，其中比赛类项目 15 大项、142 个小项，首次增加了广场舞、广播体操、健身气功、太极拳等 4 个大项、43 个小项的展演类项目。仅展演类项目，就有来自全国各地的 766 支队伍参赛。

如何让群众赛事活动办得出色、办出水平、办得精彩？对杨文而言，这是个不小的挑战，对整个群众体育部来说，更是没有任何经验可循，没有任何先例可供参考。

杨文和他的团队要做的是，结合疫情防控要求，实行“省内 + 外放”相结合的办赛模式，创新实行组委会领导下的赛区负责制，将展演项目以线上比赛、线下评审的形式举办；科学制定展演项目评审流程及规则，利用互联网和新媒体平台，让人民群众能够更方便地参与融入全运会中，彼此切磋技艺、增进友谊，全面推动体育文化的

发展。

只是短短六个月的时间，像竞技体育比赛一样，从选定举办地，到成立竞委会，再到举办测试赛；从赛事组织，到接待服务，再到综合保障，工作内容庞杂而又琐碎。

杨文正是靠着丰富的群众体育工作经验，以及强大的把控能力，带领大家在艰难的困境中，打开了工作局面。

2021 年 3 月至 5 月期间，杨文同志以身作则，冲在一线督促群众体育比赛工作的开展，频频召开会议进行研讨，拟计划、订方案：三邀总局来陕，选场馆、促推进；六赴西宝咸渭，强督查、抓落实。

在面临时间紧、任务重的情况下，群众体育比赛最终如期完成了每一项挂图作战任务，在全运会的大舞台上，充分地展现了群众体育运动的风采！在全体群众体育赛事筹备工作人员的努力下，群众体育比赛项目精彩纷呈，获赞频频，成功创造出全运会历史上多项“首次”纪录。

回忆起当时的经历，杨文开玩笑地说道：“那段时间，大家的确压力很大，任务重、时间紧，但我们的群众体育赛事顶层设计确实做得扎实，6 月宝鸡培训班之后，群众体育比赛筹备工作就已经步入了正轨，甚至进度超前了。”

自从 2015 年杨文开始负责全省群众体育工作以来，脑海中经常惦念的、工作中始终关注的，就是“群众体育”的“群众”、“全民健身”的“全民”，为百姓健身多办实事，是杨文始终不忘的“初心”。

在工作中，杨文也始终把为民、利民、惠民作为实现“简约、精彩、圆满”的应有之义，全面实施“全运惠民八大工程”，建设施、办活动、优服务、强保障。710 个重点项目、86 个示范工程覆盖城乡，渭河、汉江、丹江全民健身长廊及一大批体育公园、健身步道、多功能运动场地、群众身边健身器材建成投用，人均体育场地面积由 1.07 平方米增加到了 1.97 平方米。筹办以来，培养出了 5 万多名社会体育指导员，举办了三届陕西省全民健身运动会、群众足球三级联赛、“我要上全运 · 百场马拉松”等系列赛事活动达万余场，全省经常参加体育锻炼的人数由 39% 增加到 43%。

当杨文看到一块块健身场地、一场场赛事活动、一次次指导服务以及一张张群众的笑脸时，他的内心深处充满欣慰，同时也更加坚定了自己的初心。

现如今，全运会已经不再只是专业运动员的竞技舞台，更是无数体育爱好者展现自我的舞台。陕西用实际行动搭建起人民群众关注体育、参与体育、享受体育的桥梁，有效推动了群众体育的大众化、生活化和便捷化，进一步提升了广大群众的获得感和幸福感，为全运会注入新生力量。

而这一切的成就和辉煌，都离不开一个个如杨文这样的老体育人在背后默默的努力和付出，他们是体育精神在这片土地上的传承者和守护者！

牢记体育人的职责和使命

2021年3月，杨文同志被任命为十四运会群众体育部部长助理，距离9月“双先”表彰活动的开展，只有半年的时间。时间如此紧张，部里来自不同行业、不同领域的30多位工作人员，可以说压力倍增，而且他们的工作中还涉及许多专业外的内容。

在这关键时刻，为找准工作薄弱环节、凝聚工作合力、提升工作效能，杨文作为团队的核心和带头人，最重要的就是统一思想，引领团队思想达成共识，为此他及时提出群众体育部应紧扣“精彩圆满”的目标，以强化临时党支部建设工作为抓手，开展“三谈、三查、三提升”活动。

群众体育部在杨文的带领下，坚决执行“刀刃向内”“从零开始”的自我革新，以此推动“双先”表彰、群众赛事活动、惠民工程建设、火炬传递工作的高质量推进。在群众体育部工作人员面临困难和困境时，此活动的推动和实施，为团队起到了助力和激励的作用，是竞赛筹备工作中举足轻重的一环。

在这场属于体育人的战斗中，在第十四届全国运动会漫长而艰辛的筹备工作中，杨文作为一个来自基层的老体育人，坚决做好自己分内工作的同时，又能够带动团队革新、凝聚团队合力，起到了不可或缺的推动作用。

十四运会圆满完成的背后，这些可敬的人、可爱的人不知承受了多么巨大的压力，默默为此付出了多少心血。可以说十四运会正是因为有他们在背后努力，才会如此精彩。

投身体育事业以来，杨文同志有幸两次受到习近平总书记的接见。他办公室里摆着一幅受习近平总书记接见他时的合影，这张合影承载了对这位来自基层、全心全意服务基层、多年奋战在工作一线、为家乡陕西的体育事业做出过突出贡献的老体育人工作成绩的最高肯定。

2023年2月，陕西省委、省政府授予杨文同志“人民满意的公务员”称号。

这个称号，是对杨文同志多年如一日的无私付出给予的最好回报；这份荣誉对杨文同志来说，是鼓励，是动力，更是责任。称号中的“人民”二字，也能够体现出杨文同志在工作中时时刻刻心系群众，坚持如一将为民、利民、惠民作为工作主旨，牢记身为一个体育人的职责和使命，无怨无悔践行为民服务的初心！

凌晨3点的星光

王晓云

在陕西举办的十四运会和残特奥会虽然已经落下帷幕，但吴鹏翔仍难以忘怀这次盛会组织筹办期间的点点滴滴。这些有汗水有绚烂的时光，凝结着他和团队同事们的努力与奉献，每每回想起来，心中都会涌起万千感慨。

吴鹏翔总会记得凌晨三点，这曾经是他和团队通常下班的时间，当一天的工作告一段落后，他行走在古城西安的大街上，偶尔一抬头，会看见清新而明亮的星光，仿佛是在无声地陪伴他这段辛苦而充实的岁月。

顶住压力，迎难而上

中华人民共和国全国运动会（简称“全运会”）是我国规格和水平最高、规模和影响最大的综合性运动会。自1959年在北京举办第一届全运会以来，全运会就成为运动员、组织者、参与者、观众以及全社会各行各业的人共同关注的一件喜事、盛事。在陕西举办的第

十四届全国运动会，其中竞技比赛项目设有 35 个大项、410 个小项；群众比赛项目设有 19 个大项、185 个小项；在陕西省境内，设有 53 个比赛场馆。全国第十一届残运会暨第八届特奥会，也随之在陕西举行，这是首次在西部省份举办全运会，也是首次同时举办残特奥会。承办工作任务的艰巨性、复杂性前所未有。

这些沉甸甸的即将执行的任务让当时陕西成立的十四运会和残特奥会陕西省筹备委员会，感到莫大的幸运与压力。

2020 年 7 月，吴鹏翔被抽调到筹委会工作，同年 9 月，筹委会更名为组委会，吴鹏翔被任命为组委会办公室驻会副主任，按照职责分工，分管办公室会议处、督查处、全运村联络处，协管办公室秘书处。并先后负责协调财务部、审计监察部、信息技术部、新闻宣传部、大型活动部、市场开发部、志愿服务部、广播电视部、安全保卫部、交通保障部、行政接待部及西安市执委会工作。

办公室的职责，承上启下，要办稳办好事，不仅要和省委、省政府对接并向其汇报，还要对接国家体育总局、中国残联，同时还要和各厅局单位联系。组委会办公室就像是枢纽，连接着各个单位、部门。

谈起印象深刻的工作，吴鹏翔首先提到的就是场馆建设。场馆建设是十四运会筹备工作中极为重要的一环。组委会办公室需要抓紧督促与落实场馆建设部工作的各项工作。其间的一系列问题，如项目变更、疫情防控下的材料运输、拆迁工作等，还要和各市委、市政府协调、商议。

面对紧迫的建设周期，省委领导提出倒排工期，挂图作战。把任务清单、责任清单、实现清单都列出来，然后一项项抓落实。

2020年夏天，组委会成立了三个督查组，吴鹏翔带领其中一个督查组辗转于陕南商洛、安康、汉中几个地方，马不停蹄地督促、研判赛事设施建设等筹办工作。当然西安市内的场馆建设也不能放松，尤其是一些新建的场馆，工期更紧。吴鹏翔到现场时看到工地昼夜都在施工，便提出组委会的要求，一要加快进度，二要注意施工安全。要速度，质量也不能降低。而高校建设的比赛场馆面临更多的则是资金问题。这些问题就需要由组委会协调解决，要协调承建单位垫资赶进度，等等。

场馆建设涉及方方面面，所面临的困难问题也错综复杂，既要保证工程质量，还要秉持节约办会的理念原则。吴鹏翔在做决策前都会咨询各方面的专家，有理有据、科学研判。通过开源节流，在保证场馆建设高质量完成的基础上，有效精简了预算。

市场开发、新闻宣传全面开花

市场开发工作对提升十四运会价值，树立十四运会品牌形象至关重要。十四运会和残特奥会是备受瞩目的体育盛会、关注度高、受众面广，必然是企业展示风采、提升品牌知名度的绝佳平台。

十四运会组委会根据陕西实际，在原有合作伙伴、赞助商、独家供应商、供应商四个层级的基础上，增加了协作企业层级，进一步扩大了企业参与面。

组委会组织召开座谈会，吴鹏翔和团队的工作人员负责联络邀请国资委、金融办、财政厅、商务厅、工商联，以及各大型企业等单位参加，群策群力，积极推动十四运会的市场开发。又与国资委分头行动开展工作，最终，金融办、财政厅、国企、民营企业等各方都紧密配合，参与到十四运会和残特奥会的工作助力中，取得了令人瞩目的成绩。

在全运会开幕前，已有 100 余家赞助企业、100 余家特许商品线下实体店和 1 家线上官方旗舰店，众多企业以赞助、特许商品开发、捐赠等方式牵手全运会。

十四运会和残特奥会，是庆祝中国共产党成立 100 周年之际举办的运动会，也是在我国全面建成小康社会、乘势而上开启全面建设社会主义现代化国家新征程、“十四五”规划开局之年举办的运动会，是首次走进中西部地区的全运会。这些都是利好因素，因而新闻宣传的精准、精彩、生动就显得特别重要。

在推广宣传方面，组委会在面向全国公开征集会徽、会歌、吉祥物、主题口号时，特别强调了要具有鲜明的时代特征、体育特点和陕西元素。会歌的内容则要求充分体现奥林匹克精神、中华文化内涵，特别是陕西地域文化特色，主题鲜明、旋律激昂、易于传唱。吉祥物设计要求体现时代特点、体育特征、陕西特色和中华文化。经过两轮征集、多轮修改，最终确定的取象传统礼天玉璧，寓意全国人民以最好的精神面貌庆祝第一个百年梦想的实现和第二个百年梦想的到来的会徽方案，和生动可爱、凸显陕西特色的“秦岭四宝”吉祥物方案，获得了全国人民的喜爱和称赞，也打出了十四运会的形象和影响力。

在新闻宣传方面，吴鹏翔和工作团队向组委会领导进行了多次汇报，组委会也多次与中宣部新闻局对接、与国家体育总局新闻司会商，并与中央驻陕新闻媒体，如新华社、人民日报社、中央广播电视总台以及陕西电视台、陕西日报社等本地重要新闻媒体反复沟通，最终形成了具有一定规模的十四运会和残特奥会宣传矩阵，营造了浓厚的赛会氛围。

辛苦付出，只为精彩呈现

开幕式是十四运会的核心环节之一，也是关注度极高的赛会活动。呈现出一场精彩纷呈又立意高远的开幕式需要付出的汗水和努力可想而知。

开幕式要求每个环节每分钟的事项都要事先确定好，代表们入场、宣誓、升国旗、点火，虽然是固定的流程，但其中包含了许多细节工作。如迎宾曲的播放时长、嘉宾的入场时长、播音员的欢迎词与现场情况的配合等都需要反复排练和确认。

十四运会的开、闭幕式对接工作由组委会的大型活动部对接，从 2021 年的大年初三开始，吴鹏翔和相关部门工作人员每天都在加班讨论和落实工作。十四运会倒计时一周年启动活动后，组委会更是没有休息日，没有周末，全程连轴转。

组委会组建了现场指挥部，反复协调演练开幕式的各个环节。还设置了贵宾接待组、演出组、观众组等专门小组来负责各项统筹安排工作，观众入场预约、运动员入场路线安排等都要制定一系列的预案并反复演练。

为了更好地呈现演出效果，场馆的用电、场地要求都很高，比如场地上搭建的线幕，每一个点位需要安排专人看管，还要有至少三路电路保障。还有演员演出对场地硬度的要求、舞台搭建和场馆草坪保护的兼顾等等细节，都要组委会一一协调。组委会上上下下，几乎每晚都奋战在工作一线。

节目演出方面，有的节目因为创意的调整需要反复排练，有的节目则需要推翻重来，组委会邀请了音乐、历史、文化等各个领域的专家学者反复推敲节目的形式内容，力求让陕西的厚重历史和活力新貌能够在开幕式中得以呈现。

开幕式的精彩呈现离不开演职人员的表现。十四运会开幕式需要调动大量的群众演员，他们大多来自陕西的高校，组委会需要做大量的协调工作。为了保证开幕式的效果呈现，演员队伍不断扩大。而群众演员们缺乏表演经验，需要不断地集合排练。组委会与陕西参与演员遴选的几十所公办高校和民办院校都建立了通畅的联络机制。与各高校负责人反复研究、论证各种调课安排，既要保证参演学生们的课业不受影响，还要兼顾学生演员们的排练次数，以保证演出效果。

在疫情防控政策下，组委会通过严密、精细的组织，多次将分散在各个院校的学生演员，以及其他专业表演单位的专业演员有条不紊地安排到场馆进行分组排练和集中排练，保证了开幕式的演出效果。

谈起那段时间的工作，吴鹏翔印象最深的就是不断跑线路，再梳理总结，哪儿可能有风险点、可能出现问题，要反复讨论，做预案，然后把流程细化，这既要有思考，还要有实践。每次跑完线路回来，方案就提升一次。晚上还要看节目排练，再邀请相关部门、专家开会谈意见，每一个节目、每一个动作都要细抠，必须保证开幕式的演出无懈可击。

2021 年 9 月 10 日晚，在万众瞩目下，十四运会开幕式圆满举行。而组委会成员，在开幕式当晚送嘉宾顺利返回驻地，目睹最后一批观众心情愉悦地离开后，心里才终于踏实了。

各方聚力助力盛会

十四运会精彩圆满地举行，是全省上下同心同行的结果。是奋战在各条战线的工作人员，默默奉献、忘我付出的结果。

为保障十四运会期间的交通顺畅，西安地铁十四号线提前开通，贯通了北客站和西安奥体中心，大大方便了观众到现场观看比赛；同时西安新增加了公交线路，进一步为民众提供交通便利。

为保障疫情防控，运动员到外地场馆坚持点对点运输，对专车服务人员实行闭环

管理，确保万无一失。此外，在电力保障、安全保卫、票务、大型活动演出这些方面，也都做了周密的组织安排。

为应对突发天气状况，组委会也付出了很多努力。

根据气象部门提供的信息，开幕式当天的降雨可能性很小，但是临近开幕，气象信息又有了新的变化，开幕式当天西安极有可能是雨天。于是组委会紧急做了大量应对工作，协调四川、甘肃、宁夏、山西等周边几个省份调度飞机，并在甘肃和四川进行人工干预降雨，延缓雨云向西安方向移动。

2021 年 9 月 15 日下午 5 点多，眼看雨已经到了长安区、鄠邑区，组委会召开紧急会议，商讨开幕式现场防滑、地面处理等应对措施。组委会也对雨天现场演出的细节一一做了预案和准备。幸运的是，人努力，天帮忙，开幕式当天西安没有下雨，一切顺利。

就在开幕式结束后十几分钟，天空飘起了雨点，大家松了口气的同时也不由得感慨不已。这时，吴鹏翔走到体育场上，淋了一会儿雨。雨虽然淋在身上，但他感觉很酣畅，紧绷的神经也仿佛被雨水滋润而释放开了。

吴鹏翔说，他只是一个平凡的工作者。但从他工作日志中的备忘记录，却能窥见平凡工作背后的意义：

以督查单或者重点工作提示等形式向责任部室及时交办，累计开展场馆建设、安保信息化等实地督导检查70余次，下发督查单332件，涵盖23个部室、13个执委会；53个十四运会项目竞委会及28个残特奥会项目竞委会共计10596项重点工作，做到件件有着落、桩桩可查询。

协调组织18次省委书记专题会、16次组委会主任办公会、51次秘书长办公会、50次周工作调度会、197次各类专题会议；指导办理各类文件3566份及会议纪要和会议备忘350余份；协调组织省委书记、省长各类调研25次。

组织参与十四运会和残特奥会组委会倒计时一周年启动活动、倒计时300天、倒计时200天、倒计时100天、圣火采集仪式、火炬传递、全运村开村及十四运会开、闭幕式等重大活动。

……

如今，吴鹏翔已履职于新的工作岗位，但不变的，是他对工作的热忱和身为一名党员所坚守的初心和使命。

星光不负“赶考人”

鲁　朗

1112个日日夜夜，778次会议，317次征求意见，187次上门对接，“五加二”、“白加黑”、每天工作10小时以上……这是自2019年4月11日进驻十四运会筹办直至精彩圆满举办，财务线条整理的“最简单”的统计数据。有句话叫“星光不问赶路人”，在奋力奔跑的过程中，我们几乎没有时间去思考自己究竟跑了多远，经过的路途到底有多么艰难。但是，当我们蓦然回首的时候，往往会惊讶地发现身后竟是一路奇迹。

备考千日，“赶考”一程

张永周是在省委党校学习期间，接到省委组织部要求他赴任十四运会组委会财务部驻会副部长的通知的。回想起刚刚接到通知的那些日子，张永周反复提到的只有两个字“失眠”。为什么会失眠呢？道理很简单。赛事财务不同于日常财务工作，涉赛项目多、参与人员广、经费数额大、时间节点密、社会关注高；同年同地举办全运会和

残特奥会尚属首次，赛会所设项目和参赛规模均创历届之最；筹办工作涉及 13 个赛区，地域跨度大、涉及环节多、面对这些，不失眠才怪。而拥有 20 多年军旅生涯的张永周是一个从不退缩的人。他领导的团队，也是一路攻坚克难打下胜利的团队。张永周和他领导的财务团队稳定地发挥出了平时养成的快速响应的能力。十四运会财务团队组建初期虽然只有 5 个人，但仅用了一个月时间，就制定出了十四运会“财务部工作方案”“财务部作战图——时间轴”“十四运会和残特奥会报销和采购流程图”等方案，在组委会率先实行挂图作战。然而，这些还远远不够，考虑到陕西承办全国性体育赛事的经验不足，张永周在查阅大量文献资料的基础上，开始有针对性地、分批次地组织财务团队成员赶赴北京、杭州、天津等具有举办大型运动赛事经验的城市取经。特别是 2020 年 1 月赴武汉军运会组委会调研期间，那里的财务库房让张永周和财务团队成员至今回想起来，还是能感受到武汉冬天独有的寒意。

在前期快速响应，以及充分且有针对性的考察调研的基础上，十四运会财务团队相继印发了《筹委会财务管理办法》《筹委会预算管理办法》《筹委会政府采购管理办法》《筹委会国有资产管理办法》《筹委会票据管理办法》《十四运会和残特奥会预算编制实施方案》《十四运会和残特奥会经费支出标准和财务管理办法》等30多项12万多字的财务制度，使筹办工作的财务保障有法可依、有章可循。此外，为了明确审批办法，规范管理流程，扎紧制度笼子，提高资金使用效益，使“廉洁办会、安全办会”有保证，他们还创新性地设立了预算审核领导小组、项目资金评审小组、采购领导小组、合同审核谈判小组等4个工作小组。

“备考”能力往往对“赶考”质量有着决定性的影响。财务战线之所以能在十四运会筹办过程中表现得如此亮眼，恐怕跟张永周把平时当“战时”，全力夯实财务基础能力的同时，鼓励创新，鼓励塑造拼搏的团队风格有关吧。

细节把控，“考”出质量

十四运会是一件“大事”，因为它是全国瞩目的重大赛事。十四运会也是许多件“小事”，因为它是由若干个环节、无数个细节串连起来的大工程、巨量工程。以组委会物资物流服务保障采购为例，经过反复磋商研究后公开招标，最终赛会保障物资入库200多批，300多万件，出库800多批，调拨配送300多万件。如此大量且频繁地调拨配送物资，如何实现零差错，绝对是摆在十四运会财务团队面前的一道难题。

“细节决定成败，只有在细节处做到严格把控，才能把物资物流服务保障采购工作做好。”张永周一针见血地指出了事情的关键。“作为财务驻会负责人，在很多项目上必须亲力亲为，谈判也是必不可少的，我深知领导的是一个有丰富经济管理经验的团队，但商场就是战场，谈判就是战斗，稍有疏忽就可能会造成国家财产的损失，在政府采购、市场开发等事项上，我们严格把关，敢唱黑脸！”张永周又说。

在预算把控上，经“二上二下”，审减部室上报资金的审减率达 54%。在“广覆盖、全流程、精细化”的事前评审规范下，对 127 个预算项目申报的审减率达 15%。加强对赞助、捐赠企业合同的审核，对 19 个 VIK（现金等价物）项目的审减率达 21%。着重把关采购流程，高质量完成 77 个政府采购项目，节支率 7%。从严把控 16 个应急采购项目，节支率 31%。最大限度地发挥了资金效能。在日常工作中，凡是经济活动，从安排预算、项目立项、合同审核到呈报审批、经费结算等均需过财务之手，提倡财务把关、领导审批“两支笔”，持续用力，使之成为常态。同时，坚持日日对账，保证 3200 多份 6.5 万多张原始凭证每一张的真实性、完整性，规定会计、出纳月月制表，账账相符。在监督过程中，敢唱黑脸当包公，以身作则，只为交出一本真实、准确、节俭、廉洁的“铁账簿”。

会计、出纳、政府采购、资产管理、物流服务等岗位的工作人员到岗之时就要求交第一次岗位履职说明书，并在后面的工作中对照现行制度办法不断修改完善。在财务部党支部专题工作落实会上集思广益，检视问题、查找不足、固本强基、补齐短板，带领财务部每位工作人员签订财务岗位责任承诺书。一直坚持上班签到考勤考核，并据此调离岗位 2 人、调整岗位 4 人。在十四运会筹办期间，无论做事还是做人，都“像冰雪一样纯洁干净”。

“赶考人”更是“追梦人”

通过对张永周和十四运会筹办期间财务战线驻会干部的采访，我们明显可以感受到这是一群努力奔跑的人，更是一群在“赶考”过程中勇于追梦的人。

“十四运会筹办工作如此紧张、繁重，您真的就没有任何后顾之忧吗？”当我们把这个问题问出来的时候，张永周的表情有些凝重。事后我们才从他的同事那里了解到 2020 年 12 月，在一次组委会调度会议上，张永周突然接到了母亲病故的噩耗。年底正值财务工作攻坚克难的关键时期，为不影响工作进度和团队士气，张永周强忍悲痛，只轻轻地说了句“一会儿回电话”便继续安排工作。2021 年 11 月，两个赛会刚结束，财务结算、清算、决算正在忙碌，张永周的岳父却因突发心脏病撒手人寰。两位亲人的相继离世，无疑让张永周承受着巨大的精神打击，但他始终没有因此而懈怠工作，仍然还像以往那样，坚持每天加班到晚上 11 点后才离开，第二天早上 7 点又准时出现在办公室。

梦想是什么？

是“赶考人”全力以赴，用所有的积累，“考”出一个好成绩；是“追梦人”夜以继日的奔跑，是看到我省各项事业踔厉发展时的一份自豪。

十四运会的筹办无疑将“赶考人”和“追梦人”凝聚到了一起，让我们看到了“赶考人”身上的进取精神，也感受到了“追梦人”对梦想的执着，对事业的忠诚。

星光不负赶考人，江河眷顾奋楫者。

让我们为十四运会的“赶考人”喝彩！

让我们祝愿更多的“追梦人”圆梦！

QIANG
HOUDUN

第四篇
强后盾

护航路上

王　琪

“交通”既有出自晋代陶渊明《桃花源记》“阡陌交通”中“往来通达”之意，又有出自唐代柳宗元《柳河东集》“旁推交通”中的“交往”之意。《管子·度地》则写道：“山川涸落，天气下，地气上，万物交通。”“交通”一词最早可追溯至《易经》“天地交而万物通也，上下交而其志同也”之念。

通俗点讲，交通就是人或物的位置移动。而交通保障，就是为了确保交通安全、顺畅，创造良好的道路交通安全出行环境。

在第十四届全国运动会和第十一届残运会暨第八届特奥会组委会，有这样一支来自陕西交通系统的队伍特别引人注目：他们完善机制，统一标准，紧盯目标，追求高效，上下齐努力，奉献在岗位。全省各赛区交通保障部门共投放保障车辆 2881 辆、出车约 7.9 万台次，为涉赛人员提供 52 万人次的快捷准时出行服务，实现了开闭幕式“零差错”、赛时运行“零延误”、安全防控“零事故”、保障服务“零投诉”、部门联动“零纠纷”的既定目标，兑现了全省交通人“五零”服务的庄严承诺。

这沉甸甸的成绩和荣誉，凝聚着全省 4000 余名交通保障人和组委会交通保障部工作者共同的努力，更倾注着驻会副部长李庆达辛勤工作的心血与汗水。

知而先行，行而先至

“我这腿最近不太好使，前不久刚做了一次手术，正在恢复期。我这有好茶，你自己去饮水机那接水可以吧？”

看着行动不甚便利的李庆达热情地招呼我泡茶喝水，顿感我们之间似乎是熟识已久的老友了。拜访之前，他似乎就有所准备：办公室的门虚掩着，一些提前找好的资料摆放在桌前，水杯里放着香气四溢的茶叶……

此刻，平日异常喧闹、车水马龙的唐延路和唐城墙遗址公园仿佛格外安静，空中煦暖的阳光、等待复苏的草木、鳞次栉比的座座高楼似乎都在平心静气地聆听李庆达的讲述。

“我们交通人只‘做’不‘说’，不喜欢玩虚的，不喜欢搞花架子，就喜欢干点实实在在的事……”当李庆达明白了我拜访的意图后，他说的第一句话就令我感到钦佩。

“从 2020 年 7 月走马上任第一天起，我就在考虑，240 万人出行、300 场赛事，全运会交通保障如何做，如何做好？”诸如此类一系列令人棘手而头疼的问题，多少次困扰着李庆达，使他食不知味、夜不能寐。

“但是，我也拍着胸脯向组委会领导和省交通运输厅党组保证，一定勇挑重担，以老军人的精神随时保持战斗的姿态，万无一失地完成十四运会各项交通保障任务！”

李庆达中等身材，说话嗓音洪亮。第一次和这位空军师级转业干部面对面交流，我感到很振奋。

只“做”不“说”？

正像《论语》中所言：“君子讷于言而敏于行。”30 多年的军旅生涯，让李庆达练就了一身摸爬滚打的过硬本领。从 18 岁那年打起背包、告别父母、离开河北老家起，李庆达就决定要把满怀的理想和一腔热血，付诸他用生命可以抵达的哨所和远方。

“军人的职业本身就是奉献，但也可以获得馈赠，那就是不怕牺牲、勇挑重担、雷厉风行品格意志的历练，这也是一生享用不尽的宝贵财富。”回忆起当兵那段经历，李庆达不无感慨。

他认为，30多年军旅生涯练就了自己急难险重冲锋在前、敢打必胜、勇争第一的优良作风。要保障全国性的重要活动，是一次挑战，更是展现陕西交通人特别能吃苦、特别能战斗、特别能奉献的大好机会，更是责无旁贷，干就干好，干出精彩。做好十四运会和残特奥会的交通保障工作，对他而言的确是一次严峻的考验，事实证明，他经受住了这次考验。这和他当兵的经历，和所有交通保障人的辛勤付出密不可分。

为将十四运会和残特奥会这项全民瞩目的赛会办好，真正实现“精彩圆满”的目标，按照组委会“系统谋划、精细管理、倒排工期、挂图作战”的办赛要求，在李庆达的带领下，团队围绕“细致、精致、极致”这一目标，动员全省交通运输系统的力量，把工作做到了最前沿，把服务送到了第一线，打了一场漂亮的团体战、细节战、收官战。

说到这里，李庆达底气很足，甚至还流露出几分无法掩饰的自豪感和成就感。

从部队转业到地方工作，通过学习，李庆达对陕西交通事业做到了了如指掌。李庆达认为，经济社会的发展离不开交通，交通必须当好先行官。2021年陕西举办全国十四运会，恰逢在我们党团结带领中国人民踏上实现第二个百年奋斗目标新征程的重要时间节点上，习近平总书记提出“办一届圆满精彩的体育盛会”的指示后，交通保障人就决心一定当好开路先锋，在行动上冲锋在前，在能力上勇于超前，在效率上追求高效，确保圆满完成任务，成为十四运会的有力支撑和坚强保障。

这个被组委会同事们亲切地称呼为“老李”的李庆达，就是如此倔强和执着！

在日常开会和布置工作时，他一向避免没有主题、没有逻辑、东拉西扯式让人不知所云的语言，都是用“大白话”布置工作，就连在组委会最高规格的主任办公会议上，他也没有华丽和深奥、复杂和无际的陈述，性格一贯直来直去的李庆达言简意赅，需要他表态时，往往也就是一句话“同意”或者“坚决完成任务”，会后就和同事们不折不扣地执行去了。

奉献的样子最美丽

2020 年 7 月，李庆达被抽调到筹委会负责十四运会和残特奥会的交通保障工作，在缺乏办赛经验的前提下，交通保障部一班人高站位对标、高起点谋划。

在李庆达的带领下，部里所有人认真加强政治学习，深入学习习近平总书记“办一届精彩圆满的体育盛会”重要指示和国家体育总局、中国残联以及省委、省政府主要领导指示批示精神等，将理论学习与日常工作深度结合，统一思想，凝聚共识。用“请进来、走出去”的办法，积极收集辽宁、天津全运会交通保障资料和经验做法，组织人员赴武汉军运会调研学习，邀请专家进行专业培训，赴 13 个赛区执委会开展督导检查，充分了解掌握办会特点和规律，全面系统谋划两个运动会交通保障工作，进一步整合思路，推动工作。

李庆达非常注重学用结合，按照挂图作战要求，他将赛会交通保障筹办工作分解为 10 级目录、32 大任务和 96 个子项目，任务到天，责任到人，倒排工期，对账销号。通过一系列努力，赛会交通保障工作思路进一步清晰，工作方向也更加明确，确保了筹备工作推进有序、开展有力。

唯有实干才能出成绩，唯有实干才能不负众望，这是李庆达始终坚持的一条颠扑不破的真理。但这样的“实干”背后，实际凝聚着李庆达一股“明知山有虎，偏向虎山行”的倔强劲儿！

在省交通运输厅领导的大力支持下，李庆达日夜奔忙，前后协调相关行业部门，对 363 条涉赛道路实施治理提升工程，完善标识标牌，增加赛会标识标语等元素，保持道路的常态化严管，为赛会营造良好的交通通行环境。在西安奥体中心建立交通调度指挥中心，李庆达多方协调组委会、运输服务企业和专家团队共同参与工作，探索推行了“1+2+7”模式，建立了流程化、标准化、模块化的交通保障运行体系，为交通保障工作打下坚实基础。

在公路运输市场低迷的情况下，如何确保赛会上的运输车辆供给？李庆达自有他一套办法。

他们采取了购买服务方式，按照“13个赛区1个标准”，严把运输企业资质关、保障车辆技术标准关和参运驾驶员资格关，有序落实保障车辆。结合疫情防控工作要求，他们首创了开、闭幕式“远端集结、团进团出、错时抵离、定点上下”的组织策略，最多时一次性保障各类群体约7万人次。

他们的交通保障人员，从最初驻会的11个人扩展到全省4000多人；他们的工作范围，也从体育宾馆的4间办公室，延伸到了全省交通运输领域的方方面面。

“落红不是无情物，化作春泥更护花。”李大钊为追求真理而敢于捐躯，白求恩为追求正义而不幸殉职，董存瑞舍身炸碉堡化作一团星火，张华为救淘粪老人生命从此

定格，这些人是奉献，我们身边平凡工作岗位上也是奉献，如同李庆达这样的十四运会交通保障人，他们快乐而努力工作的样子最美丽！

发生在李庆达身边的另一件事，他至今记忆犹新。

2021 年 9 月，一位参加全运会交通保障工作的驾驶员尹家新拾金不昧归还金牌，这件事引起了社会广泛关注。

9 月 18 日 22 点 30 分左右，尹家新将 30 余名运动员从场馆送到西安奥体中心全运村后，按照惯例一个人开始清扫车厢卫生，同时开展通风和消毒工作，为第二天接送运动员做好准备。突然，在车厢中门位置的座位上，尹家新发现了一个盒子，由于光线较暗，起初他以为是一盒月饼，打开后惊讶地发现竟是一枚全运会金牌。当时他就在想，这可是运动员的付出和荣誉呀，要尽快想办法归还给运动员。

按照组委会统一规定，各类人员都有各自的活动区域，他不能跨区域找相关部门送金牌，但想到车辆调度员也在驾驶员群里，于是将金牌拍成视频发到驾驶员群，几经辗转，由志愿者替它的主人将金牌取走。

“在这里工作不能有一丝马虎。”尹家新说，他每天 6 点起床、7 点用餐、8 点准时到达岗位，主要负责接送运动员往返比赛场馆和全运村，经常忙到晚上 8 点，有时遇到运动员兴奋剂检测，比平时忙得更晚，最晚要到晚上 12 点多。

对于捡到全运会金牌这件事，尹家新笑着说：“没想到自己也会与金牌有缘，只是做了应该做的，相信其他驾驶员捡到后也会及时归还的。”他还表示，今后还会积极参加这样的活动，多做一些对社会有意义的事。

李庆达说，其实像尹家新这样的事，后来被媒体报道后才广泛传开了，还有其他更多的交通保障工作人员坚守在岗位、奉献在一线。他们身上也许没有惊天动地的事发生，但他们秉持认真负责的态度，用朴实无华的行动，诠释着对十四运会交通保障工作的无限热爱。

2020 年 8 月初，组委会开始筹办“全运会倒计时一周年”活动，交通保障部接受的任务是，为来陕西参加全运会倒计时一周年国家部委领导，省委、省政府领导，组委会全体工作人员及参加文艺演出的演职人员提供交通运输保障。

组委会明确活动规模和人员后，李庆达将交通保障部全体工作人员分为三个小组，一组编制交通保障方案，落实车辆运行线路和运力投放；一组联系机场、火车站和酒店，对车辆停放和进出流线进行实地勘察；一组对接安全保卫部，落实好保障车辆“绿波带”行驶和免费通行高速等服务细节。在各组人员投入工作的同时，李庆达组织相关人员对车辆运行流线和行驶时间进行实地勘察，并研究制订应急预案。

临近活动开幕，组委会相关部室工作人员聚集在活动主场馆西安奥体中心，李庆达也带着运力保障处的工作人员连续几天在现场对车辆停车位、上下客点位进行规划，经常工作到深夜，但他毫无怨言，从不叫苦。

由于西安奥体中心当时尚未完全竣工，保障车辆进出西安奥体中心流线多次调整，但李庆达不厌其烦，与安全保卫部驻会领导在现场不断细化方案、完善应急预案，确保了“全运会倒计时一周年”活动交通保障工作万无一失。

经过这次“战役”，李庆达名声大振，交通保障部不仅在工作总结会上受到了组委会领导的表扬，也令组委会兄弟部室对交通人的工作作风刮目相看。

事后，李庆达却淡然一笑：“我在部队待过多年，实际经验告诉我，不能打无准备之仗！”

如果所有的疲累都在一笑间，是一份洒脱，那么面对十四运会交通保障的重重阻力和千辛万难，无论作为一名忠诚的共产党员，还是作为一名交通系统的领导干部，李庆达都做到了勇于担责、乐于奉献。

火车跑得快，全靠车头带

在李庆达的带领下，组委会交通保障部全体工作人员秉承陕西交通人“特别能吃苦、特别能战斗、特别能奉献”精神，“五加二”、“白加黑”、全年无休息，舍小家、为大家，用勤劳和汗水、责任和担当，默默无闻、忘我工作。

赛会交通保障工作奋斗的历程充满艰辛，取得的成绩令人鼓舞，很多活动、很多场景、很多细节令人久久难以忘怀。赛事筹备期间部门组织全流程、全要素演练8次，专项演练20余次；编制《交通保障工作总体方案》《国省干线道路综合治理指导意见》《城市交通环境综合治理指导意见》《专用道设置及使用规则》《车辆组织管理办法》《交通服务标准》《驾驶员服务规范》《驾驶员培训教材》《公共交通政策》及各个赛区（场馆）交通保障方案和预案100余份；为全省13个赛区58个项目，群众比赛4个项目（残特奥会5个赛区、27个项目）及开、闭幕式，火炬传递，“双先”表彰和赛事观摩等活动提供“班车＋专车”交通运输服务。

在近两年的十四运会和残特奥会筹办过程中，李庆达在工作上自始至终扑下身子、靠前指挥，带领大家解难题、争一流，充分发挥党员领导干部先锋模范作用；在生活上关心每一位工作人员，通过日常谈心谈话、召开党支部专题工作会议等方式，给大家鼓劲打气、缓解疲劳、安抚情绪，力所能及消除大家后顾之忧，为十四运会和残特奥会的交通运输保障工作交上了一份满意的答卷。

作为一个有着30多年党龄和军龄的转业干部，李庆达多年来养成了忠诚担当、胆大心细、迎难而上、无私奉献的高尚品德。尚在部队服役的儿子因为种种原因，婚期一再推迟，当时确定的婚期正值十四运会筹办的关键时期，李庆达和爱人没有充足的时间为儿子儿媳筹备婚礼，在征求亲家意见后，只是双方家长一起吃了顿饭，就将儿子的喜事简简单单办了。作为父亲，在对待儿子的人生大事上，每次想起，李庆达感到多少有些愧疚。

2021年10月2日，适逢十四运会和残特奥会两个运动会的转换期，也就是9月27日十四运会刚刚落下帷幕，10月22日残特奥会开幕式又迫在眉睫之际，李庆达感情至深、自小玩大的小弟因突发心脏病去世。但李庆达因工作繁忙，未能回河北老家见上小弟最后一面。这份离别亲人的悲痛，只能深藏心里。翻翻日历，他和小弟的故事仿佛就在昨天，他的音容笑貌，李庆达永远记在心间。

提及这两件事，李庆达的语气稍微停顿了一下。其实在谈话间我能隐约察觉得到他流露出的那种失落和伤感，可再多安慰的话语，又怎能替代得了他的终生遗憾？

“其实遇上这样的事，在我们组委会交通保障部谁都会这么去做的，大家那时都一门心思地把精力扑在工作上。你说，我被任命为驻会副部长，当时怎么能走得开呢？”与李庆达交流到此，让我觉得这么重的担子压在他这个“火车头”上，着实不是想象中的那么容易和简单。虽然忙碌、操劳、辛酸却也光荣、自豪，没有参加过十四运会交通保障工作的人，是根本无法体味到的。

“工作再难，我绝不会发牢骚，大家也无怨言。这不是上刀山下火海，我们交通上常说‘逢山开路遇水搭桥’，遇到困难，我们一起想方设法去破解，所以受点累、吃点苦甚至吃点亏，对我本人和部门的全体工作人员并不算什么。”李庆达说到这里，显然有点激动，但又无比淡然和坚定。

殷切之情在耳畔

时光飞逝，日月如梭。转眼已至 2021 年 11 月 8 日，交通保障部一场别开生面的欢送会在热烈的气氛中举行。

这一天，距十四运会和残特奥会结束已整整 10 天。

按照组委会统一安排，从这天起，交通保障部 11 名工作人员中除个别需要从事后续工作的同志外，多数驻会干部就要陆续离会，返回原工作岗位。这个简单朴素的欢送会，是对一年多来风雨同舟、和衷共济、全力保障两个运动会交通保障工作的回顾与总结，也是李庆达对同志们的道别和祝愿，他一句语重心长的“大家辛苦了”让大家百感交集，心潮起伏。

回想 2020 年 6 月交通保障部刚成立，11 名驻会干部带着单位领导的信任与嘱托，从不同单位、不同岗位，走到了一起，李庆达颇有感触。这一年，他与同事勤学习、

善作为、强协作、渡难关；高起点搭建了组织指挥体系，高要求做好了重点道路保障，高质量落实了保障车辆筹集，高效率应对了交通运输安全，高标准完成了重要保障任务……大家的付出有目共睹，努力的结果令人欣慰。

其间，李庆达有太多和大家一起工作的日日夜夜值得记忆，不能忘怀。他自豪地说，十四运会交通保障部是一支作风优良、保障有力、能打仗、打胜仗的“雄狮劲旅”，早在 2021 年 8 月，交通保障部即被十四运会组委会评为“优秀部室”，五名驻会干部被评为“奉献全运之星”，一名干部被评为“优秀共产党员”。

李庆达接着回忆，在交通保障部驻会工作人员中，令人感动的事经常发生：比如王晓东的岳父在闭幕式前一天不幸去世，但他没有离开工作岗位；董月的岳父住院手术，他不提任何特殊要求；刘冠宏与妻儿两地分居，照顾不上父母，从未请过一天假；亚东师傅明年退休，身体不好，父母经常住院，但坚守岗位；小尚作为单亲母亲，兼顾事业和家庭……诸如部里这样的事，几乎每个人身上都有，但大家都心往一处想、

劲往一处使、拧成一股绳，把交通保障工作硬是一天天扛了下来。

刘冠宏——这位交通保障部当时的一名得力干将，是李庆达接受采访时多次谈及的人物，现已任职于陕西轨道交通集团核心部门，据说是一位常常满脸笑容、工作热情的小伙子。为了进一步挖掘李庆达和他的团队故事，我又及时联系到刘冠宏，和他在 2023 年 3 月下旬，一个充满生机的春日有了一次愉快的交流。

“李部长低调惯了，从不喜欢追逐名利，有几次把组委会授予他的荣誉果断让给了部里其他同志，让大家很钦佩。他平时做事雷厉风行、一丝不苟，但对我们很尊重，我们也非常体谅他，服从他的管理，所以他一直深受我们拥戴。不仅如此，还有一件事，你可能不知道……”刘冠宏说到这里，不禁激发了我的好奇心。

刘冠宏问我：“你前不久去办公室采访他，有没发现他走路不太利索？”

我连忙点了点头："是的，看到了，但我没问具体啥原因。"

"他这是十四运会那段时间过于劳累，落下了点病根儿，去年刚动了一次手术，正在恢复期……今年年初，我们部里几位同事曾去看望过他，手术效果挺好。"刘冠宏说道。

"可我去采访，他只字未提。"此时，我才明白为何我初次登门拜会李庆达时，他解释说行动不便的原因。

同时，刘冠宏兴奋地告诉我："李部长和我们交通保障部，包括其他十几个部室，每天都有耐人寻味的故事发生，只是我们平时忙忙碌碌，埋首工作，没有时间记录，也不会去主动宣传，就像李部长经常所说，咱们交通人习惯'只做不说'！"

"海内存知己，天涯若比邻""大鹏一日同风起，扶摇直上九万里"是李庆达在那个欢送会上，送给大家的两句诗。这是一份衷心的祝福，也是李庆达和战友们因两个赛会结下的浓厚情谊。

这份情谊，不会因时光流逝而磨灭。它激励着大家继续发挥十四运会期间培养的战斗精神，以所向披靡的勇气和坚毅执着的闯劲，去迎接一次又一次更加艰难的新的挑战。

以大局为重　交最好的答卷

暮千雪

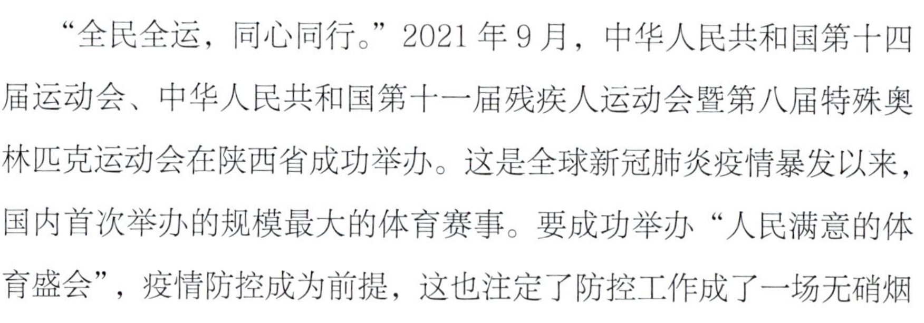

“全民全运，同心同行。”2021年9月，中华人民共和国第十四届运动会、中华人民共和国第十一届残疾人运动会暨第八届特殊奥林匹克运动会在陕西省成功举办。这是全球新冠肺炎疫情暴发以来，国内首次举办的规模最大的体育赛事。要成功举办“人民满意的体育盛会”，疫情防控成为前提，这也注定了防控工作成了一场无硝烟的战争。

刘天奇，作为十四运会和残特奥会的医疗卫生部驻会副部长，他成为这场战“疫”的总指挥，凭着西北汉子特有的倔强、执着、认真，带着全省医疗战线上的千军万马，为十四运会和残特奥会成功保驾护航，谱写了一曲无憾的凯歌，为人民交上了一份最好的答卷。

临时受命，夜以继日破一穷二白的困局

“2021年，时逢建党百年，因此，十四运会不仅是疫情防控常态下我国举办的第一个大型综合性体育赛事，更是我国开启全面建设社

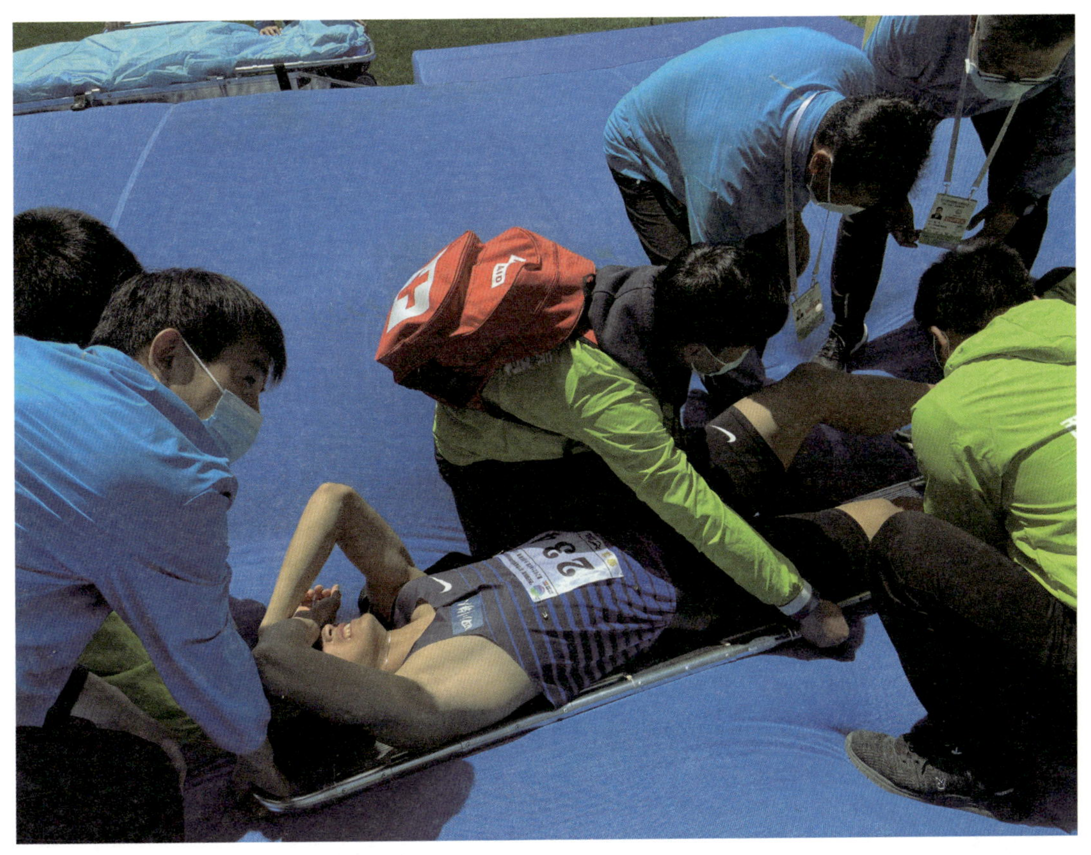

会主义现代化国家新征程之际举办的一届体育盛会，具有特殊重大的意义。于整个国家而言，十四运会是国际社会观察我国体育事业和疫情防控成效的重要窗口，是全面展示我国竞技体育实力水平、后备人才培养以及群众体育、体育产业发展的重要平台。对于陕西人来讲，全运会百年一遇，是第一次在中西部地区举办。对我个人职业生涯而言，这是最大的一次挑战，对所有参与医疗保障的人来讲，都是挑战，这是对我们组织能力、综合协调能力的一个考验、一次锻炼，我们要接受从领导到运动员、到社会各方的检验。实际上，十四运会也是对陕西省整个卫健系统的一次全面检验。不仅如此，十四运会还承载着另一个重任，就是要充分发挥多元价值和综合功能，激发全民健身热情，切实提高人民群众的获得感和幸福感，整个赛会以‘全民全运，同心同行’为主题，从开始筹备，就定出了‘办人民满意的体育盛会’的标准。在当前的环境下，能不能担起大任，能不能完成任务，能不能向人民交上一份满意的答卷，这就要看我们的工作能力，所以，当我接到这个任务时，我觉得这次检验是史无前例的严峻……”

时隔一年多，说起十四运会，刘天奇依然心潮澎湃。

2020 年 6 月，十四运会的医疗卫生部成立一个多星期后，之前派去的领导因特殊情况调离，刘天奇接到了前往十四运会医疗卫生部任驻会副部长的通知。乍接通知，他有点懵。自己一直在单位里做协助分工和党委人事工作，对举办运动会没有丝毫概念。现在从旁观者到参与者，这不仅仅是角色的转变！

路虽远，行则将至；事虽难，做则可成！短暂的踌躇后，刘天奇欣然赶赴岗位。

医疗卫生部的人员，都是从卫健委下属单位临时抽调过去的，对于举办运动会没有经验，所以，临时受命的刘天奇接过重担后，面对的是个一穷二白的局面。

“没有一点资料吗？”刘天奇有点着急。

“没有啊，咱们陕西原来也没办过这种全国性质的会……”

听着同志们一筹莫展的解释，刘天奇真有种老虎吃天无法下口的惶惶然。蓦地，他想起了举办过“十三运”的天津，连忙打电话过去。天津卫健委反馈回来的资料让刘天奇更加清楚地意识到自己面临的是一场空前的挑战。天津“十三运”是一级办赛，天津市卫健委直接调动全市的医疗资源就可以了，陕西的十四运会，除了省里的赛区，还有 10 个市和西咸新区、韩城等 13 个赛区，共计五十几个场馆，这就决定了省里要有一个领导班子，市、县也得有各自的组织，属于三级办赛，如此，牵扯的部门非常多，协调起来难度非常大，需要的人员队伍务必足够庞大。

冷静下来的刘天奇迅速做出了决定：一切从无开始，勤奋学习！人员不足，就加紧筹备、组织。他马不停蹄地回到卫健委，与领导商榷后，确定下基本思路：向全省卫健系统发出动员令，动员全系统人员来参与十四运会医疗卫生的保障工作。此外，也动员党政机关人员和全社会来参与十四运会。

按着这个思路，刘天奇牵头成立了“省卫健委十四运会医疗保障工作领导小组”，卫健委里的相关处室和直属单位，包括医疗单位工作人员都作为领导小组成员。之后连开两场动员会加消息通知，把省委、省政府和组委会布置的“全力以赴为十四运会做好医疗保障”任务下达到全省卫健系统里的每一个人。很快，各市卫健委纷纷行动起来，开始组织抽调人员组建其赛区的医疗卫生部。

人员初步动员起来后，刘天奇就开始组织学习，最合适的学习对象是天津市。因“十三运”过去之后，组委会就解散了，刘天奇几经协调，通过天津市卫健委的主要领导，联系到了一些相关人员。约好时间，刘天奇就带着几个组员赶赴天津。天津方面的同志很热情，通过座谈会、实地观摩等方式将经验毫无保留地贡献出来，由此，刘天奇对大型运动会的医疗保障工作及其重点有了起码的概念和方向。

从天津回来，刘天奇带领组员一头扎进方案的制订中。

“那真是一段繁忙充实的日子！”说到这里，刘天奇真有种不堪回首的感觉：“如果是正常的现场医疗救护、运动员村里的日常健康维护治疗，都可以想象，但是十四运会面临一个最大的敌人就是疫情！为确保万无一失，个人的付出已经难以估量了，每天熬夜成了家常便饭。组委会成员一周休息一天，如果要改材料，这一天也就泡汤了，所以，那一年半时间基本上是‘五加二’‘白加黑’……”

运动员村的医疗中心，负责常见病、运动员伤病、多发病的就地治疗，开、闭幕式期间还要负责出席中央领导的医疗保障，以及观众席、运动员席、演艺人员的医疗保障。还有场馆的空气、物体表面的消毒防疫、常规的传染病防治、食品卫生问题的往来应急、运动员淋浴设备的卫生……这些也需要顾及。经过近一个月加班加点的商讨，初步制订出 72 份文件目录。一一审阅之后，刘天奇觉得如果定得太细，组委会不一定能完全操作，于是就对文件进行了压缩整合，最后形成 30 多份文件目录。

经过又一轮讨论完善，30 多份文件资料终于通过了组委会领导的确认，然而又面临人手不够力量不足的困境，刘天奇再次回到组委会开动员会。为了保险，组委会将防疫方面的方案交由省疾病控制中心抽调专家来负责。省疾病控制专家起草的闭幕式防疫方案涉及场馆测试赛，刘天奇细看后，又抓紧时间为五十几场测试赛另搞了一套方案。

牵扯到生命的事，不能有丝毫让步

2022年8月6日，榆林市体育中心场馆人声鼎沸，陕西省第十七届运动会（青少年组）开幕式即将在这里隆重举行。

8点整，演职人员已做好登台准备。就在这时，一名年轻的女演员忽然倒地，瞬间的惊怔里，几名医护人员已抬着担架飞速冲到其面前，转眼，倒在地上的女演员就已被抬向后台，整个过程仅仅二十几秒。看到这一幕的几个人松了一口气，而更多的人根本不知道这个插曲的存在。会场一切如常，女演员得到了及时救治，开幕式得以圆满完成。

嘉宾席上，榆林的领导对刘天奇连连道谢："幸亏有你们在前边蹚路，我们这次活动的医疗保障方案完全照搬了十四运会开、闭幕式的方案呀！"

"是吗？哈哈哈。"看到自己的方案再次发挥了价值，耿直的刘天奇丝毫不掩饰内心的愉悦。要知道，当初为了落实这套方案他可是"过五关斩六将"，费了大劲儿。

时光回到十四运会之前。在卫健系统耕耘几十年的刘天奇深知人陷入昏厥后的3—5分钟是黄金抢救时间，超过这个时间就有生命危险，所以，在制订十四运会的医疗保障方案时，他设定的医疗室和开、闭幕式时的医护人员位置都在3—5分钟的路程之内。仅此一项，就让他将人"得罪"遍了。

早在2020年年底，部分场馆还没有完全完工，里面的硬件在做最后的完善，包括建设无障碍设施等都在紧锣密鼓地进行。但因为忽略了医疗问题，后边加进去的医疗室被无奈地放在最角落里。检查后，刘天奇立马提出："这样是不行的，按标准立马调整！"有些施工单位找他"通融"，他就耐心陈述利害："如果场上有人遇到严重的

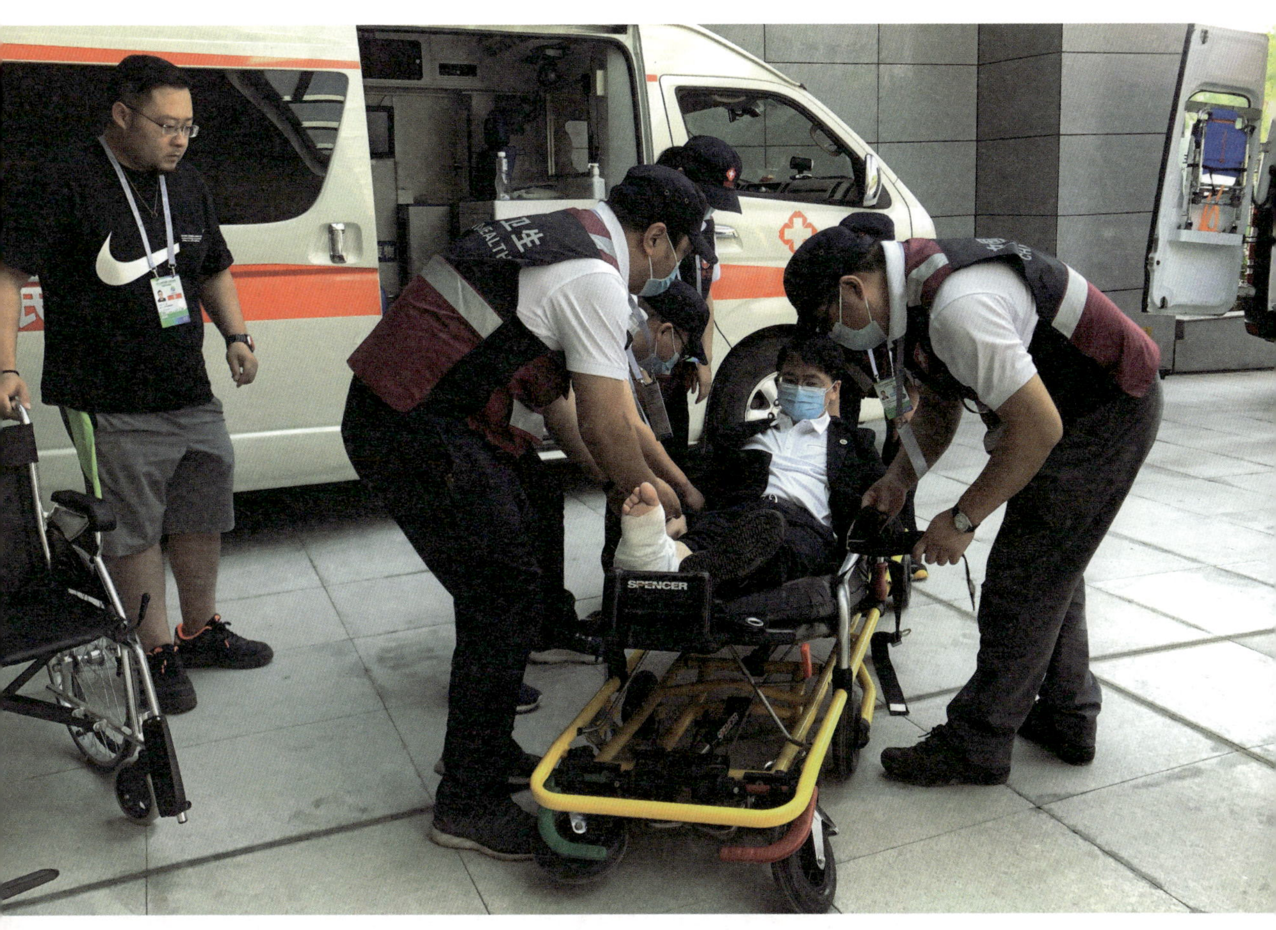

伤害或者心脏骤停，一旦医护人员冲不到跟前，错过 3 分钟黄金抢救时间，就会影响一个人的生死呀。”听罢，施工单位都接受了要求，积极地进行整改。

最吃力的是全运村医疗中心的组建。

第一次去时，刘天奇心里就急得直上火，因为提供的地方不仅小，还没装修。仅仅两间房，100 多平方米，屋顶各种管道上积满了灰尘，管道有随时砸下来的可能，毛水泥地面根本没有办法清洗消毒。他当即召集相关负责人座谈，负责人说装修需要资金，全运会一结束就拆了，纯属浪费，还不如节俭着办。刘天奇理解对方的心情，解释劝说一番后，明确提出再节俭，也要达到卫生的要求，必须立即整改！二十几天后，刘天奇给西安市组委会的驻会副部长、卫健委的一个副主任打电话询问进展，对方拍了几张照片给他，居然还是老样子！刘天奇急了，赶紧写了一个督办函发过去。又过了半个月，依然没动静。按有关规定，组委会第二次督办的话，就要通报批评。刘天奇把第二次督办函报上去以后，省政府相关领导一看也急了，带上刘天奇等人赶到现场，一看，觉得的确不行，面积不够，基本的仪器设备都摆不下，更不要说设置几个科室。见楼上还有100多平方米的空房，刘天奇就提出将空房全部装修出来作为医疗室。终于，顶吊了，地铺了，消杀设备配置到位。为了尽力赶上二级综合

医院的标准，从医院调拨仪器过去时，刘天奇主张将除颤仪等设备也都配备到位。之后，刘天奇又提出全运村每幢楼的一层都设一间医疗室，很多人嘀咕他小题大做，多此一举。

“要防患于未然！从医疗中心到运动员驻地，开车都需将近 10 分钟，一旦有人在房间里出问题，医护人员 3—5 分钟内赶不到现场，就会有危险发生！”在刘天奇的坚持下，全运村的每幢楼的一楼都设了医疗室，包括运动员入住的酒店也配置了医疗室，每个医疗室配一名医生和一名护士，24 小时轮流值班。

事实证明，刘天奇并非多此一举。全运村最多的时候，运动员有七八千人，每天有 100 多人去医疗中心治疗，擦伤的、扭伤的、发烧的，等等。之前反对刘天奇的人又开始夸刘天奇：“幸好你当时追得紧，给我们解围了，要放到现在，我们就抓瞎了！”尤其是发生了一例心肌梗死后，大伙更是感激刘天奇。当时病人在房间里突发心梗，接到电话后，医生第一时间赶到现场，病人得到成功抢救。事后想想，如果稍有耽误，后果不堪设想。

“该坚持的必须坚持，牵扯到生命的事，不能有丝毫让步，宁愿是多此一举让人烦，也不能掉以轻心留下遗憾。”

誓将固执贯彻到底的刘天奇，一路扯着脖子跟人争论。到各个赛馆，见医疗室在场馆后边，就催着换到前边：“医疗室必须往前放，放在后面肯定不行，场上有一个人翻倒了，你才往前跑，这咋能行？”而且要求观众席上一个方阵必须要有一个医护人员在场，急救设备点位布置出来，急救的东西保留在座位底下，一旦有观众一激动，心脏病发作，要保证现场有人急救。到了后面，刘天奇直接主张在现场的裁判席旁摆一个急救席，每场比赛，派一名急救医护人员坐在现场观看。“医护人员的职责是什么？就是及时发现病人、抢救病人，怎么能坐在医务室等？必须现场看着，一旦有问题的话，马上支担架下场抢救。”

开、闭幕式时，按刘天奇的布置，4 个入口备 4 个担架，4 组人守卫。一旦有谁现场晕倒，就在最短时间内抬走，不能造成现场混乱。

以大局为重，不能怀有任何侥幸心理

“骂我不近人情也好，批评我不够灵活也好，我都不怕，我就怕辜负了使命，辜负了全社会的期待。我们要始终以大局为重，不能怀有任何侥幸心理。”

刘天奇说这些话时，是在测试赛期间。因受疫情影响，许多运动员无法顺利参赛，通过与国家体育总局竞技体育司领导的充分解释与沟通，组委会调整了原来的训练方案，保证了测试赛安全、顺利开展。

“运动员提前 14 日集中封闭训练”是十四运会“闭环管理”的重要部分。闭环管理是十四运会的一大创新。闭环管理首先就要做到封闭管理，要将涉赛几万人统一集中起来，谈何容易？所以，这个建议一经刘天奇提出，无异于石破天惊。

经费呢？媒体、宣传部门的工作如何开展？争论到最后，方案被拿到了省政府的会议上。会上，有人主张运动员和媒体记者，包括技术官员作为全封闭区，观众席上的人作为半封闭区，这些人可以自由出入，但不能互相接触。

考虑到费用的问题，大部分人赞成这个主张，建议考虑半封闭。但是，刘天奇仍然坚持全封闭：“半封闭风险很大，也是无意义的。比如开幕式，体育馆虽然上面畅通着，但是底下离太近了，不能完全确保运动员安全……”

最后，省政府领导拍板确定了全封

闭方案。方案确定了，问题也纷至沓来。

竞赛方面提出："我们来了以后，还要随时组织演练，随时交流怎么办？"

宣传方面提出："我们新闻媒体来了以后，不仅要在运动会上采访，还要在社会上采访，怎么办？"

"中央台的记者来了能同意吗？"

"开、闭幕式几万观众呀，怎么办？"

"观众的检测怎么办？"

每一个问题都迫在眉睫，每一个问题又都衍生出更多问题。刘天奇带着组员们一场会接着一场会地讨论，想周全之策。在全力以赴的协调下，所有的问题都得到了很好解决，比如关于开、闭幕式时的观众食宿问题，他建议："这么多人，不一定非要找高档酒店，招待所就可以，还可以要求优惠价，一个房间两个人住。"

后来情况比预期的还要好，西安市各个区域、进修学校、招待所等积极请命，接收人员入住，且收费都很低。对此，刘天奇由衷地感叹："十四运会其实是一项系统工程，是我们国家在集中力量办大事。如果没有严密的组织指挥，肯定要出乱子。"

圆满结束，灿烂背后的一场惊心动魄之战

"你以为的岁月静好，只是有人为你负重前行。"这句话非常契合十四运会。

当全国人民津津有味地欣赏着十四运会的节目，震惊于开、闭幕式的壮观精彩，为一场场比赛热血沸腾时，没有人知道在这场灿烂辉煌的赛事背后，刘天奇带着团队付出了怎样的艰辛？在很多人的偏见里，运动会配备医护人员纯属摆设，根本派不上用场。只有刘天奇知道，那一年多的时间里，他是带着一支队伍在做着惊心动魄的战斗。

测试赛期间，山东某个队的自行车选手没有给组委会打招呼，擅自离开驻地，在郊外找了一块地方训练。很不幸，一个运动员就因操作失误翻倒在一个土堆后边，造

成了严重的头颅脑外伤。接到消息，刘天奇连忙通知就近的医护小组前往救治。庆幸的是，救治及时，运动员没有留下大碍。还有一次，也是测试赛期间，西安的某个赛区，一名曲棍球选手训练时下体受伤，情况比较危急。好在医疗队就守候在旁边，医护人员迅速将其护送到医院救治，使其得以转危为安。最危险的一次，是发生了一例脑梗，若不是医护人员抢救及时，悲剧就会发生。在运动员入住全运村后，扭伤、擦伤时有发生，医护人员就像警卫员一样，时时守护在场边。

沉浸在回忆里的刘天奇心有余悸："人命关天啊，万一出现心梗或者是颅脑损伤，现场救治不及时的话，那命就没了。我们那时的压力真是大！"

因北京冬奥会紧接在十四运会之后，2021 年 3 月，刘天奇带队去北京取经。

到了北京，和相关人员交流之后，方知国家体育总局也非常关注十四运会的防疫措施。审阅过刘天奇呈交上去的防疫方案后，国家体育总局的领导建议在防控方面可以更细致一点，并且提出，希望开幕式和闭幕式有观众参加。

"简约、安全、精彩"，是当时习近平总书记视察北京冬奥会提出的办赛期望，可见安全已是办赛的重中之重。因此，防疫安全和医疗保障不能有丝毫闪失，一旦出问题，安全不就成了一句空话吗？一念及此，回到西安的刘天奇顿觉压力倍增，经常睡不着觉，满脑子都是十四运会。西安的奥体中心有 6 万多个座位，按防疫要求，一半观众最少也有 3 万，加上入场运动员、技术官员，里面就已经有 4 万至 5 万人。怎么远端防控，怎么现场定位，怎么检测……

远端防控、赛前验证、赛后跟踪，开发"全运通"系统，实现无烟全运会……持续的高强度、高压力的工作，终于击倒了刘天奇。

2021 年 8 月的一天，刘天奇正带着组员制订闭幕式医疗保障方案，此时已是晚上 8 点，忙碌了一天的他和组员们接到通知，要赶往省政府开会。会议结束，回来已经是 10 点半了。结合会上省政府领导提出的意见指示，刘天奇召集大家继续讨论、整理、修改。不知不觉就到了午夜 1 点，刘天奇突然全身不适，心慌气短，大脑一阵空白，凭着医学常识，他知道自己需要马上休息缓解，他叮咛组员继续工作，自己去

办公室的临时床上躺一下。人是躺下了，却翻来覆去怎么也合不上眼，后来干脆起来喝点水，又跑去工作现场。硬撑着将打印出来的方案审阅了一下，指出几个需要修改的地方，实在撑不住了，再次回到办公室缓解。早晨 7 点，心慌气短的症状减轻，刘天奇就抱着修改好的稿子到省政府和秘书长交流，正交流着，心脏再次不适，他赶紧请假回家吃药。此前几个月，他的身体已经有所示警，经过中医院的一个老院长号脉诊治后，断断续续地吃药维持着。

这一次，刘天奇在家整整躺了两天两夜。这距他接任十四运会医疗卫生部任驻会副部长的日子，过去了 14 个月，距离十四运会开幕只剩下一个月。之后，组委会调进两位副部长接续他的工作，他虽在养病，却依然通过电话工作。一个月后，西安奥体中心的十四运会开幕式上，身体初愈的刘天奇手执对讲机有条不紊地排兵布阵："各个入口医护小组是否到位？各通道里的医护人员是否到位……"

2021年9月27日晚，西安奥体中心内再次灯火辉煌，万人沸腾。以“建党百年，体育盛会”为主题的十四运会闭幕式在此隆重举行，随着闭幕式帷幕徐徐落下，中华人民共和国第十四届运动会精彩圆满结束。刘天奇的妻子一路见证了丈夫为这场赛事倾注的不懈努力，在电视机前观看完闭幕式的盛况，第一时间将拍摄下来的一段视频微信发送给刘天奇，表示对丈夫由衷的祝贺。刚走出西安奥体中心的刘天奇，在路边看着手机呵呵笑出了声，这一刻，他所有的委屈和辛劳都得到了安慰，欢喜与幸福感将他紧紧包围，他的职业生涯了无遗憾！

全运会是全民运动的盛会，更是奏响全民文化自信的盛会。十四运会的成功举办，不仅给全国人民奉献了一场精彩圆满的体育盛会，也向全世界展现了新时代的中国精神和力量。在铺天盖地的赞誉中，人们也没忘记肯定幕后英雄的付出，有媒体评价道：“作为疫情防控常态下我国举办的第一个大型综合性体育赛事，本届全运会始终把参赛人员生命安全和身体健康放在第一位，树牢底线思维，牢牢把控疫情这根弦，举办了一届安全健康的运动会。”

面对这份荣光，刘天奇谦虚地说：“成绩是属于大家的，如果没有国家卫生健康委的精心指导，没有陕西省委、省政府的坚强领导，没有各单位各部门的大力支持，没有参赛和涉赛人员的理解配合，就没有这份成功。我只是做了自己该做的，坚持了自己该坚持的，最欣慰的是，我们如愿以偿地给人民交上了最好的答卷。”

无声奉献显担当

王闷闷

2021 年 9 月 27 日晚 8 时，在陕西西安奥体中心，中华人民共和国第十四届运动会闭幕。这意味着本届为期 13 天的全国性体育盛会圆满成功，一如开幕之时，全场的掌声、欢呼声经久不息。如此盛会能够顺利地举办，离不开许多在幕后默默无闻忙碌的工作者，冯小立就是其中一位。

在没见面之前，我只知道他的名字和手机号码，其他信息一无所知，在网上也不曾查到多少可用的信息。为避免唐突，我提前发短信说明了想来采访的意思。很快得到了回复："王老师，您说的这个时间可以，那就辛苦您来跑一趟。见面聊。"本以为得两三次甚至四五次商量约定适合的时间，结果却出乎意料顺利。

第二天我按着约定的时间地点去往他的办公室。见面后，他安顿我坐在办公桌对面的椅子上，随即找来杯子，给我倒水。我不好意思地站起身，说："不用，我自己来。"他示意我坐下，说："没事的。"有了这个轻松愉快的基调，我们很自然地就进入了主题。

他坐着，不时看向窗外，陷入那段永生难忘的回忆中——

“2021年3月21日，我从省政府办公厅总值班室调离，到十四运会组委会行政接待部工作，与其他人不同的是，我是要在原来职务上做一些变动。领导找我谈话，说明意思，我说全运会是陕西乃至全国的盛会，作为党员，我义不容辞。再说，我在哪里都是工作，而且在哪里都会把工作做好，我愿意去。抛开这些，我想着自己原来组织策划参与过一些大型的接待会议，有丰富的接待经验，这次的工作应该是容易上手容易打开局面的。可是，等真正接触到具体工作，才发现根本不是想象的那样。

“工作的起步阶段不甚容易，我让自己冷静下来，快速思考琢磨，面对现有的困境，心中列了个大致的方案和问题解决的次序。首先要在接待规范和人力资源上下功夫，尽可能快地制定出接待的规范制度，这是提纲挈领的东西。我们还必须要结合疫情这个特殊的情况制订出方案。人力资源上涉及较广，其间，我们搞了两场接待培训会，通过线上视频会议和线下会议、理论学习和实际操作相结合进行培训，这样也可以节省时间，培训效果很是不错。我们这个工作时不时地就得出去对接和协调，这就得有专车保障。可我们又没有那么多车，因为每个地方都需要用车，车辆就很紧张。

“搞接待没有车怎么行，只能硬着头皮去应对，先是想出招标，很快问题接踵而至，市场的价格都很高，我们又没有那么多的资金。后来我们把现有的资金，按标准发放给各个对接单位，然后让这些对接单位想办法。各个对接单位自己就有车，也有自己的公共关系和人脉资源，可以综合利用起来。果然，交通保障这方面车的问题很快就解决了。

“问题是一个接一个的，这个刚解决，另一个立马出现在眼前。我们组委会有500多人，都是从各个单位抽调过来然后分派到各个部门的，所以协作机制就很重要。人与人的交往磨合，需要一定时间，我们又没有那么多的时间，工作起来便有很多困难阻碍。

“我清晰地记得，当时提出了挂图作战、清单管理等方案措施。有专门的挂图作战室，各个部门领取各自的任务，什么时间完成什么，都有明确的规定。加之，省上

主要领导都很重视，一次次地开会下达指示。如此一来，一下子都动起来了。我受到的启发很大，也不再觉得自己所遇到的困难有多大，有了要竭尽全力解决处理好问题的决心。

“我积极去交流融入，人嘛，走动多了就好了。要多从情感上互动，晓之以理，动之以情，很多时候都要靠打感情牌去解决困难完成工作。刚开始，大家都是不留情面的，有时开会，直接就在会上说你这不行那不行，后来相处时间长了，慢慢就好了，工作也顺了。领导提出党建引领，每月要听取工作汇报，提高政治敏锐性和大局意识，理解‘国之大者’的内涵深意。我真是深受鼓舞和启发，以无差错、无遗漏、无失误、无投诉为工作目标，自此开始了‘五加二’‘白加黑’的工作模式。

“第一次汇报工作时，我列了18项工作清单，这个阶段做什么，下个阶段做什么，尤其是抵离工作方案，由谁来组织，由谁来做。我们行政接待部是总协调总运转，把具体任务分派给属地，这叫作属地管理。因为我们抵离中心只有四个人，每个人就是有三头六臂也忙不过来。我们所有的努力都是为尽可能完美地完成工作。把任务分给各个属地，如此一来每个接待任务都会有具体的人去管理去做，并且很少会出岔子。拿西安来说，主要就是一场两站，飞机场和高铁站、火车站，按属地管理的方式，高铁站这块归未央区，火车站这块归新城区，飞机场这块归港务区，当然，火车站里面和飞机场里面由我们来负责，还有就是一些重要的接待。

“用人这方面，现在不少年轻人是很缺乏锻炼的。当时，我们部门很多年轻人，有些就用不成，有人建议让我给退回到原单位，我并不赞同。都是成年人，每个人都有面子，你把他（她）退回去，他（她）的面子往哪里搁，以后还在单位怎么工作。有些人敏感，万一再产生极端的思想，很多事情是说不来的。有人说，重要的事情都顾不上想，哪里还能想得了这些。我说，要想的，这也是大事情，不能轻易打击年轻人，要给他们锻炼成长的机会。我琢磨着怎么才能让他们最大化地发挥自己的能力，让他们感受到自己的价值，于是就想到孔子的因材施教。这些同志并不是一无是处，只是实践能力比较差，那就让他们各尽其能，能跑腿的就跑腿，能取送文件的就取送文件，能打电话的就负责打电话……最后全运会工作结束，他们很有成就感地回到了原单位。

“当时2万多名演职人员的饮食保障落到我们部门。大家肯定会想，那就找餐饮公司负责啊，其实没有那么简单。饮食方面责任重大，再者，找来找去，西安很少有能承接这个体量的餐饮公司。后来想尽办法找到几家，让他们做，但感觉还是不对。质量关一定要把好，于是我们去考察厂家和工作环境，对于蔬菜蛋肉这些原材料，我们列出清单，在正规渠道选材，一周一个计划，然后给厂家发过去，现场安排人称重。我们还要找能做清真饭菜的餐馆厨师准备清真餐，饭菜食物还要进行食品安检。我们秉持服务至上的理念，用心用情做接待，开展七天一循环的自助餐服务，集中了全省各地的特色美食。部分来宾离陕时感慨地说，他们体验了一次陕西的美食节。我们还安排了自助小火锅，丰富来宾的用餐选择；设立‘我想吃的菜’点餐台，设计不同地域风味的特色菜；中秋节提供月饼，设置特色节目，同时为过生日的来宾赠送手写贺卡、蛋糕、寿桃、长寿面等。山东代表团的成员曾握住接待人员的手说，全运会的接待是奥运会的标准，尤其是节日的关怀和生日的祝福让他们深受感动，过得跟家里一样幸福。

“最让人难忘亦是最让人感到遗憾和可惜的，这要说到我们组的渠雪红。我们每周一下午开专题会，大家都急匆匆的，每个人要把自己负责的区块做好。出发时家里来电话，她没顾上接，后来才知道那是她爱人的救命电话，当时她爱人心肌梗死发作。等顾得上回电话，再打电话过去已经没人接了，回看家里监控的视频记录，发现她老公趴在地上对她招手。她赶紧给家里的哥哥打电话，让过去看情况，等 120 到了现场，人已经走了。你说说，要是工作没有那么忙、工作压力没有那么大，她可能就接上了那通电话，人也就不会走。唉，最让人敬佩的是，她回家一周后，就重返了自己的岗位。像她这样的人，为了什么？一个单位的普通职工，被抽调过来工作，什么都不为。我相信，支撑她的肯定是强烈的党性和责任心，她深刻知道，如果离开时间久了，或者直接把工作撂开，没人能及时接续上这些工作，就会影响整个团队的工作进度。我经常想到那句话，我们曾经拥有一批顶天立地的真人，他们不为钱、不为官、不怕苦、不怕死，只为胸中的主义和心中的信仰。她就是这样的人。

“还有一个女同志也是如此。我们有一个解答疑难问题的群，只要有什么问题都可以发在群里，她就是负责这个的。每时每刻都有数不清的问题涌入，很多次她见到我，说自己现在看到电脑和手机以及那密密麻麻的文字就头疼难受。我很能理解，这种持续高压且不能松懈的工作状态，会把人弄得精神和生理上难受。直至后来工作结束，她回到原单位，聊天中，她说，这已经是一种症状了。这些东西一看久了就头昏脑涨，难受得厉害。她也不为什么，就是来工作，这么拼搏努力，支撑她的依然是心中的信仰和责任心。

“我到这边工作后，经常半夜三更回家，有时封闭管理，一次就是半个月不回家。这时家里就全靠我妻子了，好在我孩子是住校，周一到周六在学校，只有周末回家。后来，我妻子慢慢也理解了我的工作。男人不仅要在家里顶天立地，更要担起社会责任。我现在正在校对编写《全运故事》，这大概是我能为全运会做的最后一件事情。有好些亲戚也不理解，心里也有了微词。随便吧，我们做好自己就行了。”

有电话进来，冯小立起身去接。我也从他的讲述中跳脱出来，心中五味杂陈。他接完电话进来准备坐下时，看到我杯子里的茶水有些凉了，端起就要给倒掉换热茶，我拦住他，表示要自己去。他摆摆手说让我坐着，这里他熟。换上热茶后，他重新坐下，说全运会已经结束一年多了，他在参与全运会筹备工作的这段时间里，真的学到

了太多太多。

我说，事情做了大家肯定都能看得到，自然也会得到回报，只是迟早而已。他说，确实，领导们对他的工作都很认可。办会期间，他们团队先后配合相关部门组织接待领导、运动员、技术官、媒体记者等来宾抵离陕西8000余批，总计4万余人次，无一遗漏；协助安排“双先”代表接见、开闭幕式等重大活动50余个不同类型贵宾接待流线，组织百余辆大中巴车在不同点位集结出行，无一失误；两个运动会来宾食宿行保障历时80余天，无一投诉。国家体育总局给予了他们“接待服务一流”的最高评价。

我给他竖起大拇指，发自内心地敬佩，光听这些数字就很吓人，但你们做到了，真的很厉害。他说，能有这一切的一切，必须要感谢他的三位老师。他工作无头绪、焦虑不已时，统筹全盘的方玮峰总会给予他力量与信心、思路与方法；坐镇指挥的王山稳召集组委会各部门，进行反复培训与演练，让他在摸爬滚打中成长进步；雷厉风行的石憬玫带领行政接待部成员到机场、铁路、酒店、场馆等一线阵地，走点位，抓细节。他们都是他终身要感谢的人。以后，他会更加努力，不辜负人民的期望，做好组织交付的每件事情。

离开时，他送我到电梯口，等电梯时他问了我家在哪里，给我说了线路，并以朋友相称。分开后，我想我明白了为什么十四运会的接待工作得到了极高评价，不过是有一位心细如发、让人如沐春风的领导者和尽职尽责拼尽全力的服务组成员，如此而已。

筑梦食安　守护全运

刘施希

筑梦：建立十四运会的“食安家园”

2020 年 6 月，一场近百年来人类遭遇的影响范围最广的全球性大流行病仍在持续蔓延。这天，时任陕西省市场监督管理局副局长的姜敏正按照陕西省疫情防控指挥部的安排，率队赴延安市督导新冠肺炎疫情常态化防控举措落实情况。

晚上 10 点，姜敏正与督导组同志开碰头会，突然接到省委组织部的电话，通知她务必于当月 19 日前到十四运会组委会报到，担任十四运会食品药品安全保障部驻会副部长，负责十四运会食品药品安全保障工作。

那时的她并没有意识到这将成为她一生中最难忘的经历。

重重困难

十四运会的食品药品安全保障工作，或许可以称为姜敏来到陕西省市场监督管理局后面临的最为严峻的一次挑战。

十四运会是在我国全面建成小康社会、中国共产党建党 100 周

年的重要历史节点举办的一次重大活动，是第一次在我国中西部地区举办的全国运动会，也是首次与全国残特奥会同年同地举办。陕西承办十四运会和残特奥会机遇难得、使命光荣，是展现陕西形象、促进陕西发展的重要契机。但是，当时新冠肺炎疫情形势依然复杂，省委、省政府对赛事期间的食品药品安全保障工作提出了最为严格的要求，此时距十四运会仅剩一年多的时间，姜敏心中的警钟已然敲响。

姜敏感到了前所未有的压力，她决意马上投入战斗。然而，科学制订保障工作总体方案，是她要面临的第一个挑战。

自参加工作以来，姜敏始终秉持着科学的实事求是的精神，坚持实地调查。于是，她带领十四运会食品药品安全保障部工作人员，上北京、走天津、到杭州、下武汉，深入学习各大赛事的食品药品安全保障工作。

通过实地调查天津“十三运”、武汉军运会、G20 杭州峰会的食品药品安全保障工作，姜敏对大型体育赛事的食品药品安全监管有了更深刻的认识，但同时也发现陕西的办赛条件和保障资源与兄弟省市差别甚大。

为了打造全运惠民工程、体现全民全运精神，十四运会首次采取多地承办的模式。赛事场馆分布在陕西 13 个市（区），保障距离最长，保障点位最多，保障场所涉及生产、仓储、运输、住宿，以及住宿酒店内部后厨、餐厅等诸多环节。此外，食源性兴奋剂检测由天津“十三运”的 4 项增加到十四运会的 56 项，成为我国大型体育赛事史上食源性兴奋剂检测项目最多的一次。这无疑需要对含有潜在兴奋剂风险的猪牛羊、禽类、蛋奶、水产品、香料调料及其制品等进行更为严格的保障监管，同时对整个配送环节提出了最高要求。

前进的道路上总是充满着坎坷。无论是食品药品安全保障还是食源性兴奋剂检测，监管压力均成倍增长。更为困难的是组委会拨给食品药品安全保障工作的经费很有限，巨大的资金缺口亦是极大的考验。

此时此刻，姜敏意识到，十四运会的食品药品安全保障工作必须结合陕西实际做好顶层设计，走出陕西特色自主创新监管保障道路。

奔跑在前

对于十四运会食品安全保障工作，省政府提出了“食品安全保障工作要设立食品总仓”的要求。十四运会食品药品安全保障部全体成员鼓起干劲，振作信心，立志不负所托。

经过反复讨论，大家对保障方案的主要意见聚焦于“各市总仓保障”和“省运动员食品总仓 + 各市其他食材属地保障”两种模式的抉择上。

“各市总仓保障”模式是由各市负责本赛区内的所有食材供应和保障，优点是灵活、简便、高效，但存在风险管控点位多且分散、监控环节冗长且重复、检验检测分级分工不尽合理和监管难度大等缺点。根据以往的工作思维会更倾向这种模式，同时各地可供参考的经验也多采取该种保障模式。倘若采取该种模式，不仅可以借鉴吸收兄弟省份较为成熟的经验与做法，使得工作上可操作性更强，与之相伴的工作压力亦会减轻不少。

“省运动员食品总仓 + 各市其他食材属地保障”模式是由省一级设立总仓负责所有赛区运动员高风险五类食材供应，其他食材则由属地供应保障。其优点是容易对全程风险实现实时监管、分配省市各级优势形成互补，但具体落实中必然存在着省级经费保障不足和监管压力与责任双重倍增的困难。

明智的人善于见微知著，从而做出科学的论断。领路人必须有一个真实、准确、清晰的认识，深入综合的分析，给出趋势性的判断，并提出系统性的解决思路和对策。风险管理的精髓在于监控点位越少，环节越少，风险越可控。姜敏清醒地意识到，“要奔跑在风险之前，不能被风险追着跑”。这不仅是将目光停留在食品安全保障上，也是站在一个维护体育公平的高度上进行考量。

于是，经过无数次推演、模拟与论证，为将风险隐患控制在有效的监管之下，她坚持选择“省运动员食品总仓 + 各市其他食材属地保障”模式，以落实从种植养殖基地到食品总仓、从食品总仓到餐桌的全链条监管。

其实，姜敏的压力有目共睹，事后她也曾自嘲“这是主动扛雷”，但高度的责任心和使命感让她勇于担当、敢为人先。最终，她提交的方案报组委会审议获得顺利通过。

脚踏实地

确定了保障工作模式，接下来便是确保它能够落地实现。然而，建立省运动员食品总仓投资较大，而组委会缺乏经费预算，也没有现成的运营商以供选择。财力与人力的双重困境如何破局？筹集总仓建设资金和遴选确定运动员食品总仓运营商成为摆

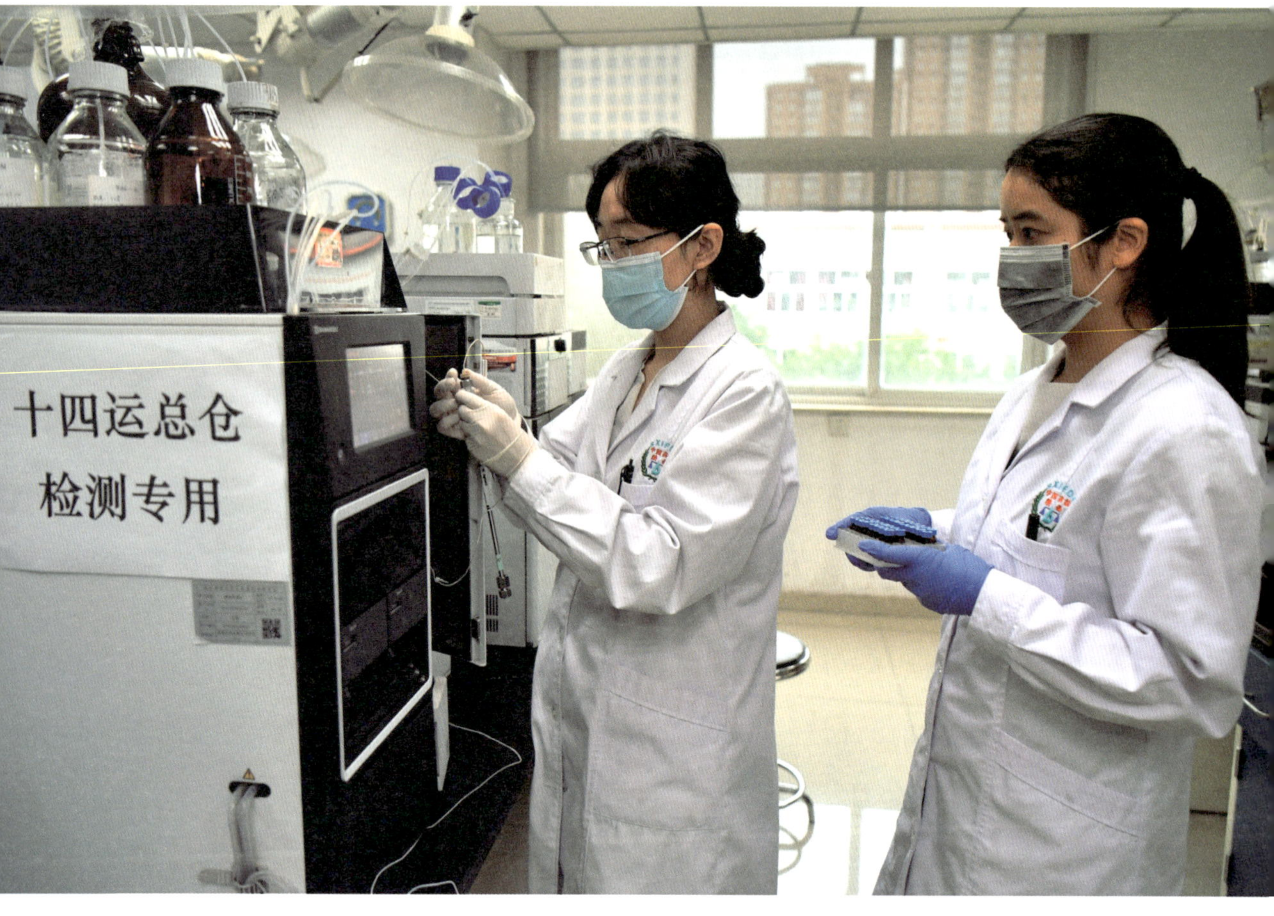

在姜敏面前的又一难题。

要对供应十四运会和残特奥会的食品及原料实行“产地—物流—仓储—餐桌”全链条监管，运动员食品总仓运营商必须具备强大的食品安全追溯体系、管理体系、检测能力、仓储能力与配送能力。姜敏率调研组先后到省内实力较强的七家大型商贸物流企业进行实地考察，详细了解企业食品总仓设立条件、功能区域划分、检验检测、食品安全追溯体系、保障方式等具体情况，并与各企业相关负责人进行座谈。

最终，她意向同三家既有源头又带终端、符合预期标准的企业商谈合作事项。但是，基于种种现实困难，洽谈并非一帆风顺，合作意向书也迟迟没有签订。

面对不利形势，姜敏坚定信念，“有条件要上，没有条件创造条件也要上”。最终，经过多次沟通和协商，合作协议最终成功签订，全运会食品安全配送有了保障。

肩负重任，要勇敢面对，临危不惧。“一切都从一个总仓开始”，构筑十四运会“食安家园”的这场战役至此正式拉开序幕。

逐梦：走出陕西特色自主创新道路

十四运会食品药品安全保障，走出了一条具有陕西特色的自主创新道路。

“全运高度”，镌刻奋力攀登的勇气

食品药品安全总体方案与实施细则是开展食品药品安全保障部所有工作的总基础。小小的会议室里，部门全体人员在姜敏的带领下，你一言，我一语，集思广益，一字一句地讨论、斟酌，一点一滴地完成了编写。他们夜以继日地工作，白天召集相关的人员深入调研、模拟推演，晚上约见各行业专业人士，听取建议并及时修正。最终，为保证十四运会和残特奥会期间食品安全和食源性兴奋剂检测万无一失，经过深入调查、细致分析、反复讨论，他们拟订了一套符合陕西实情的食品药品安全保障方案与实施细则。

严慎细实是他们的一贯作风。以运动员食品总仓的配送标准为例来说，运送运动员食用的猪牛羊肉、禽类、蛋奶、水产品、香料调料及肉制品、乳制品、蛋制品、水产制品等食材的车辆从养殖基地或供货商储地发出时，会加封一个十四运会专用的钢丝封签，每个钢丝封签都有自己的专属编号，发车时将编号及相关信息同时传送至总仓，卸货前需要通过封签编号核对来货渠道。送到总仓后，冷冻车内温度需要保持在零下 12 摄氏度至零下 18 摄氏度，测温达标后，才可以进行卸货工作。驻仓验收组监

管人员需要对基地提供的订货通知单、营业执照复印件、许可证复印件、食材装车清单、产品出厂检验合格证或者其他合格证明、食源性兴奋剂检测报告、属地监管部门准出证明、随车人员信息证明等交接材料再次确认，核对无误后，才下达卸货指令。入库的货物需运送到收货暂存区等待第三方检测人员进行食源性兴奋剂抽检。在网络高清摄像机的“监控”下，每批食材都严格进行食源性兴奋剂检测，食品质量安全监测，所有细节全程接入属地公安系统进行实时监测。经过层层严密检测后，合格食材才能获得合格专用标签，在双锁GPS定位系统的专用运输车辆的护送下，送上运动员的餐桌。从种植养殖基地到食品总仓、从食品总仓到餐桌的全链条监管，他们上下协同、全力以赴守住运动员饮食安全防线。

奇迹是用信念创造的，是用精诚铸就的，是用心血磨砺的。陕西省市场监督管理局食品经营处的何洋认为：“我们的食品药品安全保障工作能够实现目标，一个重要原因是十四运会食品药品安全保障部的顶层设计方法科学、体系健全、周密严谨，给予了基层最有力的指导。”十四运会食品药品安全保障部将统一采购、统一验收、统一检测、统一储存、统一配送的方法与标准，在推演、细化、实践中不断修正与完善，为食品安全保障和风险监管提供了不可或缺的支撑。正是因为有了科学的分析和指导，才能安全将食品送入运动员的口中。

“全运速度”，满载创新超越的豪气

检验检测是食品安全保障工作的重要环节，是确保“食品安全事件零发生、食源性兴奋剂事件零发生”目标的重要技术基础。然而，陕西省当时没有符合国家体育总局要求的食源性兴奋剂检测机构，而食源性兴奋剂检测成本高昂，检测经费亦十分有限，这无疑是一项艰巨的任务。

人不够，一个顶三个；钱没有，干起来再说。目标确定下来，大家不敢懈怠，经调研论证后，姜敏同十四运会食品药品安全保障部全体工作人员决定选择容易协调、专业技术高、执行力强的陕西省农业检验检测中心和西安市食品药品检验所参与检测工作，并安排其自费购置检测设施、设备，启动检测项目扩项工作，确保检验检测资质覆盖国家体育总局要求检测的 48 种药物项目。

带着问题，肩负使命，科研人员摸索前进。陕西省产品质量监督检验研究院的安瑜谈道：“这几乎是一项从零开始的工作，国内对于食源性兴奋剂的研究成果不多，实际应用较少，天津‘十三运’也仅有 4 项食源性兴奋剂检测要求。”可以说，他们对食源性兴奋剂的理论认识和检测方案是在不断研究探索中得来的。最终，在各方的积极配合下，几经努力，集中攻坚，两家单位均在规定时间内顺利完成扩项评审，获得检验检测资质，满足了赛事要求。西安市食品药品检验所还无偿将自建方法共享给了陕西省农业检验检测中心等其他十四运会食源性兴奋剂承检机构，共同筑牢“食源性兴奋剂零发生”这道防线。各检测机构一心为公，团结协作，为十四运会做出了贡献。

为了提高工作效率，按照十四运会食品药品安全保障部的要求，承检单位集中攻关检测方法的创新和优化，将食源性兴奋剂检测实现从无到有、从有到优。实验期间，科研人员废寝忘食，不敢有丝毫马虎，人困马乏也要打起百倍精神，保持注意力高度集中。历经无数个灯火通明的夜晚后，他们成功将检验时间从 140 个小时缩减至 16 个小时，在与时间赛跑中抢占了先机，实现了质的飞跃。这一突破，为日后正式开赛日常运转解除了后顾之忧。可以说，他们的工作不仅是在填补空白，更是在深度挖掘，为我国大型体育赛事食源性兴奋剂检测工作留下了宝贵财富。

心中有大局，前进有方向。在食源性兴奋剂检测工作取得重要进展后，姜敏仍有条不紊地继续做好检测力量储备工作。深思熟虑、周密策划、未雨绸缪是她的工作原则。她始终坚信，要打有准备之仗。于是，姜敏动员了陕西省产品质量监督检验研究院、陕西省食品药品检验研究院、西安海关检验技术中心三家单位同步开展检测项目扩项工作，三家单位均十分配合并在规定时间内获得了检测资质。功夫不负有心人，她周密的考量最终在某些关键时刻发挥了至关重要的作用。

“全运精度”，见证攻坚克难的志气

为了从生产源头上保障专供畜禽产品质量安全，十四运会食品药品安全保障部建立了从食用农产品生产源头开始的全程食源性兴奋剂监管检测工作体系，对专供畜禽产品养殖基地、定点屠宰企业食源性兴奋剂监测及进入食品总仓的专供畜禽产品食源性兴奋剂监测做到“两个全覆盖”。

陕西省农业检验检测中心认真落实十四运会组委会、农业农村厅党组关于食用农产品质量安全保障工作总体安排，负责在养殖基地开展食源性兴奋剂“头头检”“批批检”任务，竭尽全力确保食源性兴奋剂检测工作高质量完成。但是，由于养殖基地食源性兴奋剂源头检测是一项全新的工作，制订工作计划时难以对检测周期和检验批次做到精准预估。在此后的赛事进程中，各方食材需求增加，养殖源头的检测量亦随之增长，逐渐突破了陕西省农业检验检测中心检测能力上限，检测力量陷入紧缺局面。倘若此时源头检测无法按规定时限完成，必将影响运动员食材的正常供应。“未寒而积薪”，姜敏前期动员储备的检测机构及时地填补了检测能力的短缺。经过她的协调，陕西省产品质量监督检验研究院全力支持十四运会，同意在前期自行垫付资金的情况下，协助陕西省农业检验检测中心完成养殖基地食源性兴奋剂检测任务，使养殖基地源头检测数量超限难题得以顺利解决。

随着食品药品安全保障工作涉及的所有重大项目陆续进入全面推进阶段，姜敏的身影总是出现在一线加工车间、仓储库房、酒店后厨和检测实验室中。十四运会食品药品安全保障部的同志说道：“姜部长以一种不怕犯错的精神鼓舞着各单位齐心协力、同舟共济，反复实操、倒推流程，及时找问题、补短板，确保正式比赛万无一失。”姜敏亲自带队对各单位硬件设施配备、管理制度建设、从业人员培训、保障机制运行等进行了深入细致的检查和指导。在她的严格要求下，保障人员梳理消化工作要求，熟悉上下游岗位工作，多措并举、久久为功，形成了保障流程的“肌肉记忆”。

距离开幕式的时间愈来愈近，姜敏本以为万事俱备，然而事实却是险象环生。杨凌示范区的某公司本是组委会遴选确定的主要牛肉供应商，但因资金链断裂，公司突然面临破产，前期已按十四运会食品药品安全保障部计划养殖的牛将会被低价处理。接到公司急情报告的那一刻，姜敏感到万分震惊，陷入深深的忧虑之中。因为牛肉是运动员食用的主要肉类，需求量大，且养殖周期较长，如若这家公司不能供应，已经没有时间重新选择符合标准的供应商。此时纵是能从外省选择购买到合格的牛肉，但要落实执行“头头检”“批批检”的食源性兴奋剂检测的难度又极为巨大。危急时刻，背水一战。姜敏立刻动身赶赴这家公司了解情况，掌握信息、理智分析，寻求解决办法，而后积极与杨凌示范区管委会和监管部门协商。经过多重辗转协调，赛会牛肉终于得到正常供应，姜敏的眉头也终于舒展。

路虽远，行则将至；事虽难，做则必成。每每遇到关键问题和困难，姜敏都是尽可能深入一线、身赴现场，亲自联系有关领导、单位，使问题逐个得到解决。她仿佛永远在思考如何解决问题，这股神奇的力量，也带着她身旁的人在战胜困境与挑战的过程中，渐渐攀爬高峰领略绚丽多姿的景致，徐徐穿越丛林感受柳暗花明的奥妙。在她的带领下，十四运会食品药品安全保障部克服了一个又一个的困难。

她回忆道："一分耕耘，一分收获。十四运会食品药品安全保障工作的这段经历再次证明：世上无难事，只要肯登攀。而这也将成为我人生的一笔宝贵财富，永远激励着我不断前行……"

圆梦："两个零发生"见证成长

511 天的坚守，见证着十四运会食品药品保障事业的铿锵步履，也见证着所有参与过十四运会食品药品保障工作人员的青春与成长。

圆梦征程上，一支心怀"安全、公平"的队伍锤炼成长

"牢记使命、忠诚职守；服从命令、听从指挥；热情坚韧，奉献全运……"这是十四运会食品药品保障工作人员许下的誓言。

从十四运会测试赛开始，到残特奥会结束，陕西累计出动食品药品保障监管人员 2.45 万人次，完成 284.28 万人次、7648 餐次的食品安全保障任务。

其中派出 8928 人次的保障监管人员进驻 197 家酒店（全运村、运动员食品总仓、比赛场馆和相关企业）实施 24 小时驻点保障；

累计完成 300 多个品种、2433.26 吨和 31.4 万箱食材供应保障任务；

累计完成食源性兴奋剂“头头检”“批批检”11792 批次；

累计完成食品安全快检 68233 批次，食品安全抽检 11826 批次；

累计检查药品生产企业 37 家次、批发企业 554 家次、零售企业 3 万多家次。

这样的成绩是开创性的，是伟大的，也是极不容易的。

坚守和求实映照着食品药品保障工作人员的内在品格。他们科学谋划，开创性构建起“省运动员食品总仓 + 各市其他食材属地保障”统分结合、分类分级保障模式，严密的标准化流程实现了全链条、闭环管理，确保了所有环节规范运行；他们凝聚合力，组建起全省食品药品保障团队，确保协同作战、步调一致；他们履职担当，承担起食材从基地到总仓、分仓，再到酒店，乃至酒店后厨、餐厅、储藏间，涉及运输、检验、验收、烹调、留样等所有关键点的保障监管，确保做到万无一失。

漫漫长途中，有人在前面冲锋陷阵，也有人在幕后默默耕耘。

一切依然历历在目，一切依然刻骨铭心，一切依然难以忘怀！

他们一路挑战，一路创新，一路跨越，建起十四运会的“食安家园”。

不断凝聚、不断丰富，不断注入新的时代内涵

食品药品安全保障工作是办好十四运会和残特奥会的基础性工作，是十四运会组委会谋划和推动的重点任务。赛会期间，陕西省市场监督管理系统在各项保障任务中交出满意答卷，成功实现了“食品药品安全事故零发生，食源性兴奋剂事件零发生”两个目标，为“办一届精彩圆满的体育盛会”保驾护航。

赛会筹办过程中，陕西省市场监督管理局专门开发“全运食安”App，并完善升级“陕药通”微信小程序，依托智慧监管平台，打造监管“云卫士”，实现了赛会食品源头可追溯、去向可查证、责任可追究，为提升陕西省食品药品安全智慧监管水平和监管效能发挥了重要作用。

为确保基层食药保障人员精准掌握监管重点和关节点，严格操作流程，准确执行标准，陕西省市场监督管理局面向全省多次培训食药保障监管人员 2.6 万余人次，录

制专题讲座视频课件 9 辑、500 余分钟，供各级食品药品安全保障人员随时学习，大幅提升了大型活动保障能力，为全省培育了一支具有丰富经验的食品药品安全保障干部队伍。

运动员总仓运营商、食材供应商、接待酒店全程接受监管部门指导和监管，食品安全主体责任、风险防控、管理能力等方面也得到全面提升。“参与十四运会和残特奥会接待工作，对于酒店是一次难得的提升机会。”西安锦江国际酒店副总经理尤青谈道，“我们酒店参与过很多重要活动的接待，但是接待大型赛事的运动员还是首次。它的要求非常严格，菜单必须经驻点食药保障人员、执（竞）委会和酒店负责人三方签字才能生效。这对提升、拓展我们的接待能力非常有帮助”。此外，各企业在十四运会和残特奥会期间，通过媒体广泛宣传，提高了知名度和美誉度，部分企业还成为国内其他大型活动的供货商。

赛会结束后，陕西省符合国家体育总局食源性兴奋剂检测要求的检测机构不仅实现了“零”的突破，而且数量达到五家，检测能力跻身全国前列。国家体育总局反兴奋剂中心 2021 年印发的《大型赛事食源性兴奋剂防控工作指南》中亦吸收了许多十四运会食源性兴奋剂检测具体实践做法，为我国食源性兴奋剂检测事业的发展注入了新动能。

国家体育总局给予十四运会高度评价——“场馆建设一流、竞赛组织一流、重大活动一流、接待服务一流、新闻宣传一流、安全保卫一流、市场开发一流、综合保障一流。”

国际特殊奥林匹克东亚区总裁兼总经理冯美孙女士对残特奥会给予了充分肯定：“我们非常欣喜地看到，陕西付出了很大努力，举办了一届非常棒的残特奥会。”

“让梦引领新时代步伐，自信的中国任英雄叱咤。”十四运会会歌《追着未来出发》中唱出豪迈之气。时至今日，那些扣人心弦、感人至深的故事被亲历者津津乐道，亦是体育赛事史上的华章。

食品安全保障“陕西模式”，不仅在 2021 年国家食品安全评议考核中被作为创

新项目予以加分，而且为我国举办大型赛事提供了有益借鉴和启示。陕西省市场监督管理局食品经营处的何洋介绍，“赛事筹备时、举办中以及赛会结束后，北京冬奥会、杭州亚运会、成都大运会、广西学青会等多个大型体育赛事筹备组均来陕调研考察重大赛事食品安全保障的工作经验”。

姜敏内心无比欣慰，“精彩圆满的十四运会和残特奥会，留下了食品药品监管人奋斗的印记，值得骄傲、值得珍惜。正是全省 2.45 万人次食品药品保障监管力量凝聚成的强大合力，形成了战斗力，实现了确保‘两个零发生’的目标”。

“路漫漫其修远兮，吾将上下而求索。”所有奋发图强的过去都是为了充满希望的现在和将来，十四运会食品药品安全保障部的全体同志将按照“四个最严”的要求，不忘初心、接续奋斗，在充满光荣和梦想的新征程上继续守护舌尖安全，保护人民健康！

“狂飙”先行保畅通

王　琪

2021 年 10 月 29 日，举世瞩目的为期 13 天的十四运会和为期 8 天的第十一届残运会暨第八届特奥会全部落下帷幕。

十四运会和残特奥会是中西部地区首次承办的全国性运动会，是在疫情防控常态化下举办的首个国内重大综合性体育赛事，也是北京冬奥会和冬残奥会前我国举办的规格和水平最高的综合性体育赛事。

时针指向 2023 年年初，尽管距 2021 年 10 月 29 日时隔一年之多，但十四运会和残特奥会上运动员们团结友爱、顽强拼搏、奋力争先、超越自我的精神依旧闪现眼前，观众席上和电视荧屏前热烈欢呼的场景犹在昨日，工作人员辛勤工作忙碌的背影仍异常清晰。十四运会和残特奥会所带来的体育精神，鼓舞着 3900 多万三秦儿女乘势而上，建设更美好的陕西，创造更幸福的生活。

这次赛会上，共有 5300 余名组委会、竞委会人员参与服务保障工作，这么多人究竟为此付出了多少辛勤的汗水，我们无以计数。但走近他们，了解他们，追记他们的办会历程，全方位描写他们在幕后的艰辛付出与传播的正能量，体味其中甘苦，让更多人分享他们的喜悦之情与成就之感，正是我写下这篇文字的最终目的。

他们身上的故事虽然平凡，却如此动人。

坚定信仰不动摇

得知要采访的人物对象是十四运会组委会交通保障部运力保障处处长王晓东同志时，我心里颇有几分忐忑。要发掘他背后鲜为人知的故事，短时期内我理不出头绪，不知从何下手暂不说，他是否愿意接受采访，我心里一直在打鼓。

实际上，我的这种想法完全是多余的。最初对接时，寥寥数语，我便与王晓东顺利约好采访时间，这使我对完成本次采访任务信心大增。

2023 年 2 月的一个下午，按照与王晓东约定好的时间、地点，在北城墙内药王洞一栋不起眼的大楼，我信心满满地敲开了他办公室的门。为避免干扰办公室同事工作，王晓东热情地带我去楼下一间会议室说："那里安静，还有茶水，便于咱俩交流。"

见到他本人，听他对十四运会交通保障工作如数家珍般侃侃而谈时，我的疑虑和困惑消除了许多。我之前收集到的那点零星材料根本无法捕捉和反映出他工作中独有的风采，更无法发掘到他身上的闪光点。

王晓东给人的第一印象，是一米八的个头，留着板寸，穿着休闲，满脸笑容，与我想象中的事业单位机关干部的形象有几分差距。虽然长我几岁，但他一身朝气，显得格外年轻，一看就是那种精明强干、能挑大梁的人。

事先，他对这次纪实文学创作活动并不知情，所以，当我就在十四运会期间有哪些深刻体会、有哪些感人事迹和重大收获向他提问时，王晓东竟一时不知从何谈起。用他的话来说："我觉得有幸参加十四运会交通保障工作，只是做了我该做的，似乎也没有太多值得去书写、去宣传的地方。"

没有豪言壮语，亦无铮铮誓词，话虽简单，但近 500 个日日夜夜，王晓东和他的

战友们是如何在巨大的工作压力下，在十四运会一线认认真真、一丝不苟地完成一项又一项任务，现在回忆起来，也许是不可想象的。

“十四运会能在家门口举办，是一次千载难逢的机遇，无论是作为一名共产党员，还是作为交通战线的一分子，我都有义务、有责任冲锋在前，勇挑重任，敢于担当，与战友们并肩作战，将它办好、办圆满。”和我交谈时，王晓东始终笑意飞扬，言谈间谦逊低调。

王晓东有着 30 年的工龄，当年从西安一所专科学校毕业后，就来到陕西交通系统工作，称得上是一位名副其实的老交通人。他对这份工作，似乎有一种说不出的热爱。就像他在 2017 年年底陕西省道路运输管理局（陕西省道路交通运输事业发展中心前身）的新年寄语中所言：永恒信仰，续写新篇。

是的，人一旦产生信仰，身上就会生出无穷的力量，引领你一步一步走向成功。王晓东多年如一日兢兢业业、勤勤恳恳地在平凡的交通岗位上奉献。在王晓东看来，于日常工作，他发自内心喜欢；于参加十四运会交通保障工作，他心甘情愿。

能参加十四运会交通保障工作，在很多人看来，几乎可以视之为人生中浓墨重彩的一笔，他却淡然一笑。他的那份从容、那份自信，正是来源于他投入工作时那种一贯的“拼命三郎式”的自我牺牲精神。

交通保障，我首先想到的关键词是“高效”“有序”“安全”。王晓东又把平时工作的干劲、冲劲、韧劲，最大限度地投入十四运会交通保障工作中。作为十四运会组委会 23 个部室之一的交通保障部，自 2020 年 6 月联合相关单位成立以来，就担负着交通服务、交通运行组织管理，保障与会人员、物资运输等繁重工作。虽然组建较晚，但这个部门的交通保障人员，由起初驻会的 11 人最后扩展到全省 4000 多人，队伍不可谓不庞大，作用不可谓不重要。

在这场看不见硝烟的战场背后，他与陕西交通人践行职责和使命，实现了赛会交通保障全省“一盘棋”。

赛事期间，交通保障部结合疫情防控的大背景，实行“人车同防”，首创开、闭幕式“远端集结、团进团出、错时抵离、定点上下”组织策略，为大型活动交通保障工作贡献了陕西经验，也为十四运会和残特奥会的交通运输保障工作上交了一份满意的答卷，得到了部省市领导、参赛人员和社会各界的交口称赞。

两代人的全运情结

王晓东觉得自己与全运会非常有缘，他的母亲王韵华同样有一段无法舍弃的全运情结。

王韵华早在 1959 年 9 月就作为陕西代表团射击队的一员，出征过第一届全国运动会，王晓东本人曾于 2008 年参加过北京奥运圣火在陕西境内传递时的交通保障工作和 2021 年十四运会交通保障工作，这母子二人与全运会的缘分，一时成为流传于十四运会组委会内外的佳话。

王韵华与射击运动的渊源，可以追溯到她的中学时代。1956 年年底，王韵华在西安市四中读高中期间，曾多次代表西安市射击队参加陕西省的比赛，还曾代表陕西省参加西北地区分区赛，并多次获得女子小口径项目第一名。

1959 年在西安交通大学上大二时，王韵华又荣幸地被选送赴北京参加第一届全运会。虽然王韵华在赛场上没能拿到奖牌，但参加第一届全运会开幕式和新中国成立十周年庆典、接受毛主席和中央领导人检阅的激动人心的场面，迄今仍深深地留在她的脑海。

20 世纪 70 年代初，王晓东在南京出生，小学一直在南京读书，后来因父母工作原因，定居到西安。

或许是受了母亲影响，天资聪颖的王晓东自幼吃苦耐劳，勤奋好学，并一直非常喜欢体育运动，经常参加长跑、爬山等体育项目。参加工作后，在历届全省交通系统的体育比赛中，经常能在赛场上看到王晓东矫健的身影。

王晓东最大的体育爱好就是打羽毛球，曾多次参加全省交通系统的羽毛球比赛。他说，得不得名次不重要，体育比赛最大的意义是重在参与。和同事打球，锻炼身体、增强体质只是一方面，关键是能感受到归属感和荣誉感。

此外，王晓东还喜欢户外活动，经常利用业余时间背着帐篷、睡袋徒步旅行，享受大自然的神奇与体育运动带来的乐趣。这几年因为工作繁忙和家里琐事等原因，很少再去徒步穿越，但他对体育的那份热爱，却不会泯灭。

当王晓东拿出手机，与我分享他母亲当年参加第一届全运会的黑白照片时，我不禁感叹这张照片一定来之不易，弥足珍贵。王晓东告诉我，当老母亲得知他要参加十四运会交通保障工作后，非常自豪，非常高兴，当然也非常支持他。当时，母亲告诉他，陕西能承办全运会是一件无比荣幸的事，并且大力鼓励王晓东努力工作，为陕西添光增彩。

带着组织交给他的光荣使命与母亲的深情嘱托，王晓东在工作中全力以赴，充分发扬“特别能吃苦、特别能战斗、特别能奉献”的工作作风，以饱满的精神状态投入十四运会和残特奥会的交通保障工作中。

两代人与全运会的不解之缘，是一种荣光，也是一种传承。

冲锋在前有我在

“保障全运，交通先行”，不是一句漂亮的口号，它需要无数交通人在背后为之坚持不懈地付出和努力。

2020 年 7 月，王晓东赴设立在陕西体育宾馆的十四运会筹委会（后更名组委会）正式报到后，一直担任交通保障部运力保障处处长职务，也就是从那天起，他暗暗给自己定下一个目标：十四运会交通保障工作是一场硬仗，只能打赢，不许失败！无论遇到什么困难，只能前进，决不退缩！

他是这样说的，也是这样一丝不苟地去做的。

说到交通运力，首先让人想到的是车、路、人。进一步讲，它是指公路、铁路、航空、水运、地铁等多种交通运输方总的运力的结构组成，这些运力统称为交通运力。其次，交通运力保障是做好运力组织调配工作，完善应急保障机制。

刚到组委会工作时，王晓东对信息的采集工作还不太熟悉，比如各赛区（场馆）与运动员驻地、新闻媒体驻地之间的线路等，都无法确定，比较茫然。要形容当时无所适从的心情，他幽默地说，那就是没有枪、没有炮，只有一把“冲锋号”。这个“冲锋号”就是王晓东牢记着习近平总书记那句“办一届精彩圆满的体育盛会”的殷切嘱托。而这把“冲锋号”怎么吹，吹给谁听，吹得是否响亮，的确不是一个简单的问题。

王晓东不等不靠，谋定先行，主动出击。为积极推动赛会交通保障，特别是运力保障工作，他集中时间认真学习各级领导关于赛会筹办讲话精神和指示，从“深刻领会、准确把握”到“坚定信心、勇于担当”，以时不我待、只争朝夕的工作作风，全力开展赛会交通运输运力保障的各项工作。

王晓东认为，工作虽繁重，有时甚至乱如麻团，但心里一定要有规划、有目标。在组委会的领导下，王晓东多次组织相关人员赶赴全省13个赛区开展实地调研，充分了解交通保障组织机构设置、比赛场馆分布、交通保畅基础设施及运力保障等相关情况，为全面做好交通保障掌握第一手资料。有了这些资料，他的心里才有了底，为做好下一步工作打下了良好的基础。

与此同时，王晓东与同事们开展全省运力专项调查。对全省旅游客车和城市客运运力进行摸底统计，初步了解全省运力总量，充分掌握全省营运车辆运力结构和组织方式。

“让交通更顺畅”是王晓东在工作中，挂在嘴边常说的一句话。为保障赛会各路线畅通，他提前着手开展涉赛道路治理。交通保障部按照属地管理原则，给各市执委会和相关部门印发《交通保障工作总体方案》《国省干线道路综合治理指导意见》《城市交通环境综合治理指导意见》《专用道设置及使用规则》，督促加快重点涉赛路段路域环境治理，按时完成了西安绕城高速公路、106省道、107省道、108国道等涉赛路段治理提升工程，对全省76个高速公路服务区的380余处无障碍设施进行升级改造。全方位踏勘全省5个机场17个火车站、全运村及重点场馆、酒店的停车场合理规划上落客点位，细致测算高峰时段和雨夜极端天气下的交通保障时间，科学制订交通保障组织流线，落实好重点涉赛线路专用道管理、“绿波带”设置和免费通行高速等服务细节，为赛会各项交通保障专项方案流线的制订打下坚实基础。

为保证充足而良好的运力，王晓东与同事们严格筛选参运保障车辆。加强与行政接待、大型活动、新闻宣传、志愿服务和安全保卫等主要用车部门的工作对接，全面收集各项交通运输服务信息，精确把握用车需求，精准测算用车数量。通过招投标等方式，优先选用企业质量信誉等级达到AAA标准、企业安全生产标准化达到一级的道路运输企业承担运输保障任务。对于驾驶人员，做到严格筛选，确保参运驾驶员服务规

范合格且三年内无重特大交通责任事故和违法记录，通过入场前的心理测试和定期的心理疏导培训等手段，确保驾驶人员综合素质和身体及心理上能承担相应的运输任务。

加强参运驾驶人员管理，细节是重点。一本本翔实又实用的参考手册在编好后及时印发各服务单位。围绕保障任务、交通路线、安全驾驶、服务礼仪、应急处突等内容，对驾驶、调度、管理人员分批次开展业务培训，在提高保障人员业务能力的基础上，坚持树牢安全意识，强化责任意识，提升服务水平。督促各承运企业为驾驶人员提供住宿酒店和餐饮供应，在提高驾驶人员生活质量的同时，利用中秋慰问、假日联欢等方式，帮助他们缓解疲劳，平复情绪，力所能及地消除一线人员后顾之忧。这种细致又精心的工作安排，确保了参运驾驶人员能以优质的交通运输服务成效，展示出交通运输行业的良好形象。

公共交通服务是整个交通保障部的核心所在，十四运会期间，西安赛区开通 15

条十四运会公交专线，加快地铁14号线建设，推进北客站至机场城际铁路软件升级和既有地铁线路人脸识别系统的互联互通。印发《公共交通政策》，明确赛会期间为运动员、技术官员、代表团成员、注册记者等特定人群提供免费乘坐公共交通工具、免收高速公路通行费、全运村免费公共出行服务、免费停车服务等政策服务。针对中秋小长假群众观赛客流、探亲访友客流和旅游客流多重叠加，延长地铁线路和相关公交专线运营时间，增加公交专线数量和地铁列数，优化全运专线与地铁站的接驳换乘，随时补充出租车辆，有效保证了前往西安奥体中心主场馆及其他场馆观赛群众的出行秩序平稳。在高速公路沿线、收费站出入口、服务区设置十四运会倒计时牌、会徽、吉祥物，张贴标语海报，循环播放系列宣传片，设置志愿者服务岗等，激发全行业全社会参与全运、享受全运热情。

常言道：安全大于天，责任重于山。王晓东意识到，整个十四运会和残特奥会期间，安全才是最重要的，所以必须精心做好运输安全工作。在省交通运输厅和省公安厅的大力支持下，他配合驻会领导和有关部门有序实施危化品运输禁行和大货车远端分流等管控措施。结合十四运会和残特奥会开、闭幕式保障流线，组织全流程、全要素演练8次，专项演练20余次，不断细化方案、完善应急预案，确保交通保障工作万无一失。坚持保障车辆入场前的专项检测和每日出车前的例检制度，应用GPS和视频传输技术，采用视频跟随追踪和信号灯绿波保障手段，时时保障车辆运输安全。按照“人车同防”疫情防控要求，持续做好保障车辆的消杀、通风和封存管理以及驾驶人员的定期核酸检测、健康查验和封闭管理等工作，打造安心、舒心、放心的交通运输环境。

奋楫再出发

2021年9月，在陕西省道路交通运输事业发展中心“庆祝建党100周年，我是党员我承诺”活动中，王晓东虽借调在十四运会组委会工作，但他依然向单位慷慨陈词：“以踏石留印、抓铁留痕的信心和决心，为群众服务，为党旗添彩。”

这也许就是一名普普通通的陕西交通人在平凡的工作岗位上参加十四运会交通保障工作的真实写照。王晓东在用自己的实际行动践行着这份庄严承诺。

对于“五加二”“白加黑”的工作方式，王晓东已习以为常，全年无休息，舍小家、为大家，他从来都无怨无悔。

对于王晓东来说，参加十四运会交通保障工作期间，发生了一件至今令他深感遗憾的事。2019 年 8 月，正当筹委会各项工作正在如火如荼地进行时，他的岳父却因病住进了医院。他的爱人和女儿多次打电话、发微信，希望他能抽空回家，看望一下老人，但工作缠身、压力巨大的王晓东根本没时间回去。最终只能在岳父去世后，临时请了两天假，回家帮忙料理了后事，送老人最后一程。

“岳父对我这个女婿平时从生活上、工作上非常关心，我却没能在他临终前守护在他病床前尽孝，每当想起此事，我心里都有一种说不出的愧疚……”王晓东提及此事，低下了头，语调非常沉重。

2021 年 10 月 29 日，十四运会和残特奥会正式落下帷幕后，组委会数千名工作人员陆续返回原工作岗位，但因后续工作需要交接和完成，王晓东坚持站好最后一班岗。

从十四运会筹办伊始到赛事全部结束，从 2020 年 7 月正式去筹委会报到，到 2021 年 11 月正式离开组委会，这一年零四个月的奋斗历程，王晓东一次次取得的令人欢欣鼓舞的成绩，值得他一生铭记。

在十四运会组委会工作人员忙碌的身影背后，感人的故事几乎每天都在发生。他们严格按照组委会的统一部署，始终遵循习近平总书记“办一届精彩圆满的体育盛会”重要指示精神，按照省委“系统谋划、精细管理，倒排工期、挂图作战”的部署要求，对标省政府“最高标准、最快速度、最实作风、最佳效果”的筹办标准，紧扣“简约、安全、精彩”的办赛要求和“细致、精致、极致”的工作标准，恪尽职守、

任劳任怨，勇挑重担、踔厉前行。

像王晓东这样的人物，便是十四运会组委会许许多多工作人员的典型代表之一。

在采访王晓东过程中，我觉得王晓东身上的韧劲儿和奉献精神，他身上散发出的热能，用“狂飙”二字形容似乎最为合适不过。他带着赤诚之心，全力投身十四运会交通保障工作，但精彩纷呈、万众瞩目的体育盛会背后，他们面对的往往是如暴风般的巨大压力和考验。

十四运会圣火虽然熄灭了，但新的征程刚刚开始。再次回到平凡工作岗位的王晓东依然初心不改、本色不变，在通往未来事业的漫长道路上奋勇争先、阔步前行。

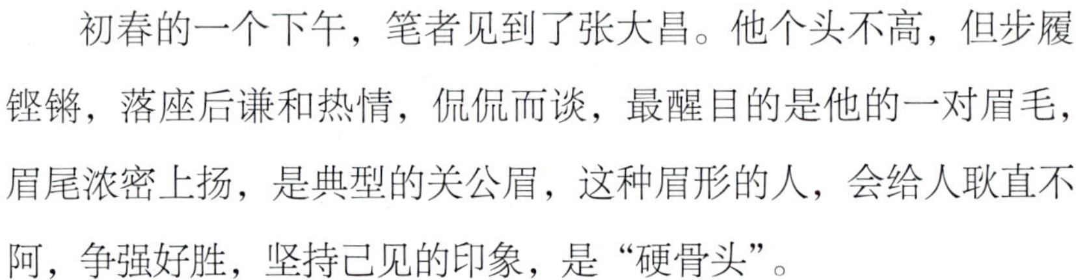

永远的零碳广场

贾 晓

初春的一个下午，笔者见到了张大昌。他个头不高，但步履铿锵，落座后谦和热情，侃侃而谈，最醒目的是他的一对眉毛，眉尾浓密上扬，是典型的关公眉，这种眉形的人，会给人耿直不阿，争强好胜，坚持己见的印象，是“硬骨头”。

这把“硬骨头”去年刚刚退休，现在在家含饴弄孙子，谈起小孙儿也是一脸慈爱，谈笑间问及带孙子的习惯不同时，是听小辈的，还是坚持己见？他释然一笑：“听他们的，年轻人讲究科学喂养是对的。”在儿孙亲情面前，百炼钢早已化成绕指柔。

一顿饭的工夫，张大昌细数十四运会环境保障工作的启动、部署期间遇到的种种困境。谈及成果时，他说：“当初定下的目标完成了，我们交了一份满意的答卷。但是，一份答卷上，总有些没做出的题、没做到的事。”

回忆起十四运会筹备期间的种种过往，他的眼里满是自豪，也暗藏着一丝遗憾。

硬骨头

2020 年 7 月，经省委组织部抽调，省生态环境厅选派了包括张大昌同志在内的八名优秀干部至十四运会和残特奥会筹委会环境治理部驻会工作，建立了环境治理部与省生态环境厅前方“哨所”与后方“大本营”相结合的工作机制，共同推进各项环境质量保障工作落实。

压力如泰山压顶，但大家的心里也充满了动力和深刻的荣誉感，能为这样的盛事添砖加瓦，将是个人职业生涯浓墨重彩的一笔。

但是，做什么？怎么做？如何做好？是每个人心中的困惑。一屋人大眼瞪小眼，如同老虎吃天，不知如何下爪。张大昌看着案头的文件和资料，眉头紧蹙，拍案：“干！”

几个人开了个小会，明晰工作目标，厘清工作内容后，开始完善顶层设计，出台各项方案。环境治理部在张大昌的带领下，按照挂图作战方式开展工作。

经过研讨，大家明确了目前的首要任务，是全面排查生态环境问题。环境治理部组织各市区开展场馆周边、交通沿线等重点区域的生态环境问题排查治理。全省共报送了 29 处问题，张大昌看着报告资料暗忖：瞒报漏报不报的，不知还有多少？他深吸一口气，让同事小康列出问题清单，清单上了挂图，然后责令相关部门按计划整改，并要求各市区扩大排查整治范围，进行全域排查治理。

政策迅速上传下达，“责令”“要求”“整改”，说起来容易，但效果却并不明显，常常是按下葫芦起了瓢，东扶西倒，更有甚者，有的问题单位，表面上配合治理，等工作组或排查部门一走，很快故态复萌，为了经济利益，不惜以身试法。

郊县有一家工厂的废水排污设备不达标，工业废水造成附近河流污染，屡次被群众举报。张大昌下乡走访，看到窄细的河水浑浊不堪。一位附近的农民指着不远处的工厂忧心忡忡地告诉他，自从这家化工厂开在这里，整日臭气熏天，污水直接排入河

道，污水含有大量汞元素，河道两岸的草木都萎谢枯死，庄稼也良莠不齐。他望着河道，河水好似一层灰色的泥浆沉淀在河床，一股恶臭传来。张大昌暗下决心，这块"硬骨头"，啃，看谁硬。

他进了厂子，说明来意，给接待的人科普十四运会的重大意义，以及生态环境安全的深远影响，负责人笑脸相迎，连连保证，马上关停，升级排污设备。

从厂子出来后，他却没有马上离开，又四处观察了一番，如厕时恰好听到两个工作人员闲聊。一人问："刚才来人干啥的？"一人答："抽查。""三天两头来，抽风吧！"

他听罢，无奈摇头，苦笑一下，暗想，明天我还来抽风。

做环境保障工作多年，他深知，一些刺头企业最擅长与环保部门玩"猫捉老鼠"的游戏：企业为了眼前利益，宁可被罚款也要偷偷排污，环保执法者四处出击疲于奔命，却收效甚微。

第二天，他来了。

第三天，他又来了。

……

他不能来的时候，派下属来，抽查不行，不惜驻厂，随时督促协调。

就这样，在他密集的监管敦促下，循循善诱的利导下，工厂负责人认识到问题的严重性，积极配合整改，升级了排污设备。

硬碰硬，硬的是决心，软的是手段。做环境治理，治的是环境，更是蒙尘的人心。这是张大昌和同事们在环境保障工作中总结的经验。

老骨头

“大本营”在西安奥体中心，地处灞桥区港兴三路，张大昌的家在雁塔区青龙寺附近，坐公交需要近两个小时，驾车也需要 40 多分钟，往返不便，同事们也各自居住在城内不同的区域。他和同事们常常在场馆加班加点，太晚了就干脆住下来。新建的场馆空气质量不达标，待一天下来，头昏脑涨，眼皮发酸。同事康巍和易金生都是年轻人，自诩身体好扛得住，劝他早点回去，他不放心，呵呵一笑：“我这把老骨头还怕什么？百毒不侵。空气和环境不达标，咋给运动员用，治嘛！”

涉赛场所室内空气和场馆环境是工作中的重中之重。明确了室内空气质量标准后，他们将责任压实在了执委会、建设方、承建方和运营方肩上。

责任虽然落实到各方，空气监测治理工作也在有条不紊地督察推进，但效果常常会反弹，也会遗漏一些死角，只能再治理。如此反复，劳民伤财。这也一直是环境治理的一个困境。

张大昌在网上看到别的城市和赛事使用过一种叫走航监测的高科技设备，他两眼放光，大腿一拍：“这‘黑科技’好啊！”

经过仔细研究，多方咨询，他觉得可以一试。

走航监测是大气环境中监测 VOCs 的高科技方式，能够在走航车行驶过程中实现对有机废气物进行快速监测，对污染源进行定位跟踪，从而精准评估出污染源的类别并进行分析诊断。

说干就干。报请了组委会批准支持后，他和同事们着手采购事宜。一问价格，吓了一大跳，是一个令人咋舌的天文数字，张大昌连连摇头。

“只要事办得漂亮，钱不是组委会出嘛！”同事小康小声嘀咕。

“那不行，钱是纳税人的，钱要花在刀刃上。”他说。

经过多方打听，他们找到了一家环境监测公司，他们不仅有走航车，还有一批专业人才、一套专业技术。一番沟通之后，对方表示也愿意为全运会出一份力。最后，

以极优惠的价格租赁下设备和技术，对方带着一个团队入驻，一切问题迎刃而解。

看着走航车每天在场馆忙碌，张大昌紧绷的神经稍稍放松下来。

开总结小会的时候，他说：“环保治理也要与时俱进嘛！现在，智慧化、科技化、现代化的监测手段成为提升治理水平和能力的重要支撑，利用技术化手段，全面布局大气污染巡查防控工作，强化污染源监管能力，我们做到了。”

有人在底下窃窃私语调侃：“关键是还省钱！”

大家都笑。

张大昌也笑：“这叫花小钱，办大事，四两拨千斤。”

小遗憾

“零碳全运——碳中和”的理念最初是张大昌同志提出的。

他和同事们配合省生态环境厅，成立了工作推进组，编制了一套工作方案。2021年3月13日，组委会联合省绿化委员会共同举办“共建全民全运林，开展‘零碳全运——碳中和’行动”植树活动。

倡议一发起，各市陆续启动参与“全民全运林”活动。张大昌和同事们也亲手栽下一棵树。望着植树活动中孩子们热情洋溢的笑脸，望着稚嫩的小树苗，他陷入沉思——这些树苗会成活、会长大，最终会众木成林，夏天的傍晚，会有人在绿荫下乘凉、散步，感慨道：这片林子真好啊！可是，有一天，人们可能会忘了，当初为什么种下这些树。

他萌生了一个想法。

“啥？批一块地？建纪念广场？”同事们听完他的想法，一脸惊讶。

张大昌提出建一座小小的纪念广场，就叫零碳广场，做一些景观，竖一些宣传栏，把零碳全运、零碳生活的理念传播下去。

他说，本次“零碳全运——碳中和”行动，将成为我国首次在国内大型体育赛事中开展的碳中和行动。零碳，其实是一个目标、一个理念，实际上零碳是很难做到的，准确的说法，应该叫低碳或碳中和。碳中和行动，不仅仅是植树造林这么简单，其背后蕴含了相关单位所付出的诸多努力，碳排放量估算，绿电交易……这些都不应被忘记，承办一场赛事，留给我们的，不仅仅是短暂的荣誉，一时的政绩，而是应该把这份精神基业千秋万代地传承下去。

他的想法得到了省委主要领导和相关部门的支持。

可是说一句“支持”容易，真正要让这个想法落地，却是难上加难。着手去推进这件事以后，张大昌才发现，这件事并不是想象中那么简单。在城市高速发展的今天，城市的土地寸土寸金，占用一块地，除了资金、选址，还要经过层层审批，多方协调。

他选定了几个地方，和相关部门或开发商沟通时发现，不是那块地已有规划，另有用途，就是要开会研究，从长计议。一研究，一计议，事情就无限期推迟，或者不了了之。

西安的地皮难以协调，事情难推进，他又把目光放在了杨凌、汉中等赛区，往返沟通了数次，也因种种原因被搁浅，最终的结果和西安无二。

他还听到一些风言风语，有人说他不务实，是假大空的形式主义，搞广场是花架子，也有人说他个人主义，给自己搞政绩，想留名。

他听罢，虽然有点灰心，但还是坚持己见，继续积极推动纪念广场的事。

时光如水，其他的工作也按部就班地进行着，随着赛期越来越近，各项筹备和监测工作紧锣密鼓，也接近尾声。零碳广场在张大昌心里有一幅蓝图，有时很清晰，有时又慢慢地模糊了。

开幕式在2021年9月15日，日子一天天近了，万事俱备，只欠东风，大家心里都绷着一根弦儿。没想到，东风没来，褒河边却刮了一阵急风，下了一场短时暴雨，石门水库水位升高，水体肉眼可见浑浊起来。所有人的心都提到了嗓子眼。一监测水质，水体呈富营养化。糟了！

水体富营养化又称作水华现象，是指湖泊、河流、水库等水体中氮磷等植物营养物质含量过多所引起的水质污染现象。水体中氮磷营养物质的富集，引起藻类及其他浮游生物的迅速繁殖，使水体溶解氧含量下降，造成藻类、浮游生物、植物、水生物和鱼类衰亡甚至绝迹的污染现象。

石门水库位于汉江上游，水位迅速升高，必须泄洪，但汉江又是水上铁人三项主赛区，必须保证水质安全，保证运动员的安全和健康。

组委会和环境监测处下达命令，当地马上组织防汛办和水利监测、应急管理局等多部门进行清淤治理。

当时尚在疫情防控期，许多人居家，人员调度不便，张大昌生怕误事，不放心，驱车数小时，到现场监督工作。工人们和治理团队不敢懈怠，加班加点地赶进度。天气闷热，张大昌吩咐小康同志给大家准备了水和西瓜解暑。经过一些工程性措施和化学治理方法，比如挖掘底泥沉积物、进行水体深层曝气，使用凝聚沉降和用化学药剂杀藻，水质慢慢变得干净、清澈，他暗暗松了口气。

新的检测数据出来了，色度、浑浊度、肉眼可见物、余氯的数值都达标了。水库泄洪，浪流奔涌，至汉中汉江下游区域，这里流速平缓，经检测，整体水质达Ⅱ类标准。

他心里的一块石头终于落了地。

回去的路上，小康同志开车，张大昌同志打瞌睡。小康感慨：“这一路舟车劳顿的，其实您不用亲自来。”

他疲倦又释然地笑笑：“我这是假公济私，顺便来看看汉江的美景嘛！”

“好！这假公济私好，我也跟着沾‘光’了。”

谈笑间，张大昌的电话响了，接起来，那头说：“张处长，广场那块地，不好办！”是负责洽谈地皮的一位同志。

“知道了。”

那一刻，他的心里涌起淡淡的失落，但很快又释然了，他想起一部电影里的台词——“该打的仗我打过了，该跑的路我也跑到了尽头，我守住了我信的道。”

“这就够了。”他告诉自己。

十四运会和残特奥会圆满成功。张大昌带领的环境治理部也顺利完成任务。

2022年秋天，张大昌同志退休了。现在，他和爱人在家带孙子，累并快乐着。

笔者问：“退休后有没有心理落差？在这样一场盛事大事中积累下来的丰富经验，会不会感觉英雄无用武之地了？”

他爽朗一笑:“怎么会？是英雄，到哪里都有用武的地方。这带孙子，不比做大工程轻松，也是有学问的，工作中积累的经验，也用得上。比如，带孙子，也可以用挂图作战，效果很好。”

“啊？带孙子？也能挂图作战？”

眼前这位平凡老人的脸颊上浮现出慈爱平和的笑容，望向窗外的车水马龙，望向这座他深爱着但从来不宣之于口的城市，他的眼中有光。

盛会背后的无名英雄

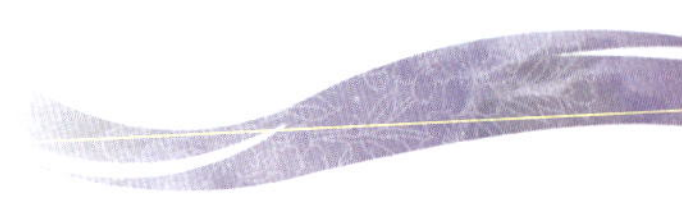

王文涛

2021年9月15日，20时，中华人民共和国第十四届运动会开幕式在西安奥体中心举行。当国歌响起的时候，在场的每一个人都自觉起立面向国旗，神情庄严肃穆。舞台上，嘉兴红船缓缓驶过，中国共产党人激荡百年的奋斗历史从这里起步，大屏幕上勾勒出沟壑纵横的黄土高原、滚滚的延河水、巍巍的宝塔山，《黄河大合唱》《东方红》，一首首耳熟能详的歌曲重现了一代又一代共产党人不忘初心、牢记使命、砥砺奋斗、勇往直前的光辉历程。

各种表演，各项赛事，无论是在现场还是通过直播或者各种媒体观看十四运会的观众，都能感受到体育强国的竞技精神。运动员们风姿勃发，展现着自己的风采。

可很少有人想到，这一场万众瞩目的运动会背后有多少无名英雄默默奉献。十四运会赛程从开幕到闭幕，圆满结束，背后是诸多默默无闻的工作人员夜以继日地奋斗。十四运会组委会的信息技术部却是一个容易被忽视的部门。

信息技术部的负责人黄新波就是一位隐藏在幕后的无名英雄。

初识——专业型干部

第一次见到黄新波的时候，我很讶异，以为自己找错人了。在我的潜意识中，一位省工业和信息化厅的领导，应该是不怒自威的，然而黄新波给我的印象是温文尔雅的。在之后的了解中，我才知道，黄新波不仅是省工信厅的领导，更是一位二级教授、学者。

黄新波毕业于西安电子科技大学，后来又分别在西安交通大学和华南理工大学进行博士后研究，是中国“西部之光”访问学者，国家公派美国田纳西大学的访问学者。

他曾入选教育部“新世纪优秀人才支持计划”“陕西省中青年科技领军人才”“陕西省青年科技新星计划”，荣获“陕西省优秀共产党员”“西安市十佳创新人物”等荣誉称号。十四运会期间，黄新波担任十四运会组委会信息技术部驻会副部长。

了解了黄新波的履历，更是让我对这一次采访产生了期待。最初，得知自己要采访和写作的对象的时候，我还有点忐忑，可在一番接触之后，我心中原本的顾虑彻底被打消。

就像工信厅的肖纯说的那样，黄新波是一位非常有人格魅力的人，和他相处会感到非常舒服。在信息技术部门任职，想要服众是非常难的，不仅要有一定的能力和水平，还要有让人信服的品德。或许正是因为有着黄新波这么一位德才兼备的领导，才能让信息技术部在十四运会中协调各个部门，全程保证整个赛事的信息安全，做到万无一失。

和黄新波初相见是在省工信厅，当时黄新波还在开会，会议刚刚结束，就急匆匆赶来，招呼我进了办公室。他给我的第一感觉，并不像是一位领导，而像是一位刚刚给学生们上完课的老师。

对于十四运会的幕后工作，我完全是门外汉。没承想采访一开始，黄新波就非常兴奋地给我说了很多专业方面的东西，特别是在十四运会期间，建立国内第一家大型运动会统一大数据中心平台、大型赛事指挥中心、全面的数据库，等等。这些都是十四运会留下的宝贵财富。

整个采访中，黄新波都不曾诉苦过一句，一直在说“很忙碌，但是很充实，克服了种种困难，有着巨大的收获”。我被他朴实的言语所感动，其实很多时候，辛苦是常态，尽职尽责也是大多数人应该坚持的操守。真正让我感动的是他的态度，在给我讲大数据平台、大型赛事指挥中心和全面的数据库的建立过程的时候，他是由衷地开心，那种情绪有着很强的感染力，无论多么忙、多么苦，值得就足够。

专业精通，敢于担当

最初，我和多数人一样，不知道信息技术部具体承担的责任，以为只是拉几根网线，把直播画面传递出去。这样的工作，好像并不算忙。

事实上，在整个筹备工作中，信息技术部是最早启动的一个部门，他们要负责搭建整个赛事的信息化大系统，包括网站、网络安全、比赛计分、身份识别（包括裁判员、运动员和观众），要承担各个场馆的信息化沟通和信息安全、赛事直播，等等。用黄新波的话来说，这一场运动会是智慧运动会，区别于以往的传统运动会，随着国际比赛的信息化和科技化，信息安全和信息沟通监控在体育赛事举办中的重要性越来越大。

十四运会期间，信息技术部的工作人员来自各个单位，如工信厅、网信办、通管局等，而要把这些部门的人整合在一起，沟通协调本就是一件比较难的事情。多数技术人才专业性强，往往是有着鲜明的个性。用牛威的话来说就是“我们这样的部门，是最怕外行领导内行的”。作为信息技术部的负责人、驻会副部长，不仅仅要有管理和协调能力，更要有专业方面的本领，在关键的时候能拍板，勇于担当。

肖纯告诉我，仅仅在赛事期间，他们就遭遇了60多万次的黑客攻击，如果有一次被攻破，那么就会对运动会造成不利影响。

信息技术部成立之后开始沟通协调各个部门和场馆，做各种准备工作。每一次的方案和规划，都要经过反复的审验，确保万无一失。牛威说，他们最初协调各个部门和场馆的时候，遇到最大的难题是，大多数部门和场馆都不知道自己的需求是什么。因为缺乏承办大型赛事的经验，大多数人对信息化和智慧化了解并不多，自身难以提出需求。

在部门成立之初，有一件让所有人都感觉到头疼的事情，那就是预算。整个赛事预算都是非常紧张的，这也导致信息技术部最初在沟通协调的时候难度非常大。

“因为我们的很多想法和规划都是比较超前的。”肖纯对我说：“所以一开始，很多部门觉得很多信息化方面的预算是没有必要的，在预算本来就紧张的时候，大家更要勒紧裤腰带过日子。”

其他场馆和部门不能理解，大家沟通协调不到一块。黄新波就把各个部门的人员集中在一起，详细地讲解，帮着每一个部门和场馆进行梳理，铺设管道，建立数据库，不仅要让各部门明白信息技术部工作的重要性，更要帮助其做好信息化建设，只有这样，才能确保赛事一切顺利。

“事实证明我们的每一步都做到位了，每个细节都考虑到位了，从开幕式到闭幕式，一切都很顺利。”

牛威说道：“能遇到黄厅这么一位懂技术、懂管理的人，是我们这些人的荣幸。你不需要在技术层面给他多解释，无论是规划和方案，黄厅都能判断，甚至帮忙梳理，决定拍板，在这方面就节省了很多时间。”

“在计分和网络安全这一块，更要慎之又慎，在比赛中，一点点的误差，对一位运动员的职业生涯的影响都是巨大的。”

“一位运动员，从训练到成长，都付出了难以想象的努力。全运会其实是为了奥运会选拔人才的，现在无论是电子计分还是赛事的进程，都需要和国际接轨，我们需要对每一位运动员负责。”

正如十年寒窗，为的就是一朝高中，对运动赛事而言，每一个因素都是至关重要的。计分、安全、网络、气象、安检，牵扯到方方面面。

“黄厅最让我们佩服的就是愿意担当。”

高瞻远瞩，走在前列

“难肯定是难的，我们共产党人不就是迎难而上吗？”黄新波笑道：“还是那句话，无论当时多么难，看着我们取得的成绩，就很欣慰。”

第十四届全国运动会与残特奥会同城同期举办。为给“精彩圆满的体育盛会”提供一流的信息化服务与保障，信息技术部将新一代信息技术融入信息系统规划、建设、赛时运营和赛后利用各个环节，提出“一个信息化大系统服务两个智慧运动会”

的设计理念，建立了全运会大数据统一平台。十四运会拥有全运会历史上功能最完备、技术最先进的赛事指挥中心，其信息化技术为组委会对全省 13 个市（区）场馆的竞赛组织与赛事管理提供了有力保障。

在比赛前期，信息技术部就对竞赛场馆各项目比赛进行预警研判，采取指挥决策、工作协同和垂直管理，以便组委会面对重大突发事件能够迅速调动各职能部门资源协助场馆，做到协调顺畅、指挥有效、控制有力。

此次全运会大数据统一平台的成功建设与运行，一方面为陕西省体育事业和体育产业发展留下宝贵的信息化资源；另一方面实现了跨部门跨行业数据融合应用，为数字陕西建设在技术路径和体制管理方面进行了探索与实践。

而这些，就是令黄新波最高兴的地方，在信息化技术发展日新月异的今天，国内赛事各方面都要和国际赛事接轨，这一次十四运会在智慧信息化方面的经验和成绩是有目共睹的。

信息技术部在保证整个赛事安全和赛事顺利的同时，组建的几个信息化平台更为以后陕西承办大型赛事做好了准备，在保障十四运会赛程时，黄新波的眼界并不仅仅局限于眼前。

信息技术部的同志告诉我，一些场馆的器械和耗材在赛事结束之后就会空置。黄新波鉴于以往赛事的经验，在十四运会结束之后，允许各场馆以租借和低价购买的方式留下耗材和设备，这样就在很大程度上实现了资源的重复利用。

“现在咱们陕西不少场馆都有了举办大型赛事的能力，之前的一些设备对各场馆来说就是宝贵的财富。”

牛威颇有感慨地说道：“黄新波的一些想法和建议，不仅周全，而且具备超前的眼光，在他的带领下，每一位同志工作的时候都是干劲十足。领导尚且如此，我们还有什么理由不用心？”

工匠精神，绝不言苦

不仅黄新波，整个信息技术部的同志们都从不言苦。

十四运会期间，新冠疫情形势严峻，信息技术部不仅要保障赛事，还要进行疫情防控工作，工作量非常大，当时的压力一定很大。可当我问起这个问题的时候，所有同志的反应都和黄新波一样："当时的情况，苦是必然的，不仅仅是我们部门，其他部门也一样。一场全国性的赛事，每个部门、每一位工作人员都是异常辛苦的，一开始我们就做好了思想准备，没什么好说的。"

当我进一步了解了黄新波之后，才真正对这种不言苦的情况有所理解。兵㞞㞞一个，将㞞㞞一窝，作为负责人，黄新波的态度就是整个信息技术部的态度，他不仅仅是一位技术型人才，更是水平高超的管理者。

“天下大事，必作于细。”唯有心无旁骛，才能在本职岗位上坐得住、做得好。信息技术部正是这么一个部门，每一步，每一个细节，都要做到极致，也只有竭尽全力，才能考虑到方方面面。

习近平总书记指出，“创新是一个民族进步的灵魂，是一个国家兴旺发达的不竭动力，也是中华民族最深沉的民族禀赋。”一个民族的创新离不开技艺的创新。小到一枚螺钉、一根电缆的打磨，大到运载火箭、载人飞船等大国重器的锻造，不仅要有娴熟的技能，而且要有技术的创新。技术创新，是对现有技艺的大胆革新，是重细节、追求完美。以这样的执着精神，精益求精，不断提升技艺、提升自我，才能达到“技可进乎道，艺可通乎神”的境界。

信息技术部在十四运会中所做的就是这些，小到每一根电缆的铺设、每一个摄像头的安装，大到整个信息化平台的搭建，以及赛事的监控、直播，没有执着和笃实专一的精神，是很难做好的。

弘扬精神，砥砺前行

一场精彩激烈的赛事，更多的焦点都在运动健儿身上，赢得了一场比赛，运动员会听到无数的呐喊与掌声。而在背后默默付出的众多工作人员却鲜少有人提及，任何光彩照人的背后都有辛酸的付出，任何荣耀的背后都有默默无闻的奉献。

整个采访的过程，我并没有听到什么催人泪下的故事，但是却能感受到一颗无怨无悔的心，看到一副真诚的笑容。

精神需要弘扬，每一位无名英雄都谨记着：“器物有形，匠心无界。”党的二十大摹画了未来五年乃至更长时期的宏伟蓝图，奋进新征程、建功新时代，务必在全社会营造劳动光荣的社会风尚和精益求精的敬业风气。

黄新波认为自己只是做了本职工作，但是站在旁观者的角度，这种敬业精神是值得宣扬的。社会繁荣、祖国昌盛，离不开每个人的兢兢业业，做好自己的本职工作，就已经足够了。

十四运会体现全民全运的理念，展现了全国人民万众一心、团结向上、奋力拼搏、逐梦圆梦，为中华民族伟大复兴不懈奋斗的精神风貌，呈现出中华民族伟大复兴的深厚历史渊源和广泛现实基础。

为了保证十四运会的赛事安全，信息技术部的同志们在黄新波的带领下，身体力行，无私付出，他们和运动健儿们一样，也应该赢得鲜花和掌声。

志愿同行　共襄盛会

何东姝

十四运会和残特奥会是展示陕西新时代新形象、三秦儿女奋力追赶超越的重要窗口，更是广大青年志愿者展示青年风采、展现中国力量和民族精神的重要契机。绿白相间的运动服，亲切、热情的笑容和话语……“小秦宝”们牢记青春誓言，热忱奉献，以“饱满的状态、贴心的服务、暖心的形象”为赛事提供全方位、高质量的服务，传承着志愿精神和奥林匹克精神。

志愿服务精细暖心

面对全运会赛期时间长、所需志愿者人数多、工作任务重、影响力大等特点，志愿服务部坚持系统谋划、精细管理、倒排工期、挂图作战，以最高标准、最快速度、最实作风、最佳效果，组织动员全省广大志愿者为成功举办一届精彩圆满的体育盛会做出了积极贡献，让志愿服务成为十四运会和残特奥会一张亮丽的名片。

坚持系统谋划是筹办工作的重要前提。志愿服务部建立健全工

作体系，用好“两清单一计划”“一图六表”，通过定任务、定时限、定人员，细化措施，明确“任务书”，细化“时间表”，科学统筹推进三大类志愿者工作同步实施，高标准完成工作任务。结合大型赛会志愿服务惯例和陕西省办会实际，他们反复落实志愿者人数需求，结合馆校距离、岗位特征等不断调整完善《十四运会馆校对接计划》《残特奥会馆校对接计划》，做到了“一馆一方案”，开、闭幕式和“双先”表彰活动“一活动一方案”。

坚持协同联动是筹办工作的有力支撑。志愿服务部抓好全省协同，分组对接，协同推进，创设“包片推进”“四方联动”等经验做法，实现高效对接，紧密协同。志愿服务部立足赛会需要，授权 70 所在陕高校以及包含 7 家中央和省直企事业窗口单位在内的 300 余家城市志愿者工作执行单位，招募赛会志愿者近 1.5 万名、城市志愿者约 2 万名、社会志愿者约 8 万名。此外，他们还通过组织化动员和社会化动员相结合的方式，邀请中国女排等知名群体录制招募动员视频，精心开展线上线下宣传活动，扩大志愿服务工作影响力。他们紧盯目标协同，在做好全运会志愿服务工作的同时积极谋划陕西省志愿服务事业发展远景。

组建一支朝气蓬勃、训练有素的志愿者队伍，提供优质、高效、专业的志愿服务，是实现办赛精彩、参赛出彩、发展添彩目标的重要保证。志愿服务部依托自主研发的志愿服务信息化管理平台组织志愿者招募，经过校级初选、复选、市区执委会审核、组委会核定四级筛选确定志愿者名单。招募过程坚持申请条件公开、招募方式公开、选拔程序公开、录用结果公开，确保招募工作严格规范有序开展。赛会志愿者和城市志愿者的招募、录用、考核等工作全部实现信息化，动态调配，结合岗位需求和封闭管理等可能出现的突发情况，动态调整，及时应对，确保志愿者召之即来，来之能战。

坚持精细管理是志愿工作的关键所在。筹办工作开展以来，志愿服务部持续开展线下、线上培训工作。2020 年 11 月、2021 年 4 月，志愿者分两批次完成了 72 场次通用知识线下培训；开幕前的最后一次规模性集中培训，志愿服务部再次对赛前统筹谋划、前期准备、赛时管理、指挥调度等进行培训，以确保赛事期间服务工作的顺畅高效。为提升志愿服务质量，志愿服务部研发培训教材和志愿者通用知识读本；开发赛会志愿者线上学习资源“小秦宝课堂”App，为志愿者线上提供志愿服务、消防安全等基础知识的学习平台；开展线下培训，完成组委会各部室、各市区执委会及 70 所授权高校的志愿服务管理团队骨干培训，完成近 1.5 万名志愿者的通用知识培训；组织各项目竞委会根据项目特点和场馆实际，开展志愿者专业培训和岗位演练，确保志愿者全部达到上岗要求，为赛事提供“热情、周到、专业”的志愿服务。

赛事期间，在综合协调处、观众服务处、场地环境处、志愿者工作处、医疗保障处、媒体及电视转播协调处……“小秦宝”们从事各类志愿服务工作，在自己的岗位发光发热，体验爱、感受爱、传递爱，践行志愿精神。他们全力做好全省颁奖礼仪展示、卫生信息审核、注册中心、全运村等重点岗位志愿服务工作。志愿服务，就是要让每一位参赛运动员无论是在拼搏的赛场，还是在下榻的酒店，都能感受到温暖舒心。轮椅击剑项目竞委会志愿者工作处处长贾亚娟谈道:“我们有一部分志愿者是运动员随队志愿者，他们和运动员住同一所酒店，从运动员早上走出房间，志愿者就提供全程服务，直到将他们送达场馆。比赛结束后，再将他们送回酒店。”残特奥会期间全省共安排分布于14个项目竞委会、23个酒店的771名随队志愿者全程参与，负责残特奥会参赛团队来陕期间酒店报到、往返出行、搀扶引导、轮椅服务、赛前准备等一系列服务事项。

“臻于细节、倾情服务”是志愿服务部的一贯追求。为提升观众们的观赛体验，他们制定了《竞赛项目观众服务总体工作方案》，为省本级竞赛项目申请拨付观众服务工作专项经费，制定观众服务志愿者岗前培训大纲，开展观众服务工作赛前督导，审核各场馆观众服务运行计划及观众观赛指南。依托比赛场馆，各场馆分别组建观众服务工作队伍和志愿者队伍，志愿者具体负责在观众活动区、安检区、检票区、座席区及各入口的观众引导、发放信息折页、场馆内失物招领、婴儿车与轮椅寄存等服务工作，突出便利化、人性化、个性化服务要求，精心打磨工作流线，完善服务细节，提升服务品质，切实为观赛人员提供细致周到的服务。

自2021年3月跳水测试赛顺利举办以来，志愿服务部共组织7133名志愿者服务田径、游泳、篮球、攀岩等17个竞赛项目及部分群众体育项目，从测试赛到正式比赛，累计上岗4.9万人次、服务52843天，服务时长528430小时，服务近20967名运动员、技术官员、代表团官员、媒体记者以及近15万人次的现场观众。广大志愿者从入场检录、辅助裁判、观众引导等方面全力做好竞赛项目服务工作，以良好的精神状态和风貌受到高度评价。十四运会和残特奥会期间，全红婵、马龙等运动健儿先后对志愿者表示了敬意；各省市区代表团、项目管理中心、残联等单位向有关高校和赛会志愿者个人致感谢函（信）70余封；“学习强国”、新华社、中国青年报、陕西日报等媒体报道志愿服务工作80余次，“小秦宝”们的优异表现得到了社会各界的高度认可。专业竞赛志愿者刘瑾羿谈道:“能够成为残特奥会志愿者，我感到十分荣幸。在服务的这段时间里，我们被暴雨淋湿过，也被太阳暴晒过，但能为运动员和观众提供志愿服务，得到他们一句谢谢，我们的付出就是值得的！”

志愿服务部严把入口、加强培训、做好志愿者激励和支持保障工作，打造了一支觉悟高、素质高、作风硬、能奉献的志愿者队伍。从赛前培训到赛事服务，他们见证了这座城市清晨的静谧，也常与满天的星光为伴，他们在烈日下流淌过汗水，也在大雨中挺拔着坚毅的身躯。他们牢牢把握工作主动权，抓好测试赛演练环节，对标一流，争先进位；他们发扬钉钉子精神，一抓到底，常态化下沉至场馆、高校协调解决问题；全体干部勇于担当、敢于作为，为赛事的圆满举办提供了坚强保障。

志愿文化氛围浓厚

习近平总书记强调，要在全社会广泛弘扬奉献、友爱、互助、进步的志愿精神，更好发挥志愿服务的积极作用，促进社会文明进步。志愿服务作为一项神圣而高尚的社会公益事业，彰显了人与人、人与社会、人与自然之间相互关爱、和谐相处的精神风貌，体现了人际关系中的友爱、奉献、互助、诚信、责任、公平和公正。志愿者是大型赛事活动的重要组成部分，志愿服务能够彰显城市的温度和厚度，成为城市文明的亮丽风景线。

信念引领脚步，实践塑造价值，志愿陶冶人心。为发扬志愿文化，营造良好氛围，志愿服务部征集发布专属于十四运会和残特奥会的志愿服务文化标识，组织征集、评选并发布了志愿服务徽标、志愿者昵称、激励章、口号、主题歌。志愿服务徽标以竖拇指点赞为创意灵感，整体线条简单明快，结构柔和灵动，形似陕西版图，状如秦兵马俑，又若彩带飘舞，表达了对新时代全运盛会的热切期盼和美好祝福，又是志愿者之间相互鼓励的形象诠释。“全运新时代，志愿新风采”“精彩全运，志愿同行”“盛世全运手牵手，志愿服务心连心”“奉献全运，精彩三秦”以及“全运逐梦，志愿同行”等志愿服务口号更是深入人心。志愿者昵称为“小秦宝”，“秦”为陕西简称，“宝”寓意着珍贵、亲切、喜爱。以“小秦宝”作为志愿者昵称，既体现了浓郁的陕西特色，又突出了陕西青年乐观开朗、积极向上的群体特征，更包含了弘扬“奉献、友爱、互助、进步”的志愿者精神和传承陕西人淳朴厚道、坚忍执着、真诚热情的优秀品质的美好愿望。

有一种风景叫红色身影，有一种力量叫志愿先行。城市志愿服务站点和社会志愿服务项目切实发挥作用，形成了全省志愿服务常态化发展的新格局。“您好，麻烦您规范停车，为我们的城市文明贡献一份力量……”在韦曲街道航天城地铁站出入口，由陕西省道德模范南国望带队的20多名志愿者走上街头，向过往群众宣传全运会知识，发放《十四运知识内容宣传册》，倡导大家说文明话、行文明事、做文明人。未

央区汉城街道三九社区、青东社区新时代文明实践站和草滩街道长乐东苑第三社区志愿者以“迎全运、讲文明、树新风”为主题，积极开展卫生清扫、交通引导，广泛宣传文明礼仪、文明用餐、勤俭节约小知识，在实践中引导群众弘扬新风，传播文明理念。一群群身着红马甲的文明宣传志愿者成为一道道亮丽的风景线。

城市志愿服务活动如火如荼进行，全省广大城市志愿者在十四运会和残特奥会举办期间为市民、游客提供了信息咨询语言翻译等多项便民服务，有力地展示了三秦儿女热情豪迈、文明友爱的东道主形象，以及陕西省精神文明建设取得的突出成就。社会志愿服务项目有声有色开展，全省涉及环境保护、阳光助残、卫生健康、理论宣讲、文化文艺、助学支教、科学普及、法律服务、文明实践、社区服务等多个领域的 1318 个社会志愿服务项目围绕社会关切、群众需要，结合实际开展特色活动，让更多的百姓受到影响和帮助，在全省上下营造了“人人关注全运会、处处可见志愿者”的良好社会风尚。

志愿者精神生生不息

志愿服务部将十四运会和残特奥会志愿服务工作同步部署、同步规划、同步实施、同步推进，以赛事服务为重点、以城市站点为依托、以社会项目为牵引招募三大类志愿者共 18 万名。其中十四运会上岗赛会志愿者 14825 名，残特奥会上岗赛会志愿者 7384 名，共服务 156792 人次；依托全省 484 个城市志愿服务站点共招募城市志愿者 18172 名，累计上岗 134093 人次；组织开展社会志愿服务项目 1318 个，招募社会志愿者 140810 名，累计上岗 262808 人次。十四运会和残特奥会圆满闭幕，志愿服务工作也精彩收官，但“小秦宝”们在服务岗位上的微笑、汗水和身影，将永远定格在参与这场盛会的社会各界人士的脑海中。

终场的哨声总会吹响，但前进的风帆将一直高扬。经此“大考”，志愿服务部更加坚定了做好全省志愿服务工作和“后全运”时代文章的信心，让志愿服务越来越成为一种时尚，把志愿服务作为实践育人的重要载体，激励广大青少年积极投身新时代志愿服务事业，打造最美的“陕西名片”！

一份令人安心的答卷

常晓军

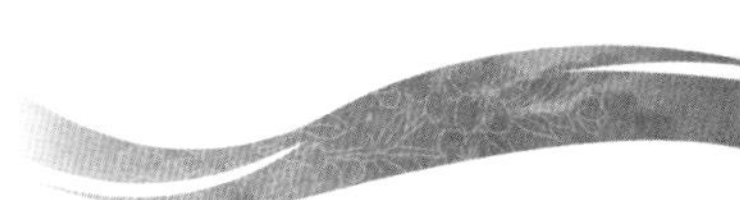

夜色已经很深了，望着窗外这座安静的古城，邢西宁总会想起两年来奋战在十四运会安保第一线的点点滴滴。

邢西宁曾是十四运会安保部驻会副部长，每次只要说起十四运会那段经历，他总会抑制不住内心的兴奋。一个真正快乐的人，是敢于挑战自我的人。无论面对任何事情，邢西宁总会心甘情愿地去体验，让生活中充满诗的韵味。

一

说起邢西宁这个人，大家最直观的印象，他是个“拼命三郎”。只有注重效率的人，才能在职场脱颖而出；拼命工作，才能遇见更好的自己。

这些年来，邢西宁一直喜欢在工作中学习，在学习中进步，无论是先进的管理经验，还是行业内的新技术发展，他都会及时给自己“充电”。“现在是个学习型社会，我们做警察的理念、警用装备都在日新月异地发展，不学习很快就会被淘汰。”

作为安保部驻会副部长，邢西宁必须带领同志们扛起十四运会安保这份沉甸甸的责任，确保此次盛会精彩圆满，不出任何问题。“盛会在陕西如火如荼地举办，安全工作尤为重要和关键。保障人民群众的生命财产安全，是我们安保人员义不容辞的责任。”熟悉他的人都知道，这绝非一时的豪言壮语，而是郑重真诚的承诺。

邢西宁多年养成的工作习惯，让他不论职务如何调整，岗位如何变化，始终慢不下来。有人把警察比喻成刺破黑暗的一束光。从小就崇拜英雄的邢西宁，儿时最大的梦想，就是能够成为一名光荣的人民警察。1982 年，心怀从警梦想的邢西宁，以优异的成绩考入陕西省人民警察学校，并留校从事管理工作。他一直牢记着初心使命，始终不断地突破自己、提升自己。

1998 年，邢西宁被选调到省公安厅，从事警务督察工作。工作虽然很辛苦，但他却始终热爱公安事业，凭借着突出的工作表现，邢西宁很快就升任为陕西督察总队总队长。

然而当邢西宁接到十四运会安保工作任务后，他却生出顾虑。虽然有着丰富的警务工作经验，但他恰恰从未接触过安保工作，有顾虑也实属正常。

见到老同志思想包袱太重，厅党委成员及时找他谈心，通过换位思考打开了他的心结，打消了他的思想顾虑。一席知心话，很快就让邢西宁鼓起勇气走马上任。

2019 年 8 月 3 日，邢西宁开始正式参与十四运会筹委会工作，也是真正意义上第一次接触安保工作。但只要他认定的事情，一定就会做得很好，这背后注定要倾注太多的精力。

安全保卫部由陕西省委政法委、省委军民融合办、省公安厅、省消防救援总队、武警陕西省总队等 20 个成员单位联合组成，主要统筹协调各成员单位承担的十四运会安全保卫工作，负责证件制作和发放。作为第一批进入安保部的干部，邢西宁在投身十四运会安保工作的那一刻，想得更多的是如何打造一支一流的安保队伍，为十四运会筑起一道安全防线。

“安保工作是一场硬仗”，这绝非一句空话，在邢西宁的带领下，安保部结合十四运会工作实际，切实以建章立制为抓手，细化工作措施，全方位提升能力建设，先后出台了《十四运会安保工作总体方案》《残特奥会总体工作方案》等 16 个规范性文件。锚定了目标，才能激发队伍活力，安保部实施挂图作战工作方针，并根据工作任务绘制出时间表和路线图，迈开了开局工作的第一步。

安保工作头绪多、压力大，要具备应对突发事件、处理复杂局面的能力；要进行日常实战演练和严格的专业培训。似乎每天都要处理、协调各种大小事务，邢西宁感到大量的精力被透支，有时连睡觉都觉着是种奢望。但他对自己说，毕竟面对的是十四运会这样的盛会，面对的是 13 个赛区 53 个场馆、300 多场赛事的安保工作，压力大是必然的，必须将压力转化为工作的动力。

邢西宁继续马不停蹄地检查、督导，在发现问题中学习思考着，逐渐探索出一个场馆一个方案、一个赛事一个方案、一项工作一个方案的思路。精准化推进，专责化运作，是各项工作落地落实的保障。他又要求针对各项方案做好预案，并严格依据预案进行训练，促使每个人不仅要熟悉、掌握工作流程，还要高标准、高质量推进各项安保工作。

从经常早出晚归，到后来通宵坚守岗位，邢西宁总想通过自己的全力付出，让安保工作更深、更实、更细。周围人开玩笑说：“邢部长是用‘敬业福’换‘平安福’呢”。确实如此，他一边劝家人不要操心，一边又继续忙碌着，在邢西宁看来，赛事是安保工作的核心。时值筹委会变为组委会，正在全省招兵买马，扩大到 23 个部，虽然每个部都很重要，他还是在会上大胆提出自己的想法：“安保不是工作核心，但影响核心；不是工作全局，但影响全局。”

安保工作，本来就是背后付出得更多，无论是观众组织、场馆安全保障、人员安检，还是交通管理、社会面防控等，面临方方面面的挑战。也就是说，不管是赛事的哪一个环节，都离不开安保人员保驾护航。邢西宁将十四运会开、闭幕式作为安保工作的重中之重，不断完善着“点线面结合，以面保点，全方位防控，智慧安保”的思路，进一步规范了流程、简化了措施，科学合理地分配了安保人员，最大限度地覆盖了安全风险区域，极大地提高了安保工作的效率和准确性。

邢西宁以“时时放心不下、事事抓紧不放、个个责任在肩”的态度，全方位推进着各项安保工作有序发展。为解决好一个问题，他带着骨干们反复研究；为了一张蓝图绘到底，他积极探索。正是这种敢于吃苦、乐于奉献的精神，才逐渐走出了一条公安牵头、各成员单位协同参与的联动新路子，打造出一张坚守一线保平安的安保大网。

邢西宁不断对十四运会安保工作进行深入思考，从细节处见着真功夫。“防护栏标准是多高？”“特殊情况下的安保工作如何应对？”“‘小低慢’无人机如何管制？”……为开创安保工作的新局面，邢西宁常常深入一线，采取定岗、定位、定人、定编、定时空的办法优化安保布局，实现成员单位间上下连通、多元互动。“从人员、装备的配置到各种应急预案，都做了详细周全的计划安排。我们还加强了与各有关部门和机构的协同合作，确保各方力量密切配合，形成凝聚合力。”

这种工作劲头也让周围的人感到钦佩。面对挑战，邢西宁深知需要学习的地方很多，他从不轻言放弃，也不抱怨。为系统了解、全面掌握十四运会安保现状，他不辞辛苦，亲自带队到天津、武汉、辽宁、山西，对举办过大型赛事的兄弟省市进行考察学习，从中借鉴好经验、好做法，更新自己的思维模式。

之所以这么拼，邢西宁其实是有私心的，因为他不但想要实现十四运会精彩圆满的安保目标，还希望为接下来更多重大赛事的安保工作提供可行性经验，这可能就是工作带给他的价值和享受吧！邢西宁在接受采访时说：“面对安保工作的挑战，我们坚决按照省委、省政府、组委会、公安部的决策部署，认真细致抓好每个环节、每个细节，确保各项安保措施落到实处。一是组织开展全要素、多频次、务实管用的拉动拉练，特别是针对交通限流、集结分流等，细化交通流线，反复演练磨合，确保方案预案的科学性、实用性。二是持续开展风险隐患排查整治，重点排查驻地路线、活动现场、场馆周边等地，确保清除各类风险隐患。三是积极主动向公安部汇报，协调做好空中管制、水下探摸、无人机反制等专业安保工作。并与周边省市进行了深度对接，适时启动区域警务协作联动机制。”

二

邢西宁是个不惧怕压力的人。他内心乐观，又善于学习，面对不同问题，总能使出不同的招数。这些经过碰撞的新火花，带来了新思路，所以他每天有很多工作要做，也有很多困难要克服和协调。好在这些年来，邢西宁已经习惯了挑战自我，这也是他最终选择挑起十四运会安保工作重担的原因。

既然选择了这项任务，就得全力以赴，这是邢西宁的性格使然。人们总觉得他一丝不苟到有些较真儿，以至于有段时间被认为是一个“不好接近”的人。被人误解时，邢西宁也会有些郁闷，毕竟“安保问题无小事，安全问题上必须较真”。邢西宁是这么想的，也是这么做的，即便知道会得罪人，也坚持自己的想法不动摇。没办法，安保工作中没有“和事佬”“好好先生”。

有一次，他为从源头上保证饮食安全又“较真”了，要守护好运动员“舌尖上的安全”，就必须坚决杜绝问题食材，这是底线，来不得半点马虎。工作中，他和食品药品安全保障部一起，依照运动员食品标准高于通用标准的要求严格把关，既要保证营养丰富，还要杜绝兴奋剂隐患，这就要求对猪牛羊鸡鸭等畜禽生肉类的全链条进行监管，必须延伸至养殖阶段，同时要实现对家禽生长全过程的信息追溯，特别在饲养过程中的防疫、用药等情况，必须做到严格把关、了解，只有这样才能保证运动员的食品安全。也会有人觉着这样是在吹毛求疵，但邢西宁在运动员食品安全问题上始终不放松标准，也不敢有丝毫的松懈。

直供十四运会的所有食品，必须百分之百达到食品安全标准，必须符合食源兴奋剂“零检出”要求，必须掌握食品供应商的信息，这样才能防止运动员误食违禁食品。

要让运动员吃得放心，就必须有人坚守和付出。在综合考虑各方面的因素后，邢西宁建议种养殖、加工、运输、仓储、制作等环节实行全流程的保障体系。即采取社会购买方式时，由当地派出所进行业务指导和监督，协同安检人员查验食材订货通知单、食材装车清单、跟车人员信息清单、食品安全检验合格清单等，做到每个环节严控检查，再由保安全程押运到食品总仓。这样做，可以防止“问题食材”出现，又节省了人力物力，施行后很快受到省政府领导的表扬。

现在来看，邢西宁的“较真”是有效果的。每个人都该干好本职工作，十四运会的安保工作既忙又累，但又充满成就感。这样的累并快乐，被邢西宁视为工作的动力。

安保工作，切切实实关系着广大群众的生命财产安全。邢西宁多次坦言，他也会感到压力倍增，然而他从未退缩，总在关键时候挺身而出，以坚定的信念面对困难，带领团队攻坚克难。他也会鼓励自己和团队：“只有经得起实践的考验，才能取得真正的胜利，树立起陕西安保的新形象。”是的，上下同心，才能形成合力，这也是邢西宁在十四运会安保工作中的努力方向。

三

2021 年 7 月 24 日，一场新闻发布会正在位于浐灞之滨的西安奥体中心召开。随着记者们“长枪短炮”的簇拥，邢西宁代表安保部掷地有声地表示：十四运会安保工作，将严格按照“系统谋划、精细管理、倒排工期、挂图作战”的思路，一心听号令、一身硬骨头、一切为打赢，全力助推实现“办一届精彩圆满的体育盛会”目标。话音落下，掌声响起。

干工作，讲的是情怀。作为一个懂业务的指挥者，或者一个强执行的管理者，邢西宁从参与十四运会安保工作的那天开始，就清楚这项工作的严峻性、复杂性，不敢有丝毫的懈怠之心，他始终强化着各场馆的安全防范措施，时刻绷紧着安全之弦，这是职业习惯，也是职责所在。

为尽快补短板、强弱项，邢西宁将安保工作逐项细化分解，要求每位安保人员要熟悉工作流程、懂得处置办法，而且要以最优的状态、最强的作风、最严的纪律全力以赴投入十四运会的安保工作中。如果说，这是邢西宁的“紧箍咒”，要树立起大家事事安全、处处安全、时时安全的思想意识，那他时常敲响着的“警示钟”，就是他针对安保工作中的新情况、新问题，反复琢磨出的新办法、新对策。如发挥联防联控网络作用，对重点区域、重点时段展开巡防防控，采取应对措施及时查漏，将隐患彻底消灭在萌芽状态；开展外围防线查控工作，打造无缝对接的安保防范格局；在各赛场设置指挥部，保证赛场周围安全，全力守护运动员、教练员从全运村到赛场的交通安全顺畅。

众所周知，安保工作是个系统工程，随着一项项安保措施的落地，为十四运会构筑的“铜墙铁壁”越发牢不可破。这时候，安保工作依然在不断扩大范围，这就需要一边大量招募志愿者参与安保服务，一边通过专家授课、案例分析、实战演练，系统开展搜爆安检、无人机管控、警犬搜爆等务实有效的专业培训，不断地向培训要素质、向训练要战斗力。

安保人员岗位技能要提升，就得立足实战需求；培训要出效果，不能流于形式。即便在安保任务压力大的情况下，邢西宁依然要求各赛区安保部门，不折不扣按十四运会测试赛安保工作要求，分层次、渐进式、逐场次开展全流程安保实战演练和模拟演练。在全省范围开展了“倒计时百天活动”，“围绕实战、紧贴实战、服务实战”，不断强化安全防范意识和应急处置能力，真正达到练成效、提素质、强实战的目的。与此同时，安保部又以历练精兵的要求，结合对重点目标、重点群体、重点区域进行摸排检查，先后进行了各类应急拉动演练 112 场次，通过实战安保织牢安全网。

临近开幕式前的一个月，时值西安最炎热的 8 月。安保部又启动专项行动，与相关单位协作配合，以最高要求、最高标准查风险隐患，补漏洞短板。时值由大学生组成的近万名演职人员正在如火如荼地进行着开幕式强化训练，时间紧、任务重，可每天的进场安检一样也不能落下，每次都会花费一两个小时。这种情况下，负责演出的导演反映要简化流程，给排练省出些时间。邢西宁听后坚决不松口。考虑到各项工作整体联动的要求，组委会领导找到了他，表情严肃地问邢西宁：能否加快安检速度？

邢西宁回答：“整个主场馆排查已经做到万无一失，但不能因为时间紧放松人员检查，导致发生‘一失万无’的严重后果，不然的话，前期的付出很容易白费，关键是一点问题都不能发生。安保的性质，早已决定了我们的工作，必须是铁面无私、一丝不苟。”

做事公正无私，心底就会坦然，也会得到领导的支持理解。只要按照预定目标认真执行，谁也挑不出毛病。可当邢西宁复盘工作时，发现眼下这种工作节奏确实耽误时间，但又不能缺少任何一个步骤，便同负责安检的工作人员一起到现场研究，想出远端安检的办法。即改现场安检为登车前检查，由安全员和校方工作人员一起，提早对所有登车人员进行检查，车辆行驶途中不能有人员上下。这种点对点的模式，着实节省了大量时间，学生们也没有了怨言，反而有种走“绿色通道”的感觉。面对新的管理模式，邢西宁为避免陷入单一思维的陷阱中，又通过各种方式反复进行验证后，才算是放下心来。

思想上不重视，行动上就会拖后腿。要想快马加鞭只争朝夕，只能是上紧发条绷紧弦，争分夺秒往前赶，这也是邢西宁对所有成员单位提出的要求。眼看着开幕式的日期一天天临近，安保部颇具针对性地调整安检思路模式，让“全员疫检、全员持证、远端集结、错时抵离、定点上下”的模式，更加贴合不同人群的实际需求。与此同时，加强了与省消防救援总队、武警陕西省总队安保指挥部的实战协同演练。无论如何，“十四运会安保工作是兜底的工作，涉及方方面面、贯穿于全过程”。而邢西宁所有的辛苦付出，就是要从多元化的模式中，全方位抓好各项任务的落实，用心寻找适合十四运会安保的好办法。

邢西宁常常奋战在一线，无论是开展紧急演练，还是模拟应对，无论是与每一位安保人员谈心交流，还是听取他们工作的困惑和建议，都为了破解工作中的难题，提高安保人员的应变处突能力。

他身上散发出的激情和动力，不仅让人洞见邢西宁的人格魅力，还见证了他对警察事业的热爱。赛事安保处处长樊文强对此深有感触，其实，他先前对邢西宁并不了解，工作中接触多了，才发现身边这位领导，更像是邻居家的大哥。平日里嘘寒问暖，有说有笑，可一旦进入工作状态，就变成另外一个人。他感叹道：“邢部长为抓好安保工作，一个不落地检查了全省 50 多个赛事场馆，为解决问题，有的场馆他甚至会去好多次。”

邢西宁不但身体力行检查场馆安保情况，还仔细检查、掌握了场馆周边的社会情况，这也是他对十四运会安保颇有信心的地方。实际上，场馆安保只是所有安保工作中的一部分，但从邢西宁的背影中，却见证了他对工作的认真。正如自己所言：“这些年早已习惯了工作繁忙，自己又是老党员，能多干点就多干点，一定要做好党赋予我

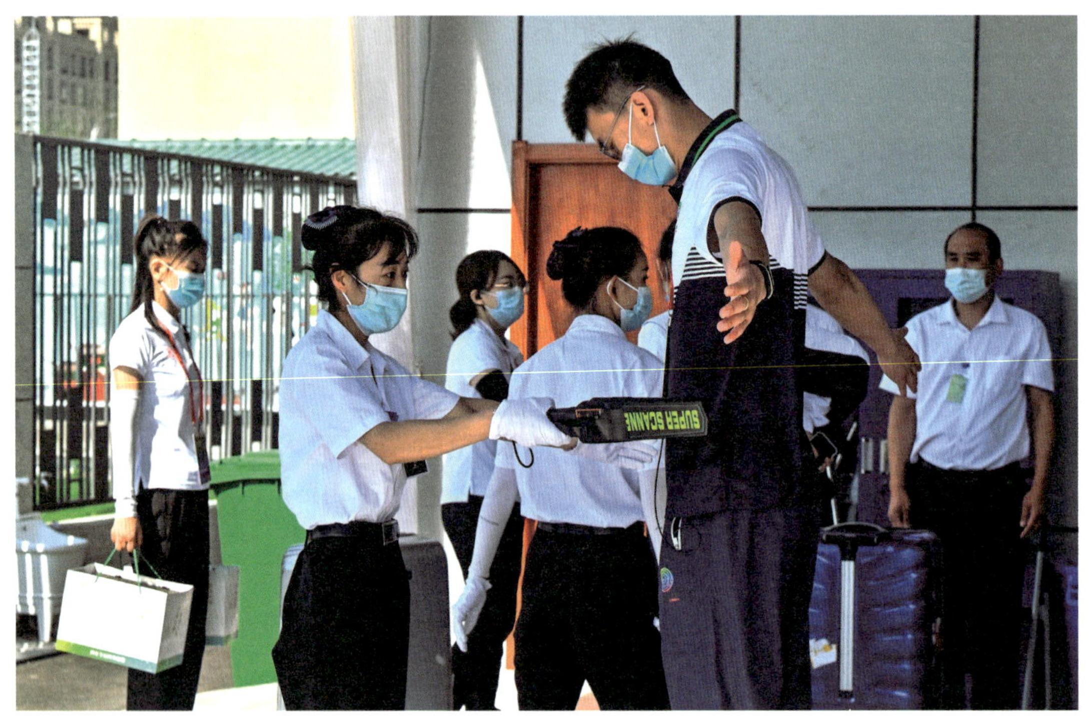

的事业。”

默默奉献风雨无阻，服务大局无怨无悔。随着十四运会和残特奥会的圆满顺利闭幕，一直忙碌着的邢西宁突然有些失落，屈指算来，他已经不知不觉付出了两年五个多月的时光。闭幕那天，他把自己曾工作过的体育宾馆、9号看台都慢慢走了一遍，边走边想，若有所思地想起了十四运会筹办前的一些往事，眼中突然有些酸涩，只能感叹时光真的太快，而这一切就像是一场梦。

接到退休通知那天，邢西宁很庆幸自己曾参与了十四运会安保工作，作为人生中的一段难忘经历，有苦有甜、有喜有乐，但最终用付出见证了陕西公安人的坚强力量。用他自己的话说，时有所需，必有所为。十四运会的安保工作，也检验了自己的工作和协调能力。

确实，邢西宁用责任和担当，用心用力上交了一份令人安心的安保答卷。任务结束后，他也因为工作业绩突出，被公安部授予了一等功的奖励，同时又被十四运会组委会评为“优秀公务员”。这些荣誉在别人的眼里是嘉许、是肯定，但在邢西宁看来却是颇有压力的考验，而他以实际行动、无私奉献谱写了一曲庄重的歌。当然，这些荣誉也离不开组委会、省委、省政府和公安机关的大力支持，十四运会的安保工作也为邢西宁的警察生涯画上了圆满的句号。

又是一个华灯初上的夜晚，邢西宁静静地看着远处，五光十色的光晕织就一片灯海。他太熟悉这样的夜晚了，每每累了趴在窗前眺望时，就会从柔和的光芒中，由衷感到一种安全感。

最美的追梦人生

常晓军

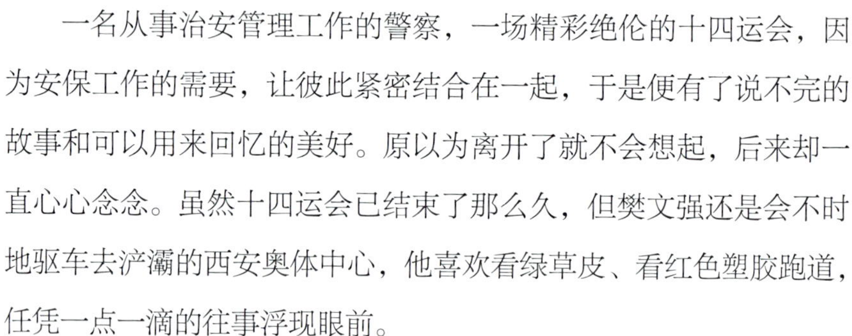

一名从事治安管理工作的警察，一场精彩绝伦的十四运会，因为安保工作的需要，让彼此紧密结合在一起，于是便有了说不完的故事和可以用来回忆的美好。原以为离开了就不会想起，后来却一直心心念念。虽然十四运会已结束了那么久，但樊文强还是会不时地驱车去浐灞的西安奥体中心，他喜欢看绿草皮、看红色塑胶跑道，任凭一点一滴的往事浮现眼前。

一

樊文强，是省公安厅治安管理局二处的副处长，而他的另一个身份，却是十四运会安全保卫部赛事安保处处长。因为长时间从事维护社会治安工作，他给人留下了办事果断、雷厉风行的印象，大家都喜欢这样说，他却不认可，始终认为这都源于17年的部队生涯的历练。从战士到军官，从基层到机关，这样的成长路自有着太多的艰辛，但无论岗位如何变换，他始终没有放弃过的是梦想和初心，即便脱掉军装换上警服后，在值班备勤、执法检查中也是一如既往，在自我约束中实现着人生的成长。

加入公安队伍后，樊文强很快就展现出当年带兵的那股子拗劲，面对新挑战、新要求，他始终心怀对职业的热爱，全身心投入工作中。在他看来，无论在什么样的工作岗位上，即便自己是一束不起眼的微光，也要用行动照亮身边的每一个人，努力为老百姓撑起一把安全的大伞。所以，不管风吹日晒，还是通宵达旦，他的身影永远是那么匆匆忙忙。尤其是在疫情期间，他更是放弃了休息时间，时刻坚守在防控一线，用忠诚和理想书写着职业风采、为人民打造着安全保护的隔离网。

倘若说，生活的一半是回忆，一半是梦想，那樊文强忘不掉的一定是回忆，用他自己的话说："虽然参与十四运会安保的压力很大，但这样的压力却是人生的一笔财富。人生是要有压力的，没有压力人哪能知道自己有多大能量呢？"熟悉他的人都知道，压力在樊文强的眼里，早已被转化成了一种坚定不移地前行的力量。可能是在部队待得太久的缘故，樊文强什么样的环境都敢去面对，什么样的困难也无所畏惧，每天都用积极的态度面对生活，让自己充满信心和希望。

2019 年 8 月，樊文强意外地接到了上级通知，他被抽调到十四运会筹委会专职负责安保工作。虽然不解其原因，但他依然服从了命令，毫不犹豫地赶往省体育宾馆报到。

省体育宾馆是一幢白色的楼宇，静静地矗立在省体育场旁边，楼用黄色线条勾勒，庄重而又优雅，中间镶嵌着五环标志。樊文强站在门前徘徊了片刻，便踩踏着摇曳的树影，大步流星地走了进去。

在新单位工作后，樊文强主动迎难而上，抓紧一切时间熟悉业务，同时也在同事们的支持下，逐渐明确了工作重心：对内要建立健全规章制度，对外要细化量化各类安保工作。紧张而有序的工作，让樊文强既感到新鲜，同时又倍感压力，对于早已习惯了在风雨里奔波的他来说，这确实有些勉为其难。其实他也曾好多次想过，如果可以重新选择的话，他还是愿意做和群众打成一片的工作，可现实已经如此，只能是尽快进入工作状态。在时间紧、任务重、头绪多、事务杂的情况下，樊文强不仅要面对已经陆续启动的测试赛，还要一手抓队伍、一手抓工作，以高度的政治敏锐性和责任感认真对待十四运会。毫无疑问，安保工作从来无小事，况且又在陕西第一次举办这么高规格的体育盛会，这就要求安保工作不能出任何的纰漏。

这些年来，樊文强一直从事治安管理工作，所以一开始并未觉得这次安保工作有太大的难度。的确，这些年来，他几乎参与了西安举办的每一场大型活动，对各类安保工作的方案制定、应急处置方案的细化，都能恪守“精致、细致、极致”的工作标准，并能根据不同的场馆设置，完善相应的流程。不得不说，樊文强对这些工作环节不仅烂熟于心，而且时刻会要求自己将工作不断细化，细到让常人无法想象的程度。这时候，他会反复研读每一张图表，反复走每一个流线，甚至连现场搭建的围挡、临时设施都要亲自检查。只有这样才有备无患，他心里才感到踏实，“场馆进出口安全有序，场地中安保流线根据赛事要求，临时进行调整……”

当然，真的要做好这些工作，只挂在嘴上不行，停留在纸上也不行，而是需要认真落实到工作中。有次在领导检查工作的过程中，樊文强突然发现四处的隔挡颜色不一致，有的甚至连高矮也不同。而就在大家讨论西安奥体中心外围隔离的标准时，不料有位领导突然发问：“外围隔离为什么是 2.5 米，依据是什么？”

依据是什么？在场的人都被问得哑口无言，因为谁也说不出个所以然，工作似乎就是这样，反正是怕啥来啥。那天仿佛很漫长，好不容易等到检查工作结束，樊文强急忙就是一通电话，先后联系了“十二运”“十三运”“二青会”等负责安保工作的同行，结果得到的答案却很一致：“不知道。”

面对这些回答，樊文强有些找不着北的感觉。怎么会没有依据呢？可当时的情况下，没有就是没有，着急也没有任何用处，接下来的几天时间里，他除了疯狂打电话外，就是没完没了地翻阅各类资料，最终是功夫不负有心人，总算找到了想要的答案。在《中国民用建筑规范》中，有一个条目很不起眼：“高安防场所，围墙高度是 2.5 ～ 4 米。”就在这个节骨眼上，军校的老同学也不失时机打来电话：“凡是未经过特

种训练的人，在不借助外力的情况下，2.5 米的栅栏是绝对翻越不过的。”刚听到这里，他一下茅塞顿开，恍然大悟。

处处留心皆学问。在几天后的例会上，樊文强用有理有据的回答，换来了大家惊讶的目光，而“围挡为何要设置这样的高度”这个问题，就成了大家以后工作中认真的代名词。这只是樊文强万千工作中微不足道的一件事，映射出的却是安保部工作全体同志的细致用心。经过这样的一件件事情后，樊文强完全习惯了用倒推模式开展安保工作，他变得愈发心思缜密，会将各方面的问题考虑清楚后，再投入全部精力专心去做，始终确保工作的“零差错”。

说起“零差错”的目标，是对个人工作能力提出的严苛要求，实际上也是樊文强从警以来一贯的行事风格。也只有这样，才能不断提升团队的能力水平，确保大型活动安保工作“零事故”。

众所周知，安保活动同人民群众安全息息相关，而要实现大型活动的“零事故”，就需要细致考虑，科学布局，形成完整的安全闭环，尤其在场馆安保力量设置，入馆车辆、人员的检查方面，要互相配合、协同作战，只有这样才能让群众更安心，这是樊文强对大型活动安保工作的认知理解。

作为人民警察，工作中常怀进取心是必须的。这些年来，樊文强参与过很多大型活动的安保任务，积累了很多的工作经验，本以为十四运会安保工作轻车熟路，可当他全方位深入其中时，却发现自己犯了经验主义的错误，完全没有考虑到疫情常态下举办的十四运会，无论从规模、规格、时间跨度，还是从参加人数、影响力等方面，都不同以往。为精彩圆满办好这届运动会，省上新建体育场馆 30 个、改造提升体育场馆 23 个，仅展演类项目就有 766 支队伍，6800 人参赛。更不要说正式比赛了。这可不是一组简单的数字，而是一项项关乎人民群众安全的数字，想到这些，他就动力满满地开始了工作，努力实现着万无一失的安保目标。为确保安全，安保部共投入了 4 万余人的安保应急队伍，在全省范围进行了各类应急拉动演练 112 场次。

在强大的压力下，作为十四运赛事安保处处长的樊文强，吃不好睡不好就成了常态。他每天要面对各种繁杂琐碎的事情，还要在没有任何经验可以借鉴的情况下，考虑常态化的疫情管控、协调场馆的赛事统筹测试、正赛以及开、闭幕式等各种安保工作，此时他才明白，这次碰上了“硬骨头”。他又立即向部里进行汇报，要求带队外出调研学习。

外出调研的那些天里，樊文强带着一群人马始终在路上，从“十二运”举办城市沈阳，到“十三运”举办城市天津，再到军运会举办城市武汉“取经”学习，快节奏的工作更像在打仗，走访着一个又一个城市，大家马不停蹄地看着、记着，如饥似渴学习着，努力将兄弟城市赛事中的安保模式运行、重点部位的安全防范、隐患排查治理问题等好经验、好做法带回西安。无论如何，都要树立“最高标准、最严措施、最大力度、最优作风”的工作理念，将想人民之所想、急人民之所急、解群众之所难的“以人民为中心”的思想贯穿赛事安保，确保“点上绝对安全，面上安定有序，全域和谐稳定”，严防各类治安灾害事故，做到万无一失，确保活动绝对安全。

二

地处西安东北的浐灞风景宜人，浐灞这片最美的湿地，见证了西安奥体中心的拔地而起，那硕大无比的“长安花”倒映水中，是传承、是包容、是开放，更是在古丝绸之路上崛起的新地标。实际上，樊文强对浐灞的第一印象并非如此美好。

来到全新的工作环境，一切都在改变。从最初以为的轻车熟路到工作中的谨小慎微，这无疑是用心付出的过程，为能打造出一道安全屏障，樊文强最担心的是完不成任务。所以在工作中，他的口头禅就是：“十四运会安保工作来不得半点马虎，我们不能给十四运会安保工作留死角。”确实如此，作为赛事安保处长，为尽快熟悉涉赛场馆、运动员驻地，他多方收集资料，反复实地勘察，然后再科学制定方案、编制预案。从这一个人的故事，我们可以看出赛事背后默默付出的一群人，他们由公安、消防救援、武警等 20 家成员单位组成，作为一支初心不改、使命必达的安保铁军，从十四运会筹备到圆满结束，从千头万绪到万众瞩目，始终是风里来雨里去，巡逻管控一丝不苟，用“细致、精致、极致”的工作作风，精心织就着一张安全大网，守护着十四运会的平安。

安保部刚组建时，召开过一次联席会议，地点设在西安奥体中心一层会议室。由于路况不熟，樊文强驾车从省体育场出发后，一边听着导航，一边还不断让同事电话问询，就这样都用了 80 多分钟才到达西安奥体中心外围。原以为马上就可以到达会场，不想这里到处都是工地，设备的轰鸣声、车辆的汽笛声交汇在一起，让人根本感受不到浐灞的半分诗意。在路过一片泥泞地时，大家伙只能是提起裤腿，小心翼翼踩着工人师傅垫的砖依次通过。一番周折后好不容易进了会场，樊文强屁股还没坐稳，手机就响了，接通后信号又差，摸索到会议室外，才听清楚对方的声音。原来对方也是前来参会，结果按导航走到了一条断头路上，旁边没有任何参照物，只能是四处碰壁。在樊文强电话的指引下，才七拐八拐到到达会场，结果会议已经过半，便满腹怨气地发牢骚：“就这还开全运会，走哪哪都不通。”其实，最初担心的何止是他一个人，樊文强也曾打过退堂鼓，这么重要的十四运会能办好吗？

但担心归担心，工作必须要干。十四运会在陕西隆重举办，无疑是一件令人鼓舞欢呼的盛事，这种情况下，每一个人都既是参与者，也是东道主。可是当樊文强面对如此大的工地时，如同身处茫茫无际的沙漠，不心生疑惑才怪？所以说，他是带着疑惑在工作的，至于四季变换中风景绝美的悠悠浐灞水，在他听来就是天方夜谭。虽然如此，他每天都会去西安奥体中心现场办公，车窗上不时会有浮光掠影的水景，却早已没有心情去欣赏了，毕竟肩上有重任、心中有压力，只能是加速前进。

到了2020年，安保部下设的四个处建立，人员都逐渐到位，随着各项工作开展，每一名同志都在忙碌着。要拿出切实可行的安保方案，只能是不断地深入现场，一天下来，浑身泥土不说，整个人就像散了架一样。别看就是这些个场馆，走上一圈少说就要十几公里，脚上起泡都是家常便饭，一不小心还会崴脚。感觉工作永远也干不完，开始时只是回家晚，后来就干脆回不了家，完全被工作包围了。

是啊，从早上睁开眼，各种各样的事情就在等着处理，从参观学习到建章立制，从草拟方案到现场办公，稍微慢些都觉着过意不去，真有种“两眼一睁，忙到天黑”的感觉。不但要牺牲休息时间加班加点查阅资料，还要通过现场勘察发现问题、解决问题。而一旦打破了按部就班的传统思维模式，他会发现每天都有新的认知、新的思考、新的发现、新的作为，并以此为突破口带动全局工作。处处留心皆学问，樊文强很快就在解决各种问题中积累了丰富经验，为进一步助推工作，又牵头制定了《十四运会场馆安保设施配套建设指导意见》《十四运会安保通用政策》《十四运会火炬传递安全保卫指导意见》等一系列规范性、纲领性文件，确保了十四运会安保工作规范有序进行，也为全省范围开展十四运会安保工作奠定了基础。

在樊文强的认知中，自己从事的工作从来都是这样，除了风雨中的安检，还有烈日下的勘察，始终要坚持的是以身作则，牢记职责任务，全力以赴站好十四运会的“安保岗”。在这个火热的战场上，樊文强并不是孤勇者，他和他的团队在单调的工作中，凭借着高度的责任感查问题、攻难关、时刻啃着“硬骨头”，哪里有隐患，哪里有困难，哪里就会有他们的身影。这两年多的工作经历，让他学会了面对、学会了沉默，也学会用真诚去解决所有的问题。确实，他们不但要见招拆招，还要想办法解决好问题。有次在场馆检查中，樊文强发现前期的设计中，竟然没有考虑到视频网络布设，当即对施工方提出要求，不想施工方也是振振有词，拿出图纸据理力争。这种情况下，他一边开始协调，一边向部里汇报情况，最后通过上级部门召开各单位现场会，解决了问题。这样的事情每天都在发生着。他们在解决问题中不断强化和落实安全意识，进一步树立了安保人员的良好形象，也增强和调动着所有人的安全防范意识，进而形成了维护安保任务的整体合力。好多人都说，樊文强身上总是闪烁着光。

樊文强何尝不明白，人在奋斗的时候一定会发光。想到这些，他就清楚自己其实没有任何退路可言，只能和处里的同志们一起并肩作战，用心用力让每一项工作落到实处。

安保本来就是容易得罪人的事，在工作中除了耐心解释，还要始终赔着笑脸，以此赢得大家的理解。对工作用心，对人细心，让大家对樊文强这颗“钉子”有了新的认识，凡是和樊文强打交道的人都会由衷赞誉：“见过太多的人，没见过这么认真的人。”樊文强没有满足于这样的口碑，而是见缝插“钉”地工作着。他时常会说“安保就是为大家保安全”，为保障十四运会的安保防线，樊文强真的有些拼了，要带队对赛事场馆的重要部位、治安隐患重点增加检查的力度，扩大检查的范围和密度，还要按照执委会的要求，对参会嘉宾、运动员抵达西安的安保路线进行多次演练，完善行车路线，他们在组织模拟演练的基础上，不断优化相关预案。提前谋划，提前部署，架起一道道安全屏障。2021 年十四运会开幕式前，因为疫情影响，由安保部部长带队组成前方工作组，提前一个月进驻西安奥体中心，对各类事项一件一件抓落实，一件一件盯着办。主场馆实行全封闭管理后，所有人员都要持疫情检测证明、持

通行证、持门票进入。由于管制过严，各种声音不绝于耳，面对这种现状，樊文强也曾迷惘过，进退两难之际他又该如何呢？从事安保工作，协调能力必不可少，但临场应变能力也非常重要，这考验着每一名安保者的能力和经验。工作中有很多问题需要解决，樊文强的手机永远响个不停，一次次地耐心解释、一次次地详细回答，好不容易消停下来，又得抓紧时间查看一份份文件、催促一件件事情的进度，实在累得不行就在桌子上趴着休息会。以前常常是半夜翻来覆去睡不着，现在是不到天黑就困得睁不开眼。即便这样，他还得干好本职工作，谁让他要穿着这身警服呢？时间长了，樊文强自我解嘲说，安保工作就是“在平凡中非凡，在枯燥中坚守”。

生命重于泰山，安保就是责任。樊文强没有任何豪言壮语，只有默默奉献；没有向组织提任何条件，只是义无反顾。他内心已经历了太多变化，但无论如何变化，他想得更多的还是如何去克服困难，用心护航好十四运会赛场安保工作。如果说，樊文强是用激情点燃了人生的火焰，那么在这次十四运会的安保工作中，他证明的不仅仅是一种精神上的坚韧，还用实际行动展示了一线安保人的无怨无悔。

如果说，付出的是情意，那么收获的是珍惜。

如果说，付出的是大爱，那么收获的是成长。

三

“爸爸，我明天就要高考了，您什么时间回家？”

“爸爸，我就要离家去外地上大学了，您什么时间回家？”

每当樊文强看到这些信息时，这个身形健硕的汉子就忍不住想落泪，两年多的十四运会安保工作，使他错过了太多，而且都是在孩子成长的重要时间节点上。这时候虽然内疚，也只能是送去做父亲的祝福，同时抱憾没能腾出时间去陪陪儿子，毕竟人生的许多事都是转眼即逝。想起那段忙碌的经历，他着实有些感慨，好多次只能是通过妻子发来的照片，看儿子在台灯下刻苦读书的样子。他伤感，但也无奈。因为在大家与小家之间，他只能选择前者。既然选择了事业，就注定了他不能陪着儿子一起冲刺高考，也注定了他要在心中留下许多遗憾。

一个男人心里怎么会没有遗憾呢？

当兵的选择，要离开家乡驻守哨所；

从警的选择，要面对危险矢志不移。

这是樊文强早已想到的事情，其实也是他没有想明白的事情，在家门口办十四运会，他却要学会与亲人分离，只能通过发送信息来弥补。

想到这些，樊文强只能对儿子连声抱歉，说结束了十四运会的工作就会回归正常，其实这样的话每次都说，说得他自己都没有了底气。这样的“爽约”已经有过好多次，好在儿子特别崇拜他，也特别信任和理解他，直至从遥远的沈阳刑警学院（孩子考取的院校）打来视频电话时，他的眼眶在那一刻变红了。有好多个日子，他都想去看看儿子生活的新环境，拍拍他的肩膀，问他习不习惯，可哪里会有时间呢？当他掏出手机想要视频通话时，才发现时间已经太晚，儿子早已经进入梦乡。

多情未必真豪杰，怜子如何不丈夫。距离怎么能阻挡亲情和牵挂呢？当樊文强毅然决然将家庭和孩子置于身后时，所有的牵挂便只能放在心中，这是他用真情书写的十四运会安保故事。

“花的事业是甜蜜的，果的事业是珍贵的，让我干叶子的事业吧，因为它总是谦逊地低垂着它的绿荫。”每每想到这首诗时，樊文强才会有些释然，从心底漾起无比的喜悦之情。在他看来，那些赛场上奔跑着的身影，分明就是自己坚守付出的意义。为了能让十四运会精彩呈现，平凡的人生何尝不需要这样的加速呢？

2021年9月27日晚，当象征着体育精神的熊熊圣火，在西安奥体中心慢慢熄灭时，这座充满千年历史底蕴的古城，在人们的不舍中定格下一幕幕精彩瞬间，以最美的方式记录了梦想与激情。凝视着这些终将成为永恒记忆的画面，樊文强心中有着太多说不出的自豪与骄傲。“抽调参与十四运会安保工作，对我来说是一笔难得的精神财富，非常感谢组织信任，我不但要将好经验、好做法带到以后的工作中，还要在体育精神的激励下发光发热，做出自己应有的贡献。”谈到这些感受时，安保任务已经圆满结束，樊文强终于可以松一口气了。看着依次有序离场的观众，他又怎么会忘记两年多时间的付出呢？如果说，坚守是义不容辞的使命担当，那么感动中凝聚的则是付出，全力奉献，只为守护一方平安，这样的梦真的很美，这样的梦已经成为樊文强记忆中的往事。